校長のリーダーシップ

日本の実態と課題

Leadership

浜田 博文
諏訪 英広 編著

学文社

まえがき

いま，日本の学校教育は大きな転換を迫られている。その中で，国・自治体の施策は校長に対してリーダーシップの発揮を強く求めている。校長はその期待を重く受けとめて，「リーダーシップをいかにして発揮するか？」を常に考えていると思われる。校長のリーダーシップに関する近年の研究を見ると，その多くは，校長が発揮すべきリーダーシップの内容，その発揮の仕方，それによってもたらされる成果に焦点を当ててきた。それらは，「強力な」リーダーシップの発揮を強調する傾向がある。

本書は，そのような政策的・研究的な趨勢を，校長のリーダーシップ発揮の如何を校長のみの責任に帰す「個人アプローチ」と捉え，それとは一線を画した「システムアプローチ」の視座に立つものである。つまり，校長のリーダーシップ発揮を支え，促すための制度的・組織的条件の在り方を追究し，そのための条件整備を提示することを目指している。学校教育が取り組むべき課題が多様化し複雑性を増す今日，校長は自身をどのように捉え，いかなるリーダーシップを発揮したいと考えているのか，それを支え促すためにはどのような制度的・組織的条件が必要なのか。こうした角度から校長のリーダーシップ発揮の実態と課題を解明することが本書の大きなねらいである。

後の章で検討するように，多くの校長は，学校のトップリーダーと期待されるがゆえに，その責任の大きさと孤独さに向き合わざるを得ない。そのような校長に対して，「トップリーダーとはそういうものだ」と突き放すのではなく，「校長がリーダーシップを発揮しやすくなる（できるようになる）環境・条件とは何か？」を探究し，より望ましいリーダーシップ発揮のあり方に関する具体的示唆を提示する必要がある。それは，今後校長職に就く方々に，校長及びリーダーシップ発揮の新たなイメージ・展望を提示することにもつながる。

最近，教員志望者の減少とそれに伴う教員採用試験の低倍率化が関心を集めている。それと同様に心配されるのは，多くの自治体で，学校管理職を志望する教員が減少していることである。その背景に，校長をはじめとする管理職の業務・責任の大変さとそれに伴う魅力の低下があることが推察される。このような問題状況を踏まえると，校長が重責と孤独感に向き合いつつリーダーシップを発揮するために，学校内外の制度的・組織的な諸条件をどのように整備すべきか，実際にリーダーシップを発揮している校長はどのような諸条件を「うまく」活かしているのか，が検討されるべきである。それは，校長職を教育専門職の一環に位置づけ，教育専門機関の長として自律性をもってリーダーシップを発揮できるための制度的・組織的条件整備につながると考える。

以上の問題意識に基づき，本書は，校長個人への過度な注目ではなく，「職」としての校長をとりまく制度的・組織的条件に焦点を当て，校長のリーダーシップ発揮の実態と課題を明らかにしたうえで，政策的・研究的示唆を提示することを目的とする。そのために量的調査と質的調査を実施した。量的調査では，全国の公立学校（4校種）から2,400校を抽出し，校長，副校長・教頭，ミドル教員を対象とした大規模調査を実施した。先行研究に比してその規模と内容は独自性を有し，得られた知見の一般化に対する妥当性も高いものと考える。質的調査では，初任期校長へのインタビュー調査のほか，校長にとって最も身近な存在でありながらも研究的には「ブラックボックス」的存在であった校長会の関係者にインタビュー調査を行った。

以上の調査を進める過程で，大学紀要や学会誌上で段階的に成果を報告してきたが，本書はそれらを再構成して総合的な考察を試みた。学校経営の政策と実践に貢献すべく，共同研究グループで幾度も議論を重ねたうえで執筆したものではあるが，調査の結果に対する解釈・分析・考察の内容については，様々な受けとめ方や批判的見解がありうると考える。本書の内容が，これからの学校経営と校長のリーダーシップをよりよくしていくための議論の発展に少しでも貢献できることが共同研究者一同の願いである。

浜田博文・諏訪英広

目　次

第Ⅱ部　質的調査

結論部

序論部

序章 問題の所在と本書の目的・課題

第1節 本書の目的及び問題の所在

本書の目的は，日本における校長のリーダーシップ発揮の実態と課題を明らかにすることである。その際，校長個人の能力・力量の多寡や個人的特性に注目するのではなく，「職」としての校長をとりまく制度的・組織的条件に焦点を当てるところに本書の特長がある。

1．校長のリーダーシップに対する政策的・研究的関心の増大

1990年代末以降学校裁量予算の拡充，学習指導要領の大綱化，学級編制や教員配置基準の弾力化等の学校裁量拡大により自律的学校経営，特に校長のリーダーシップの発揮が強く求められてきた。言うまでもなく，1998年，中央教育審議会（以下，中教審と略記）「今後の地方教育行政の在り方について（答申）」が「学校の自主性・自律性の確立」を明確に打ち出したことが重要な画期となった。

それらの改革で留意すべき点は，中央から地方・学校への分権化という単純な制度改革ではなく，学校のガバナンス改革という特徴をもつことである。「ガバナンス（governance）」とは，公的事業の提供主体を官＝政府（government）の専有から民＝非政府アクター（住民，企業，NPO等）に開放することであり，事業の管理・運営・実施のプロセスを「民による共同統治」のもとに置くことを指す（浜田 2020）。したがってガバナンスはそのプロセスにおいて，透明性，説明責任，参加，公平性等の要素を満たさなければならない（浜田 2012，p.26）。学校評議員制，学校評価システム，学校運営協議会の制度化が2000年代に次々

に進められたことは，その表れである。

このような制度の下では，各学校に関係する多種多様なアクターの意思や行為をいかにマネジメントするかが重要性を増すことになる。とりわけ学校の経営責任を担う校長職の役割は，様々な資源や機能を教授・学習活動の質的改善へ向けていかに収束させて機能させるかという点から問い直されなければならない（浜田 2007）。

こうした文脈のもと，「校長の専門性」（校長に求められる固有の力量）の構成内容とそれらを育成するための方法等に関する研究が本格化した。小島（2004）はこうした研究動向において重要なエポックを画した。それは，海外の最新動向や日本の小・中学校の校長等への調査を実施して，校長が必要とする力量とその習得機会の実態を考察し，大学院での校長養成を提言して，以後の研究的議論を喚起するとともに，学校管理職養成を意図した大学院修士課程プログラムの設置を後押しした。

この時期，先行して学校裁量拡大を推進したアメリカ，イギリスでは，すでに校長のリーダーシップの質保証に向けた政策・研究・実践が進んでいた。アメリカでは1950年代以降，地方教育長と校長の資格である「教育行政」免許を大学院で取得する仕組みが普及したが，1980年代には教育行政官一般とは区別されるべき「校長」固有の専門性に対する関心が高まった。イギリスでは，「教育経営・行政学会（British Educational Management and Administration Society：BEMAS）」が2000年に「教育リーダーシップ・経営・行政学会（British Educational Leadership, Management, and Administration Society：BELMAS）」に名称変更し，イギリス教育省が「スクールリーダーシップ国立カレッジ（National College for School Leadership：NCSL）」を創設するなど，校長の専門性保証の動きが本格化した（National College for School Leadership 2012）。

国内でも校長固有の専門性についての研究は飛躍的に進展し，教職大学院や教育センター等ではその育成・向上を明確に意図した教育プログラムが展開されていった（大脇他 2017など）。校長の専門性の明確化とその向上に関心が集まり，日本教育経営学会は実践推進委員会を設置して「校長の専門職基準」の策定に取り組み，2009年に初版を公表し，2012年に一部改訂した（牛渡・元兼 2016，日本教育経営学会実践推進委員会 2015）。

2. 政策的・研究的関心がはらむ問題

校長のリーダーシップに対する関心は，政策形成サイドと学校現場サイドという2つの文脈から喚起されてきた。前者は新自由主義政策を背景とした学校ガバナンス改革の流れであり，教育実践現場からみると外在的な性質が強い。それに対して後者は，教育内在的なものである。すなわち，子どもが直面する課題状況（いじめ，自殺，不登校等）が多様化・複雑化し，多様な子ども（障害のある子，外国人，貧困な状況に置かれた子等）の学力保障，保護者・地域住民との信頼構築の必要性等，個別学校の課題が増大し，学校独自のマネジメントの重要性は格段に増した。

こうした実態を踏まえて，中教審は学校の組織・経営に関係する審議を熱心に展開してきた。例えば，2015年12月の「チームとしての学校の在り方と今後の改善方策について（答申）」，「新しい時代の教育や地方創生の実現に向けた学校と地域の連携・協働の在り方と今後の推進方策について（答申）」などにそれは表現されている。また，依然として高い社会的関心を集めている教員の長時間勤務の実態とそれを解決するための「働き方改革」についても，2019年1月の「新しい時代の教育に向けた持続可能な学校指導・運営体制の構築のための学校における働き方改革に関する総合的な方策について（答申）」の中で校長をはじめとする学校管理職のリーダーシップの重要性が強調されている。さらに，現行学習指導要領でも，「主体的・対話的で深い学び」の追求と，それを実現するためのカリキュラム・マネジメントや「社会に開かれた教育課程」を強調する中で，校長のリーダーシップを強く求めている。

もとより，各学校が自律的に教育活動を展開するために，校長にリーダーシップの発揮を求めることは当然である。だが，近年の政策動向をみると，単純に「個人」としての校長にリーダーシップの発揮を求めるにとどまり，「職」としての校長をとりまく種々の制度的・組織的な条件の有り様を顧みて必要な条件整備を進めることがなおざりにされているように思えてならない。同時に研究においても，その大半はリーダーシップを発揮するために必要な校長の専門性と育成方法の解明に向けられてきた（北神他 1988；小島他 1989；小島他 1991；露口 2008；牛渡他 2016；篠原 2017など）。つまり，校長職を成り立たせる様々な社会的条件，あるいは校長のリーダーシップ発揮を支え促すための諸条件に対する研究的関心は不十分だったのではないだろうか。

学校教育の社会的役割は，過去20～30年の間に大きく膨張してきた。にもかかわらず，教員の勤務状況の悪化には関心が向けられず，現場では「個人のがんばり」と「より効率的な業務遂行」が奨励された。「学校の自主性・自律性の確立」に向けた施策が進められ，校長のリーダーシップの重要性が強く主張される過程でも，それを支え促すために必要な制度的・組織的条件は俎上に載せられてこなかった。

新型コロナウィルスの感染が拡大するなか，2021年1月「『令和の日本型学校教育』の構築を目指して～全ての子供たちの可能性を引き出す，個別最適な学びと，協働的な学びの実現～（答申）」はポストコロナへ続く学校教育の改革方向性を打ち出している。それを受けて「『令和の日本型学校教育』を担う教師の養成・採用・研修等の在り方について」の諮問がなされ（2022年3月12日），教員免許更新制の廃止と「新たな教師の学びの姿」に向けた制度改革が進行している。その新制度も，教員の研修受講履歴の記録と管理，受講奨励等において校長に責任を担わせる構造となっている（文部科学省 2022a）。

しかも，その依拠する校長像は以下のように単純で，教育専門組織としての学校組織の固有の特徴が踏まえられていない。

> 校長に求められる基本的な役割は，大別して，学校経営方針の提示，組織づくり及び学校外とのコミュニケーションの3つに整理される。これらの基本的な役割を果たす上で，従前より求められている教育者としての資質や的確な判断力，決断力，交渉力，危機管理等のマネジメント能力に加え，これからの時代においては，特に，様々なデータや学校が置かれた内外環

境に関する情報について収集・整理・分析し共有すること（アセスメント）や，学校内外の関係者の相互作用により学校の教育力を最大化していくこと（ファシリテーション）が求められる。　（文部科学省 2022b，pp.11-12）

特に，アセスメントやファシリテーションという，組織の管理者一般に必要とされるスキルが強調されている点は，校長職の在り方を従来以上に個人的な能力に帰して把握しようとする指向性をうかがわせる。

3. システムアプローチという視座

校長をはじめとする学校管理職及びその候補者の研修は独立行政法人教職員支援機構（旧教員研修センター）や地方の教育センター等において組織的・計画的に実施されている。だが，校長職に必要な専門性という視座でそれらの研修が構成されているかどうかは疑問である。また，そもそも個人が研修で得た知識は学校経営場面のリーダーシップとして発現するとは限らない。研修内容の改善だけでは校長のリーダーシップの質保証は困難なのが現実である。既存の制度・組織条件の中に校長のリーダーシップ発揮を阻害する条件があるならそれを解消し，促進条件に変換する必要があるのではないだろうか。

たとえ研修等で様々な専門性を習得したようにみえても，学校経営の実践場面で十分なリーダーシップを発揮できない例は少なくない。個人の専門性向上に囚われた《個人アプローチ》だけでは，学校の自律性確立に必要な校長のリー

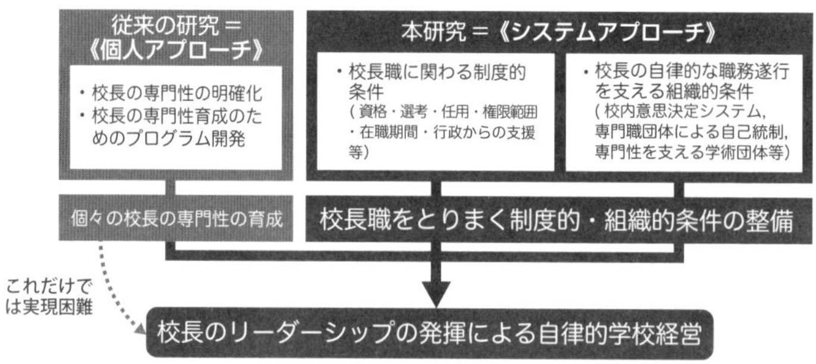

図序-1　《個人アプローチ》と《システムアプローチ》

ダーシップの発揮は難しいと考えられよう。そこで本書では，校長のリーダーシップの発揮を根底で支え促進する制度的・組織的条件に関心の焦点を向け（＝《システムアプローチ》），冷静に現状を捉え，その改善方策について検討することを目指した。

図序-1に示したように，《システムアプローチ》においては，「校長職に関わる制度的条件」（資格・養成・選考，評価，在職期間，権限範囲等）と，「校長の自律的な職務遂行を支える組織的条件」（校内意思決定システム，校長の専門職団体の活動，専門性を支える学術団体等）に注目することが必要である。このような視座のもとで，全国の公立学校（小学校，中学校，特別支援学校，高等学校）での，校長のリーダーシップをとりまく制度的・組織的条件の実態と課題を明らかにすることを目指した。

第2節　本書の構成

本書は，「序論部」「第Ⅰ部　量的調査」「第Ⅱ部　質的調査」「結論部」で構成される。

序論部は序章と第1章から成り，第1章では日本ならびに諸外国における校長職および校長のリーダーシップに関する制度と研究の展開について整理して論じる。この章は全体の基礎をなす位置づけにある。

その後，第Ⅰ部では，量的調査の結果に基づく分析を行う。量的調査は全国から無作為抽出された2,400校（小学校，中学校，特別支援学校，高等学校いずれも600校ずつ）の校長，副校長・教頭，主幹教諭等ミドルリーダー教員を対象とする質問紙調査を実施した。第2章では，校長，副校長・教頭，ミドル教員という3者の回答結果の比較に基づいて校長の職務環境・職務状況とリーダーシップ実践の実態に関する基礎的分析をおこなう。第3章では，校長のリーダーシップ実践の構造とその関連要因を分析する。そして第4章では，校長自身の課題認識の差異に着目してリーダーシップの意思と実際の関係を分析するとともに，リーダーシップ実践の規定要因を分析する。

続く第Ⅱ部は2つの聞き取り調査の結果とその分析である。第5章では，小学校の初任期校長17名に対する聞き取り調査に基づいて校長就任前後の変化およびリーダーシップを支える要因について分析する。第6章では，7つの都道府県における校長会の運営に携わった経験者への聞き取り調査に基づいて，各校長会の活動や機能について分析するとともに，校長のリーダーシップを支えるうえでの役割の特徴を検討する。本書では，校長職が自律的に組織する専門職団体として校長会を位置づけている。ただし，校長会の機能はどのような実態にあるのか，校長会の活動は現実にはどのような意義や役割を担っているのかについて，従来の研究では不明な点も多い。第6章はこの点に迫ろうとする。

結論部は終章で，第Ⅰ部と第Ⅱ部の分析をあわせて全体総括を行うとともに，校長のリーダーシップ研究の課題と展望について論じる。

[引用・参考文献]

・牛渡淳，元兼正浩（2016）『専門職としての校長の力量形成』花書院。
・OECD（経済協力開発機構）編・有本昌弘他訳（2009）『スクールリーダーシップ』明石書店。
・大脇康弘他編著（2017）『スクールリーダー教育の開発』大阪教育大学。
・小島弘道編著（2004）『校長の資格・養成と大学院の役割』東信堂。
・小島弘道，北神正行，阿久津浩，浜田博文，柳澤良明，熊谷真子（1989）「現代教育改革における学校の自己革新と校長のリーダーシップに関する基礎的研究（その2）」『筑波大学教育学系論集』第14巻第1号，29-66頁。
・小島弘道，浜田博文，片桐隆嗣（1991）「現代教育改革における学校の自己革新と校長のリーダーシップに関する基礎的研究（その3）―校長・教員の意識に見る学校運営と校長の経営行動―」『筑波大学教育学系論集』第16巻第1号，17-46頁
・北神正行，水本徳明，阿久津浩，浜田博文（1988）「現代教育改革における学校の自己革新と校長のリーダーシップに関する基礎的研究」『筑波大学教育学系論集』第13巻第1号，83-117頁。
・篠原清昭編著（2017）『世界の学校管理職養成』ジダイ社
・露口健司（2008）『学校組織のリーダーシップ』大学教育出版
・日本教育経営学会実践推進委員会（2015）『次世代スクールリーダーのための「校長の専門職基準」』花書院。

・浜田博文（2007）『「学校の自律性」と校長の新たな役割―アメリカの学校経営改革に学ぶ―』一藝社。
・浜田博文（2012）「『学校ガバナンス』改革の現状と課題―教師の専門性をどう位置づけるべきか？―」『日本教育経営学会紀要』第54号，第一法規，23-34頁。
・浜田博文編著（2020）『学校ガバナンス改革と危機に立つ「教職の専門性」』学文社。
・文部科学省（2022a）「研修履歴を活用した対話に基づく受講奨励に関するガイドライン（令和4年8月：令和5年3月一部修正））」。
・文部科学省（2022b）「公立の小学校等の校長及び教員としての資質の向上に関する指標の策定に関する指針（令和4年8月31日改正）」。
・Council of Chief State School Officers (1996) *Interstate School Leaders Licensure Consortium: Standards for School Leaders.*
・Murphy, J. (ed.) (1993) *Preparing Tomorrow's School Leaders*, UCEA, Inc.
・National Association of Elementary School Principals (1986) *Proficiencies for Principal Leadership: Elementary and Middle School Leadership, Kindergarten through Eighth Grade.*
・National College for School Leadership (2012) *National Professional Qualification for Headship (NPQH) Competency Framework.*
・Young, M. D., Crow, G. M., Murphy, J., Ogawa, R. T. (eds.) (2009) *Handbook of Research on the Education of School Leaders*, Routledge.

第1章 校長職と校長のリーダーシップに関する制度及び研究の展開

第1節 日本における制度及び研究の展開

1. 学校経営政策の変容と校長職研究の動向

(1) 自律的学校経営と校長の専門的力量の変化

1990年代後半以降，日本における校長職に関わる研究は，その質・量ともに拡大・深化してきている。その契機となったのは，1998年の中教審「今後の地方教育行政の在り方について（答申）」である。規制緩和・地方分権を理念とする地方教育行政改革は，学校レベルでの自律的経営を担う校長の人材確保・力量形成に関わる課題を提起した。その具体化の一つが，校長の資格要件の緩和政策である。

2000年1月，先の中教審答申を受けて，校長の資格要件を定めていた学校教育法施行規則が改正され，教員免許状や教職経験がない，いわゆる「民間人校長」の登用を可能とする措置が導入された。その趣旨は，「教育に関する理念や識見を有し地域や学校の状況・課題を的確に把握しながらリーダーシップを発揮するとともに，職員の意欲を引き出し，関係機関等との連携・折衝を適切に行い，組織的・機動的な学校運営を行うことができる優れた人材を確保する」（文部事務次官通知 2000. 1. 31）ということにあるとされた。

ここには，学校経営政策の変容に対応して，それまでの「教育者」「管理・監督者」としての校長から，自律的学校経営のもと特色ある学校づくりを進める「経営責任者」としての校長に求められる専門的力量への質的変化がみられる。具体的には，企業等で培ってきたマネジメントの感覚や視野，能力や手法を校長にも求めるというものである。そこでは，学校のビジョン，経営戦略，組織開発等といった組織をマネジメントする力量が，これからの校長に求められる専門的力量の中核を構成するものとして位置づけられることになる。こうした組織をマネジメントする力量への注目は，その後の「学校組織マネジメント研修」のモデルカリキュラムの作成と学校管理職研修への導入として展開されていく。

(2) 校長の養成システム構築とプログラム開発に向けた動き

校長の資格要件の見直しを契機とする校長の力量問題は，学校管理職の養成システムとプログラム開発という動きにつながっていく。2001年，日本教育経営学会は「スクールリーダーの資格・任用に関する検討特別委員会」を設置し，2003年6月に大学院における学校管理職養成の必要性を盛り込んだ提言「学校管理職の養成・研修システムづくりに向けて」をまとめている。また，2004年には「学校管理職教育プログラム開発特別委員会」を設置し，2006年に「スクールリーダー専門職基準（案）」を作成するとともに，さらなる検討を加えて2009年に「校長の専門職基準〔2009年版〕―求められる校長像とその力量―」を作成・公表している（牛渡他 2016）。

こうした学会での取組に加えて，この時期には学校管理職に求められる力量や大学院で養成する力量の解明，それらに基づく養成プログラムや教育方法等の開発が理論的・実証的に取り組まれている。その中で，小島（2004）は大学院による校長の養成や研修の制度化の可能性について，日本の小・中学校の校長等への調査や諸外国の動向分析を主要な素材として検討した。そして大学院での校長養成に向けた政策提言を行い，その後のこの分野での研究的議論を喚起するとともに，各地での学校管理職養成を企図した大学院修士課程の設置を後押しした。実際，2004年以降，各地で学校管理職養成を企図した大学院の開設や教育委員会と連携した短期型の学校管理職プログラムが実施されていった（大竹他 2017）。また，この時期には海外の学校管理職養成に関する研究の成果も公刊され，日本における学校管理職研究に影響を与えている（加治佐

2005，浜田 2007）。

こうした一連の研究と実践の一つの到達点が，先の日本教育経営学会策定の「校長の専門職基準〔2009年版〕」だといえる。そこでは，校長を「教育活動を組織化するリーダー」と位置づけ，求められる力量として，①学校の共有ビジョンの形成と具現化，②教育活動の質を高めるための協力体制と風土づくり，③教職員の職能成長を支える協力体制と風土づくり，④諸資源の効果的な活用，⑤家庭・地域社会との協働・連携，⑥倫理規範とリーダーシップ，⑦学校をとりまく社会的・文化的要因の理解，という7つの基準として提示している。

このように，この時期の研究と実践の中で追究されてきたのが，「校長の専門性」（校長に求められる固有の力量）の構成内容とそれらを育成するための方法等の開発に基づく大学院での校長養成プログラムの構築というものであったといえる。これらの課題は，その後の教職大学院の設置（2008年）とそこでの学校管理職養成へと引き継がれていくことになる（白石 2009，大杉 2014）。

2. 校長の専門性とリーダーシップ研究

(1) 校長の資格化・養成の制度化と新たなリーダーシップへの関心

2015年5月，自民党・教育再生実行本部は，今後の学校改善のためには校長の高度な能力資格が不可欠であるとして，「校長の任用にあたっては，資質・能力のある適任者を確保するとともに，校長のマネジメント能力を向上させるために研修を任用の要件に義務付ける」（第四次提言）とする提言を取りまとめた。また，安倍内閣の私的諮問機関である教育再生実行会議も2015年5月に「リーダーとしての校長等の管理職の育成や登用の在り方の見直し」や「教職大学院での管理職候補者となる教師への学校マネジメントに係る学修の充実」（第七次提言）を提言した。こうした流れを受け，中教審では「これからの学校教育を担う教員の資質能力の向上について（答申）」（2015年12月）において，今後の教職大学院について「現職教員の中でも，従来のミドルリーダーの養成とともに，教育委員会のニーズに合わせて，管理職候補者となる教員に対する学校マネジメントに係る学修の充実を図り，管理職コースを設置することや，教育委員会との連携による管理職研修を開発・実施することも必要である」とする方向性を提示した。

このように政策的には，校長の資格化，養成の制度化に向けた動きがみられるが，そこには「チームとしての学校」や働き方改革，新学習指導要領におけるカリキュラム・マネジメントの展開などにおける校長のリーダーシップへのさらなる期待が込められている。これらを一つの背景に，「校長の専門性」をめぐっても新たな動きが示された。それが，2017年の教育公務員特例法の改正により導入されたいわゆる「教員育成指標」の策定とそれに基づく研修計画の策定・実施である。この指標策定にあたって出された「校長及び教員としての資質の向上に関する指標の策定に関する指針」(2017年3月31日)では，校長を「学校組織のリーダー」と位置づけ，求められる力量として，教育者としての資質に加えて，「的確な判断力，決断力，交渉力，危機管理を含むマネジメント力」が校長固有の専門性の内容として提示された。各地で策定された育成指標は，これを参酌することが法律上求められたこともあって同様の資質・力量が盛り込まれた校長の育成指標が策定され，それを基にした研修プログラムの開発・実施が進められている(教職員支援機構 2020)。なお，この「指針」は2022年8月に改訂され，上記の専門的力量に加えて，「アセスメント」と「ファシリテーション」の力がこれからの時代に特に必要とされる力量として提示されている。

(2) 校長のリーダーシップ研究の課題

このように，1990年代末以降進められた学校経営改革は，各学校におけるマネジメント次第で教育の質に大きな違いが生まれる可能性を広げることになり，その関連で校長の資格・養成の在り方を含めた校長のリーダーシップ研究への関心が高まることになった。その特徴は，期待されるリーダーシップを発揮するために必要な「校長の専門性」の内実と育成方法の解明・開発にあるといえる。

しかし，こうした研究の視点と方法には課題もある。「校長の専門性」に基づく校長職の資格化や養成の制度化によって，いかに優秀な校長を養成できたとしても，また研修をいかに充実したとしても，校長がその専門的力量とリーダーシップを発揮できる環境がなければ意味をなさない。つまり，校長の専門性に基づく養成や研修内容の改善だけでは，校長のリーダーシップ発揮の質保証を図ることは困難であり，リーダーシップ発揮を支える制度的・経営的条件からのアプローチも必要ではないかという課題である。

この点，篠原（2017）の次のような指摘は参考になる。すなわち，「学校管理職の資格・養成の制度化は，単に学校管理職の専門職化や資質能力の向上など個人の職能成長の次元のみではなく，学校組織における学校管理職のリーダーシップの在り方の次元を考えなくてはならない」「学校管理職の資格・養成の制度化に加えて学校管理職のリーダーシップ行動の発揮と専門性を活かした学校経営体制と人事（配置）制度の改善が求められる」という指摘である。

これまでも，校長のリーダーシップについては学校の教育課題や経営課題等に対応した多様なアプローチに基づく研究が展開されている（大野 2001，露口 2008，小島他 2010）。これらの研究成果を基盤としながら，さらに校長が期待されるリーダーシップを発揮できる環境や条件をいかに整備・充実させていくかという観点からの研究が必要だといえる。例えば，校長人事を含む任用制度や校長の権限の範囲，学校内の組織体制の在り方といった校長職を支える制度的・経営的条件からの研究である。それによって，求められる校長のリーダーシップの質保証という現代的課題への一つの答えを示すことができるのではないだろうか。

第2節　諸外国における制度及び研究の展開

1．学校裁量権限の拡大と校長のリーダーシップへの着目

(1) 自律的学校経営を標榜する学校経営政策の展開

1980年代以降の欧米諸国では，自律的学校経営改革が展開し，校長のリーダーシップの重要性が強調された。特に，1990年代末以降，欧米諸国を中心に，

国家レベルの規制緩和・地方分権改革を背景とした学校の自主性・自律性確立を標榜する制度改革が進められ，政策展開のキーワードに「ガバナンス（governance）」が掲げられてきた。「ガバナンス」とは，公的事業の提供主体を官＝政府の専有から，民＝非政府アクター（住民，企業，NPO等）に開放して，事業の管理・運営・実施のプロセスを「民による共同統治」のもとに置くことを含意する（浜田他 2020，p.2）。これは，教育の質保証について，アカウンタビリティ重視，いわば出口管理重視へと転換を迫る。こうした動きは日本の教育改革にも大きな影響を及ぼしており，例えば学校評価や学校運営協議会は，教育の専門家に限定されない学校の意思決定の在り方を提起した。

こうした改革では，単位学校でのマネジメントが重視され，その在り方を指し示す概念が研究上のトピックとしてもあげられる動向となった。例えば，大きな影響を与えた概念の一つにアメリカの「学校を基礎単位とした教育経営（School Based Management）」（以下，SBMと略記）がある。SBMとは，1980年代後半～1990年代の米国で導入された施策で，学区教育行政当局が保有する学校経営に関する人事・予算・カリキュラム等の諸権限を各単位学校へ委譲し，学校ごとに自律的な教育経営を行うことを可能にした制度である（浜田 2007）。SBMは多様な施策の総称を表すが，その共通要件は，①地方レベルの教育政策の形成・実施にかかわる制度・機構の分権化（decentralization），②学校レベルの意思決定手続きを当該学校の校長・教員・親・地域住民らによって共同化すること，つまり学校における共同的意思決定（shared decision-making）の2点にまとめられる（同上）。前者が，学校で行われる教育活動の質と成果にかかわる責任（accountability）の所在を学校へ移行することを示すと同時に，後者によって，意思決定過程の参加主体として教員と親・地域住民を位置づける点にSBMの特徴がある。教育の成果に関する結果責任が単位学校に求められる動向となり，なおかつその経営を担うアクターに教員以外を巻き込んでいく必要性が提起されたのである。つまり，欧米諸国を中心に広がりを見せた自律的学校経営政策は，単位学校に対して，多様なアクターの参画を求めつつ，成果責任を問う仕組みを伴うものとなったのである。

(2) 校長のリーダーシップへの着目

上述したような自律的学校経営政策により，校長に求められるようになったのが，単位組織の経営責任者としての役割である。元来，米国では1950年代以降，地方教育長と校長の資格である「教育行政」免許を大学院で取得する仕組みが普及した。しかし，SBMをはじめとした自律的学校経営政策の高まりによって，1980年代には「校長」固有の専門性への注目が高まった。なぜなら，教育の成果を最大化するためにアクターを巻き込みつつ，成果責任を示す校長のあり方が求められたからである。そして，そうした自律的な学校経営には校長のリーダーシップが欠かせないとの理解があった。

こうした動向に対して，例えば，全米の校長会はその基準作成を進め（NAESP 1986），校長固有の専門性を自律的に確立しようとする動きを見せた。また，免許課程をもつ大学院の団体である教育経営大学協会（University Council for Educational Administration：UCEA）は，校長養成プログラムの開発を進めた（Murphy 1993）。さらに1996年には，州教育長協議会が全米の統一基準として「スクールリーダーのための基準」を策定し，以後も改訂を重ねた（CCSSO 1996，浜田 2007）。このように米国では，1980年代後半以降の自律的学校経営政策の高まりを受け，校長職にかかわる諸団体で，校長の専門性基準の策定と，校長養成プログラムの開発が進められた。

学校裁量権限の拡大に伴う校長の専門性への着目は，米国だけでなく，他の欧米諸国でも展開した。例えば，英国では，「教育経営・行政学会」が2000年に「教育リーダーシップ・経営・行政学会」に名称変更し，リーダーシップの重要性が強調された。また，英国教育省が「スクールリーダーシップ国立カレッジ（NCSL）」を創設するなど，校長の専門性保証への動きが次々に具体化された（NCSL 2012）。

国際学力調査や国際教員指導環境調査で各国の学校教育への影響力を強めるOECDも2008年に *Improving School Leadership, volume 1: policy and practice* を公刊するなど，学校組織におけるリーダーシップは海外諸国の重要課題になっている（OECD 2009）。この書籍では，校長職の在り方や専門性を指し示す「プリンシパルシップ（principalship）」とは異なり，リーダーシップは，組織を導く権限が一人の個人にのみ存在するのではなく，学校内外の様々な人に分有され得るとする，より広い概念であるとしている（OECD 2009：18）。このように「リーダーシップ」が校長に限らず，単位学校で影響力を発揮する様々な職階やアクターに求められるものとして想定されている。ただし，同書では「アドミニストレーション」「マネジメント」「リーダーシップ」の概念について，違うものとして扱われ，「リーダーシップ」には他の概念と比べ，組織変革や学校のパフォーマンスの最大化に向けた，よりダイナミックに経営を展開することが期待されている。

2. 校長のリーダーシップ研究の展開と課題

(1) 校長のリーダーシップ研究の知見

それでは，自律的学校経営政策下で着目された「校長のリーダーシップ」の内実について，いかなる研究知見が蓄積されてきたのであろうか。露口（2018）によれば，学校組織のリーダーシップ研究では，教育的リーダーシップ（instructional leadership），変革的リーダーシップ（transformational leadership），エンパワーメント（empowerment），分散型リーダーシップ（distributed leadership）という主に４つの視点からリーダーシップ現象へのアプローチが図られてきたという。

1970～80年代に隆盛した「効果的な学校（effective school）」に関する研究を背景に，1980年代の米国では，校長が学校の学力達成や教育活動の内容・方法に直接かかわることを意義付ける「教育的リーダーシップ」の考え方が広まった（浜田 2007）。1990年代には，教育活動の内容・方法に直接的に影響を与える「教育的リーダーシップ」よりも，学校の組織文化や組織的価値観の変革に対して影響を及ぼす「変革的リーダーシップ」の意義が確認されることとなった。いずれにしても，欧米諸国，特に英米では個別学校の経営責任者としての固有の専門性に焦点が当てられ，リーダーシップの在り方が捉え直されてきた（Young et al. 2009）。

また，英国の先行研究をもとに，スクールリーダーシップ開発の動向を明らかにした末松（2015）は，1944年～2010年までを3つの時代に分けて，その変遷をまとめている。第一に，1944年～1980年代半ばの「アドミニストレーション」の時代である。この時期は福祉国家体制のもと，戦後教育システムが地方自治による国家システムにより構築されており，アドミニストレーター，つまり官僚制下での公務員の力量開発の側面で展開された。第二に，1980年代半ば～1997年の「マネジメント」の時代である。新自由主義体制のもと，自己規律的学校を構築するために，マネージャー，すなわち管理者として校長の力量開発を進める必要性が提起された。第三に，1997年～2010年の「リーダーシップ」の時代である。この時期には，権限移譲をもとに経営を展開するマネージャーの発想では不十分であるとされ，効果的な学校の経営を展開するための組織変革やパフォーマンスの改善に向けて，学校でもリーダーシップの発想が必要であるとの理解が進んだ。リーダーシップの力量開発の対象には，校長のみならず，教科主任なども想定されスクールリーダーが広く捉えられていた。ただし，単位学校での効果的な実践に対してリーダーシップが求められ，その主体として校長が想定されていた。

(2) 諸外国における校長のリーダーシップ研究の課題

以上の通り，欧米諸国では地方分権・規制緩和を伴う学校ガバナンス改革が展開し，単位学校の自律性とそれを効果的に経営するための校長の専門性開発が求められる動向となった。校長の専門性開発に際しては，「リーダーシップ」が，「アドミニストレーター」や「マネジメント」といった概念と一線を画すものとして取り扱われた。つまり，管理・維持のみだけでなく，組織変革やパフォーマンス向上に対するより積極的な営みを校長の経営に求めることとなった。

学校組織でのリーダーシップ（＝スクールリーダーシップ）の研究動向では，リーダーシップを発揮する主体を必ずしも校長に限定していない動向も見られる。分散型リーダーシップやミドルへの着目といった動向がその証左である。ただし，ガバナンス改革が進む中で，経営責任者としての校長には，他のアクター（リーダーシップの主体）とは異なる専門性が求められる。そのため，校長個人の専門性開発を強く求める傾向が通底している。これは序章第1節で述べられた個人アプローチに留まっているといえるのではないだろうか。

第3節　日本の校長職及び校長のリーダーシップ研究の新たな視角

1．日本の校長職をめぐる実践・研究の現状と課題

(1) 日本の校長職をめぐる課題

本章第1節で述べた通り，校長のリーダーシップは近年の政策文書で繰り返し要請されている。最近でも，2021年の中教審「『令和の日本型学校教育』の構築を目指して（答申）」において，今般の様々な教育課題への対応に向け，「校長のリーダーシップの下，組織として教育活動に取り組む体制」を整備する必要性や，「校長を中心に学校組織のマネジメント力の強化を図る」重要性が提起された。多職種連携による学校経営を企図した「チームとしての学校」政策でも，多様な専門職を有機的に結び付けるために「校長のリーダーシップ」発揮が期待されている。近年の政策動向からは，多様化・複雑化する教育課題に対し，教育の専門家に限定されない連携や協働によって乗り越える処方箋が提起されるが，それを組織体制として整備し，有機的に運用する側面に話題が移ると，「校長のリーダーシップ」という校長個人の力量に解決方法を依存する傾向にある。

日本の教育学界でも，学校ガバナンス改革に焦点を当てた検討が2000年代より展開されてきた。日本教育学会では2003年から「課題研究」のテーマに「学校のガバナンスとマネジメントに関する総合的研究」を取りあげている。日本教育行政学会でも2004年～07年に「教育のガバナンス改革」をテーマに課題研究に取り組んだ（日本教育行政学会研究推進委員会 2009）。こうした中で，校長のリーダーシップに研究関心を寄せてきた学校経営学や教育行政学といった分野では，校長固有の専門性に関する研究が進展した。これらの研究に本章

第1節でも言及した小島他（2004）や牛渡他（2016）が位置づけられる。また，日本教育経営学会（2009）が「校長の専門職基準」を開発・公表したこともその一つである。

ただし，こうした動向は，新自由主義政策という外在的文脈で受けとめられ，「かけ声」に終始する傾向がある。しかし，学校現場での教育内在的な文脈で捉えると，実践の行方を左右する重要な課題である。子どもの問題状況（いじめ，自殺，不登校等）は多様化・複雑化し，多様な児童生徒（障害のある子，外国にルーツを持つ子等）の学力保障，特色ある学校づくりのためのカリキュラム・マネジメント，保護者・地域住民との信頼構築等への適切な対応において，学校独自のマネジメントの重要性は格段に増した。校長のリーダーシップは教育と学びの質を決定づける要因だと受けとめられるべきである。

また，校長のリーダーシップ向上をめざす研修の改善施策は数多く実施されており，本書の執筆者陣もそれらを担当した経験がある。他方，学校のフィールドワークを通じて校長自身の組織運営上の迷いや葛藤に接すると，制度上の権限範囲・同一校在任期間や，自身の意思決定を支える知識・情報基盤（校長会等による支援）等に課題を抱えている現実を実感する。これらを踏まえると，既存の制度・組織条件に潜在する阻害条件を解消し，促進条件を新たに生み出す必要があるのではないか。

(2) 制度的・組織的条件へ着目する意義

以上の通り，校長のリーダーシップは，政策と研究の両面で，校長個人の専門性の内実と育成方法に焦点が当てられる傾向が強い。校長に求めるリーダーシップの内容・構造に関する理論検討，校長自身がそれらの内容を発揮しているかどうかの実態把握，校長養成プログラム・システムの開発が主たる関心となっている。すなわち，政策・研究双方の関心がリーダーシップ発揮に必要な校長個人の専門性の内実と育成方法の解明に焦点を当てる傾向が強く，校長職を成り立たせる様々な社会的条件や校長のリーダーシップ発揮を支え促すための諸条件への関心が不十分だったのではないか。校長個人の専門性や力量だけでなく，リーダーシップ発揮を支え促す制度的・組織的条件を検討する必要がある。

2. 研究の新たな視角

(1) 制度的・組織的条件に関連する先行研究

この視座から，関連する先行研究を概観すると，校長会の機能と役割に着目した研究（鈴木他 2018 など），教育委員会や教職大学院による校長ないしは学校経営に対する支援や影響を明らかにした研究（千々布 2017，小林 2012，小島編 1993，前田他 2015 など）など制度的条件に関する研究がある。また，非制度的な条件に関する研究としては，校長自身による学校経営に関するフォーマル・インフォーマルな情報交換と相談のネットワークの様態を明らかにした研究（川上 2005）がある。しかし，校長が置かれた学校の状況や条件を考慮したうえでのリーダーシップ発揮の様態を明らかにした研究は見られない。

(2) 本書の位置づけ

しかしながら，学校ガバナンス改革によって，校長の意思決定プロセスが複雑化している現況を加味すると，校長が置かれた個別学校の状況や条件（児童生徒の学習・学力状況や教職員組織の在り方，学校に対する地域住民の協力意識など）を考慮する必要がある。なぜなら，自律的学校経営では，個別学校が置かれた条件の下で，リーダーである校長自身が自校の問題状況を把握し，課題を明確化して経営判断を行う必要があるからである。そこで本書では，個別学校の状況を踏まえて校長を支える諸条件にアプローチする視座から校長のリーダーシップに迫る。

[引用・参考文献]

・牛渡淳，元兼正浩（2016）『専門職としての校長の力量形成』花書院。
・OECD 編著，有本昌弘監訳（2009）『スクールリーダーシップ―教職改革のための政策と実践―』明石書店（原著 2008 年）。
・大杉昭英（2014）「学校管理職育成の現状と今後の大学院活用の可能性に関する

調査研究報告書」国立教育政策研究所平成25年度プロジェクト研究（教員養成等の改善に関する調査研究）報告書。
・大竹晋吾，畑中大路（2017）「学校管理職の専門性論：2000年以降を中心として」『日本教育経営学会紀要』第59号，176-186頁。
・大野裕己（2001）「日本における校長のリーダーシップ研究に関するレビュー」『日本教育経営学会紀要』第43号，230-239頁。
・小島弘道編（1993）『学校改善を支える教育委員会』東洋館出版社。
・小島弘道編著（2004）『校長の資格・養成と大学院の役割』東信堂。
・小島弘道，淵上克義，露口健司（2010）『スクールリーダーシップ』学文社。
・加治佐哲也（2005）『アメリカの学校指導者養成プログラム』多賀出版。
・川上泰彦（2005）「学校管理職による情報交換と相談―校長・教頭のネットワークに着目して―」『日本教育経営学会』第47号，80-95頁。
・小林清（2012）「市町教育委員会における指導主事を通した学校支援の在り方―教育行政職員・校長を経験した教育長のインタビュー調査から―」『学校経営研究』第37巻，18-28頁。
・教職員支援機構（2020）「育成指標に基づく管理職研修の現状と課題」令和元年度育成協議会の設置と育成指標・研修計画の作成に関する調査研究プロジェクト報告書。
・篠原清昭編著（2017）『世界の学校管理職養成』ジダイ社。
・白石裕編著（2009）『学校管理職に求められる力量とは何か―大学院における養成・研修の実態と課題―（早稲田大学叢書27）』学文社。
・末松裕基（2015）「スクールリーダーシップ研究の国際水準―イギリス分権改革におけるシステム化の課題に着目して―」『東京学芸大学紀要　総合教育科学系Ⅰ』第66集，115-133頁。
・鈴木久米男，多田英史，小岩和彦他（2018）「自主組織としてのA県及び全国校長会の機能とその役割―小学校，中学校，高等学校，特別支援学校長会の比較・検討―」『岩手大学大学院教育学研究科研究年報』第2巻，19-33頁。
・千々布敏弥（2017）「教育委員会指導主事の学校訪問体制と学校組織文化の関係」『教師学研究』第20巻第2号，37-46頁。
・露口健司（2008）『学校組織のリーダーシップ』大学教育出版。
・露口健司（2018）「リーダーシップ」日本教育経営学会編『教育経営ハンドブック』学文社，4-5頁。
・日本教育行政学会研究推進委員会編（2009）『学校と大学のガバナンス改革』教育開発研究所。
・浜田博文（2007）『「学校の自律性」と校長の新たな役割』一藝社。
・浜田博文編著（2020）『学校ガバナンス改革と危機に立つ教職の専門性』学文社。
・前田洋一，佐古秀一，久我直人他（2015）「大学・教育委員会・学校と連携した教育改善に関する実践研究（VII）―本学と鈴鹿市教育委員会との連携事業に関する学校支援の経過―」『鳴門教育大学学校教育研究紀要』第29巻，161-168頁。
・CCSSO（1996）*Interstate School Leaders Licensure Consortium : Standards for School Leaders.*
・Hallinger, P.（2018）"Bringing context out of the shadows of leadership." *Educational Management Administration & Leadership*, Vol.46, No.1, pp.5-24.
・Murphy, J.（ed.）（1993）*Preparing Tomorrow' s School Leaders*, UCEA, Inc.
・NAESP（1986）*Proficiencies for Principal Leadership : Elementary and Middle School Leadership Kindergarten through Eighth Grade.*
・NCSL（2012）*National Professional Qualification for Headship（NPQH）Competency Framework.*
・Young, MD., Crow, G. M., Murphy, J., Ogawa, R. T.（eds.）（2009）*Handbook of Research on the Education of School Leaders*, Routledge.

第 I 部

量的調査

第2章 校長の職務環境・職務状況とリーダーシップ実践の実態に関する基礎的分析

——3者（校長，副校長・教頭，ミドル教員）間比較——

第1節 本章の目的と分析の視点

前章では，日本及び諸外国における校長職と校長のリーダーシップに関する制度と研究に着目し，日本の校長職をめぐる実践・研究に関する現状と課題をレビューして，新たな研究視角を提示した。新たな研究視角とは，校長のリーダーシップ実践を阻害する既存の制度的・組織的条件の解明であり，リーダーシップ実践を支え，促す制度的・組織的条件の解明である。

そこで，本章では，この研究視角のもと，校長のリーダーシップ実践を支え，促す諸条件，特に制度的・組織的条件の実態に迫りたい。具体的には，全国の公立学校現場（小学校，中学校，高等学校，特別支援学校）を対象とする質問紙調査データを用いて，校長のリーダーシップ及びそれをとりまく制度的・組織的条件の実態を明らかにしたい。具体的には，校長のリーダーシップ実践の実態，校長のリーダーシップ実践を支えるもの，校長のリーダーシップ実践と校長・学校をめぐる諸条件との関連について基礎的分析を行う。なお，その際，校種別・職階別の視点からの分析も行う。

第2節 調査の方法

1．調査の概要

(1) 調査の対象

全国から無作為抽出された2,400校（小学校，中学校，特別支援学校，高等学校いずれも600校ずつ）の校長，副校長・教頭，主幹教諭等ミドルリーダー教員を対象とした。調査対象校の抽出にあたっては，学校種別に，全体数（全国）における各都道府県の構成比に基づき，都道府県ごとに対象校数を決定し，各都道府県内で割当数の学校を無作為抽出した。

(2) 調査の実施方法及び時期

2019年1月25日，調査対象校の校長に，調査票等一式を発送（投函）した。校長には，①校長自身の調査票の他，②副校長または教頭1名（複数配置の場合，現任校着任年数の長い者）と，③主幹教諭・指導教諭・教務主任のうち1名（現任校着任年数の最も長い者）に調査票等一式を渡してもらった。

回答及び返送については，同年2月8日（金）を投函締め切りとして，無記名回答・厳封・個別返送を依頼した。

協力依頼にあたっては，得られたデータは統計的に処理され，回答者及び所属校等に一切の迷惑をかけないこと，調査データは研究のみに使用すること，研究終了後にデータを破棄すること等の倫理的配慮を示した。そして，校長による調査票の配布及び対象者による回答及び返送をもって，調査協力に対する同意を得たものと理解した。なお，本調査は，筑波大学人間系研究倫理委員会の審査を得ている（課題番号：筑30-178号）。

(3) 回収結果

有効回収数・率は，**表2-1**の通りである。なお，有効回答者（3者）の基本属性は本書末の**資料**を参照されたい。

2. 調査項目の作成

(1) 基本属性

回答者の個人特性（年齢，経歴，在職年数等）及び組織特性（学校規模，学力傾向，進路状況等）に関する項目を作成した。

表 2-1　有効回収数・率

		学校種					
		小学校	中学校	特別支援学校	高等学校	不明	合計
職位	校長	235 39.2%	241 40.2%	264 44.0%	288 48.0%	1 0.1%	1,029 42.9%
	副校長・教頭	199 33.2%	228 38.0%	295 49.2%	293 48.8%	2 0.1%	1,017 42.4%
	ミドル教員	133 22.2%	149 24.8%	234 39.0%	180 30.0%	1 0.1%	697 29.0%
	合計	567 31.5%	618 34.3%	793 44.1%	761 42.3%	4 0.1%	2,743 38.1%

注：「校長―小学校」～「ミドル教員―高等学校」の12カテゴリーの分母は600,「3者―不明」の3カテゴリーの分母は1,800,「3者―合計」の3カテゴリーの分母は2,400,「4校種―合計」の4カテゴリーの分母は1,800,「不明―合計」の1カテゴリーの分母は5,400（高校用調査票1,800を除いた数),「合計―合計」の1カテゴリーの分母は7,200である。

(2) 校長のリーダーシップ実践

校長のリーダーシップ実践をほぼカバーしているという観点から，日本教育経営学会 (2009)「校長の専門職基準」で示されている7基準を参照し，項目開発を行った (**表 2-2**)。具体的には，校長のリーダーシップや学校経営に関する研究や実践への関与経験が豊富な共同研究者全員が各基準に該当すると想定される複数の項目案を提示し，複数回の共同討議を経て，計27項目を作成した[1)]。そして，校長調査では，現任校において，27項目について，「実践したい：《意思》」「実践できている：《実際》」の2側面（自己評価）から4件法で問うた。副校長・教頭及びミドルリーダー教員に対する調査では，現任校の校長が「実践

表 2-2　日本教育経営学会 (2009) による校長の専門職基準と本調査での項目数

基準	内　容	項目数
基準1	「学校の共有ビジョンの形成と具現化」	4
基準2	「教育活動の質を高めるための協力体制と風土づくり」	4
基準3	「教職員の職能開発を支える協力体制と風土づくり」	4
基準4	「諸資源の効果的な活用と危機管理」	4
基準5	「家庭・地域社会との協働・連携」	3
基準6	「倫理規範とリーダーシップ」	4
基準7	「学校をとりまく社会的・文化的要因の理解」	4

している」という《実際》の程度（他者評価）を問うた。

(3) 校長のリーダーシップ実践を支えるもの

校長のリーダーシップ実践を支えていると想定される学校の外的条件（文部科学省等からの通知・方針，学会等による学術知，公的研修から得た知識・情報，校長会等他の校長との非公式交流から得た知識・情報，図書・雑誌・インターネットから得られた知識・情報）と，内的条件（組織風土・組織文化：校長―教職員の良好関係，相互支援関係，成長・挑戦志向性，精神健康）という観点から，共同研究者全員による複数回の共同討議を経て，前者：全15項目，後者：全12項目を作成した。外的条件については，校長のみに対して，「支えになってほしい（期待：4件法）」「支えになっている（現状：4件法）」という2側面から問うた。内的条件については，校長，副校長・教頭，ミドルリーダー教員の3者に対して4件法にて問うた。

(4) 現任校の課題状況

現任校の課題状況を問うために，児童生徒・保護者・地域・現任校の組織体制の項目群から成る全14項目を作成した。3者に対して4件法にて問うた。

(5) 地域等に関係する組織の学校に対する有益度

現任校にとっての地域等に関係する組織の有益度を問うために，学校運営協議会等の全6項目（高等学校では一部項目除外）を作成した。3者に対して4件法にて問うた。

(6) 現任校の組織風土・組織文化

現任校の組織風土・組織文化を問うために，校長と教員との関係，教職員間の相互支援関係，教職員の挑戦的・成長的志向，教職員のメンタルヘルスの項目群から成る15項目を作成した。3者に対して4件法にて問うた。

なお，以下では，特別支援学校→特支，高等学校→高校，副校長・教頭→教頭，ミドルリーダー教員→ミドルと略記する。

第3節　分析の結果

1. 校長のリーダーシップ実践の実態

まず，校長のリーダーシップ実践の実態を見ていく。

(1) 校長自身の意識から見た校長のリーダーシップ実践の実態

1) 校長のリーダーシップ実践《意思》

①27項目の校種別比較

「実践したい」という《意思》を校種別に比較し「全体」の平均値（Mean）の高い項目から順に並べた結果が**表2-3**である。全項目とも中央値（2.5）を超えており，上位3項目は，「(6) 児童生徒の課題について教職員が意見交換をする時間を作る（基準2）」(3.52)，「(21) 教育の使命や倫理に背くような教職員の行為に対して，毅然として対応する（基準6）」(3.50)，「(1) 児童生徒に関する様々な情報に基づいて，目指す学校像を描く（基準1）」(3.49) であった。一方，下位3項目は，「(4) 保護者，地域住民の意見を聞きながら，目指す学校像を描く（基準1）」(3.14)，「(24) 最新の教育関係法規を理解し，その精神と意図を汲み取る（基準7）」(3.19)，「(26) 教育に近接する他領域（医療・福祉・文化等）の情報や動向をつかみ，理解する（基準7）」(3.20) であった。また校種別比較の結果，9項目で有意な差が見られた。

②7基準（合成変数）の校種別比較

「実践したい」という《意思》について，7基準を構成する項目の平均値を算出して校種別比較を行い，「全体」の平均値の高い順に並べた結果が**表2-4**である。7基準すべてにおいて中央値（2.5）を超えており，上位2項目は基準2「教育活動の質を高めるための協力体制と風土づくり」(3.45)，基準6「倫理規範とリーダーシップ」(3.42) であり，下位2項目は，基準7「学校をとりまく社会的・文化的要因の理解」(3.22)，基準5「家庭・地域社会との協働・連携」

表 2-3　校長のリーダーシップ実践《意思》：校種別比較

		全体 Mean	SD	n	小学校 Mean	SD	n	中学校 Mean	SD	n	特別支援学校 Mean	SD	n	高等学校 Mean	SD	n	F値	多重比較
(6) 児童生徒の課題について教職員が意見交換をする時間を作る	基準2	3.52	0.52	852	3.54	0.52	186	3.53	0.51	190	**3.58**	0.51	221	3.44	0.54	255	3.35 *	*：特>高
(21) 教育の使命や倫理に背くような教職員の行為に対して，毅然として対応する	基準6	3.50	0.52	825	3.50	0.50	185	**3.55**	0.52	190	3.53	0.53	204	3.45	0.52	246	1.47	
(1) 児童生徒に関する様々な情報に基づいて，目指す学校像を描く	基準1	3.49	0.53	833	3.52	0.51	189	3.48	0.55	195	**3.55**	0.50	203	3.44	0.56	246	1.81	
(11) 教職員がお互いに授業を見せ合うことを奨励する	基準3	3.49	0.51	836	3.49	0.50	184	3.47	0.54	190	**3.51**	0.50	214	3.49	0.51	248	0.27	
(5) 児童生徒の実態，特徴を踏まえた教育課程編成を行う	基準2	3.48	0.53	847	3.44	0.52	188	3.37	0.54	194	**3.63**	0.49	211	3.48	0.55	254	8.83 ***	***：特>中，**：特>小，*：特>高
(15) 教職員や児童生徒が安心して教育・学習活動に取り組める物的環境を整える	基準4	3.48	0.51	861	**3.51**	0.51	188	**3.51**	0.51	198	**3.51**	0.50	219	3.42	0.50	256	2.02	
(19) 保護者・地域社会の多様な関係者に対して敬意をもって誠実に関わる	基準5	3.43	0.52	817	**3.53**	0.52	180	3.48	0.51	189	3.43	0.53	203	3.33	0.49	245	6.19 ***	***：小>高，*：中>高
(16) 学校の安全確保について教職員を意識づける働きかけを日常的に行う	基準4	3.42	0.50	833	3.42	0.51	184	3.42	0.50	192	**3.48**	0.51	207	3.37	0.49	250	1.70	
(7) 新たな教育方法や教材を用いた授業を奨励することで学校全体の授業改善を促す	基準2	3.41	0.58	883	**3.40**	0.57	196	3.39	0.56	202	3.39	0.57	223	3.43	0.61	262	0.25	
(10) 教職員一人ひとりの力量や成長課題を把握し，必要に応じて指導・助言する	基準3	3.41	0.51	[illegible]	3.43	0.51	[illegible]	**3.44**	0.51	[illegible]	3.39	0.50	[illegible]	3.39	0.53	[illegible]	0.55	
(20) 教職員の模範として，自身の言動やふるまいに問題がないか多様な視点から振り返る	基準6	3.41	0.52	847	**3.45**	0.52	191	3.38	0.54	198	3.44	0.53	207	3.39	0.50	251	1.00	
(9) 学校の教育課題を踏まえて，校内研修体制を整備する	基準3	3.40	0.52	858	**3.46**	0.50	192	3.41	0.50	195	3.45	0.52	211	3.31	0.54	260	3.90 **	*：小・特>高
(2) 自分自身の経験や教育理念に基づいて，目指す学校像を描く	基準1	3.39	0.58	839	3.41	0.56	188	**3.45**	0.54	195	3.39	0.63	211	3.34	0.59	245	1.25	
(8) 各学級の児童生徒の様子を絶えず把握し，必要に応じて担任教師を支援する	基準2	3.38	0.58	846	**3.49**	0.51	186	3.38	0.55	194	3.37	0.62	213	3.32	0.61	253	3.30 *	*：小>高
(22) 法令順守の研修やチェック体制などを学校全体で機能させる	基準6	3.38	0.54	835	3.39	0.54	185	**3.42**	0.56	192	3.40	0.53	209	3.33	0.53	249	1.12	
(23) 多様な立場や価値観を尊重するような雰囲気を校内に作る	基準6	3.38	0.53	840	3.37	0.53	183	3.35	0.54	193	**3.45**	0.55	212	3.35	0.51	252	1.83	
(13) 目指す学校像を実現するために，外部の人材や情報などを活用する	基準4	3.35	0.55	848	3.36	0.58	185	3.32	0.57	200	**3.41**	0.53	213	3.30	0.52	250	1.62	
(14) 目指す学校像を実現するために，予算獲得や施設・設備の改善について教育委員会や外部機関などに働きかける	基準4	3.35	0.54	854	**3.38**	0.54	186	3.37	0.55	199	3.30	0.53	214	3.36	0.55	255	0.81	
(17) 校長自ら率先して保護者・地域住民との関係構築に取り組む	基準5	3.35	0.55	831	**3.45**	0.53	182	3.44	0.55	193	3.35	0.54	210	3.20	0.54	246	10.16 ***	***：小・中>高，*：特>高
(3) 教職員の意見を聞きながら，目指す学校像を描く	基準1	3.32	0.55	849	3.28	0.54	188	3.31	0.56	199	**3.37**	0.54	211	3.31	0.54	251	1.09	
(25) 社会の関心を集める教育問題の情報や動向をつかみ，深く理解する	基準7	3.28	0.51	863	**3.35**	0.52	189	3.25	0.53	202	3.25	0.47	217	3.28	0.50	255	1.66	
(12) 教職員一人ひとりの心身の状況や私的な事情に配慮して必要な支援を行う	基準3	3.25	0.55	838	3.25	0.58	185	3.24	0.56	194	**3.26**	0.52	209	3.26	0.54	250	0.05	
(27) 自校が所在する地方自治体の教育課題や教育施策の動向について深く理解する	基準7	3.23	0.52	853	**3.29**	0.53	185	3.23	0.53	198	3.22	0.51	216	3.20	0.51	254	1.03	
(18) 教職員が保護者・地域住民と連携しやすくするための支援や工夫を行う	基準5	3.20	0.52	856	3.25	0.55	189	**3.28**	0.55	202	3.21	0.49	213	3.10	0.49	252	5.12 **	**：中>高，*：小>高
(26) 教育に近接する他領域（医療・福祉・文化等）の情報や動向をつかみ，理解する	基準7	3.20	0.53	866	3.15	0.53	194	3.10	0.53	201	**3.35**	0.51	215	3.18	0.51	256	9.21 ***	***：特>中，**：特>小・高
(24) 最新の教育関係法規を理解し，その精神と意図を汲み取る	基準7	3.19	0.54	864	**3.21**	0.55	193	3.16	0.51	201	**3.21**	0.56	214	3.18	0.54	256	0.47	
(4) 保護者，地域住民の意見を聞きながら，目指す学校像を描く	基準1	3.14	0.58	866	3.15	0.57	190	3.13	0.58	205	**3.23**	0.58	215	3.07	0.57	256	3.13 *	*：特>高

注1：選択肢は，「1．実行したいと思わない　2．あまり実行したいと思わない　3．実行したいと思う　4．とても実行したいと思う」である。
注2：「全体」の平均値の高い順に並べている。また，最も平均値の高い校種の値を**太字**で表示している。

表 2-4　校長のリーダーシップ実践《意思》：校種別比較

	全体 Mean	全体 SD	小学校 Mean	小学校 SD	中学校 Mean	中学校 SD	特別支援学校 Mean	特別支援学校 SD	高等学校 Mean	高等学校 SD	F値	多重比較
	n		n		n		n		n			
基準2「教育活動の質を高めるための協力体制と風土づくり」	3.45	0.41	3.47	0.39	3.42	0.40	**3.49**	0.41	3.41	0.44	1.80	
	814		181		186		204		243			
基準6「倫理規範とリーダーシップ」	3.42	0.43	3.42	0.43	3.43	0.44	**3.46**	0.42	3.38	0.43	1.28	
	807		175		188		201		243			
基準4「諸資源の効果的な活用と危機管理」	3.40	0.40	3.41	0.41	3.41	0.39	**3.42**	0.40	3.36	0.41	1.04	
	813		177		189		203		244			
基準3「教職員の職能開発を支える協力体制と風土づくり」	3.39	0.41	**3.41**	0.41	3.39	0.41	3.40	0.40	3.36	0.41	0.65	
	806		178		187		201		240			
基準1「学校の共有ビジョンの形成と具現化」	3.34	0.44	3.36	0.42	3.35	0.45	**3.39**	0.45	3.29	0.43	1.92	
	810		182		191		197		240			
基準5「家庭・地域社会との協働・連携」	3.33	0.45	**3.41**	0.45	**3.41**	0.46	3.33	0.45	3.21	0.42	9.38 ***	**：小・中>特，*：特>高
	810		180		188		202		240			
基準7「学校をとりまく社会的・文化的要因の理解」	3.22	0.43	3.24	0.44	3.19	0.44	**3.26**	0.43	3.21	0.44	1.02	
	834		181		196		207		250			

注：「全体」の平均値の高い順に並べている。また，最も平均値の高い校種の値を**太字**で表示している。

(3.33) であった。校種別比較を行った結果，基準5「家庭・地域社会との協働・連携」において，小学校，中学校の平均値が特支および高校より有意に高く，高校は特支より有意に低かった。

2) 校長のリーダーシップ実践《実際》

① 27 項目の校種別比較

「実践できている」という《実際》を校種別に比較し，「全体」の平均値の高い順に並べた結果が**表 2-5** である。全項目とも中央値 (2.5) を超えており，上位3項目は，「(21) 教育の使命や理に背くような教職員の行為に対して，毅然として対応する (基準6)」(3.12)，「(19) 保護者・地域社会の多様な関係者に対して敬意をもって誠実に関わる (基準5) (3.11)，「(22) 法令順守の研修やチェック体制などを学校全体で機能させる (基準6)」(2.96) であった。一方，下位3項目は，「(26) 教育に近接する他領域 (医療・福祉・文化等) の情報や動向をつかみ，理解する (基準7)」(2.49)，「(4) 保護者，地域住民の意見を聞きながら，目指す学校像を描く (基準1)」(2.51)，「(24) 最新の教育関係法規を理解し，その精神と意図を汲み取る (基準7)」(2.52) であった。校種別比較の結果，20 項目において有意な差が見られた。

表 2-5　校長のリーダーシップ実践《実際》：校種別比較

		全体 Mean	全体 SD	全体 n	小学校 Mean	小学校 SD	小学校 n	中学校 Mean	中学校 SD	中学校 n	特別支援学校 Mean	特別支援学校 SD	特別支援学校 n	高等学校 Mean	高等学校 SD	高等学校 n	F値	多重比較
(21) 教育の使命や倫理に背くような教職員の行為に対して，毅然として対応する	基準6	3.12	0.50	993	3.12	0.49	221	**3.18**	0.51	236	3.07	0.49	254	3.13	0.51	282	1.90	
(19) 保護者・地域社会の多様な関係者に対して敬意をもって誠実に関わる	基準5	3.11	0.53	1001	**3.18**	0.50	229	3.14	0.53	236	3.09	0.53	255	3.05	0.55	281	2.87 *	*：小>高
(22) 法令順守の研修やチェック体制などを学校全体で機能させる	基準6	2.96	0.57	992	**3.03**	0.54	226	2.94	0.59	235	2.96	0.60	252	2.92	0.53	279	1.85	
(17) 校長自ら率先して保護者・地域住民との関係構築に取り組む	基準5	2.93	0.64	989	**3.15**	0.55	227	3.03	0.59	233	2.80	0.68	248	2.79	0.65	281	18.98 ***	***：小・中>特・高
(16) 学校の安全確保について教職員を意識づける働きかけを日常的に行う	基準4	2.90	0.51	988	**2.97**	0.46	229	2.96	0.49	233	2.91	0.53	250	2.78	0.54	276	7.67 ***	***：小>高，**：中>，*：特>高
(1) 児童生徒に関する様々な情報に基づいて，目指す学校像を描く	基準1	2.89	0.52	996	**2.98**	0.40	226	2.93	0.54	234	2.89	0.51	255	2.77	0.57	281	7.84 ***	***：小>高，**：中>高，*：特>高
(20) 教職員の模範として，自身の言動やふるまいに問題がないか多様な視点から振り返る	基準6	2.89	0.54	973	2.88	0.51	217	2.89	0.56	229	**2.91**	0.53	250	2.88	0.55	277	0.15	
(23) 多様な立場や価値観を尊重するような雰囲気を校内に作る	基準6	2.83	0.56	978	**2.93**	0.52	223	2.82	0.54	234	2.79	0.60	247	2.78	0.56	274	3.68 *	*：小>特・高
(2) 自分自身の経験や教育理念に基づいて，目指す学校像を描く	基準1	2.81	0.59	989	**2.90**	0.51	226	2.85	0.61	235	2.83	0.57	248	2.68	0.65	280	6.99 ***	***：小>高，**：中>高，*：特>高
(5) 児童生徒の実態，特徴を踏まえた教育課程編成を行う	基準2	2.79	0.61	973	2.82	0.53	224	2.77	0.63	230	**2.88**	0.62	248	2.73	0.63	271	2.86 *	*：特>高
(12) 教職員一人ひとりの心身の状況や私的な事情に配慮して必要な支援を行う	基準3	2.79	0.56	978	**2.85**	0.50	224	2.76	0.61	231	2.81	0.57	248	2.75	0.54	275	1.66	
(3) 教職員の意見を聞きながら，目指す学校像を描く	基準1	2.77	0.56	984	**2.90**	0.48	227	2.69	0.59	233	2.78	0.56	245	2.71	0.56	279	6.88 ***	**：小>中，*：小>高
(6) 児童生徒の課題について教職員が意見交換をする時間を作る	基準2	2.75	0.66	987	**2.97**	0.62	229	2.84	0.67	238	2.69	0.65	246	2.56	0.64	274	18.83 ***	***：小>特・高，中>高，*：中>特
(8) 各学級の児童生徒の様子を絶えず把握し，必要に応じて担任教師を支援する	基準2	2.75	0.62	992	**2.97**	0.54	229	2.82	0.64	233	2.70	0.66	252	2.56	0.58	278	20.29 ***	***：小>特・高，*：特>高
(13) 目指す学校像を実現するために，外部の人材や情報などを活用する	基準4	2.73	0.65	972	**2.83**	0.57	224	2.65	0.67	226	2.77	0.65	247	2.70	0.68	275	3.37 *	*：小>中
(11) 教職員がお互いに授業を見せ合うことを奨励する	基準3	2.71	0.69	985	**2.80**	0.65	227	2.71	0.69	235	2.65	0.69	247	2.68	0.71	276	1.95	
(9) 学校の教育課題を踏まえて，校内研修体制を整備する	基準3	2.69	0.62	985	**2.87**	0.58	224	2.73	0.63	235	2.73	0.65	253	2.49	0.58	273	17.07 ***	***：小>高，特>高
(27) 自校が所在する地方自治体の教育課題や教育施策の動向について深く理解する	基準7	2.69	0.60	967	**2.81**	0.53	222	2.75	0.57	229	2.61	0.63	241	2.62	0.64	275	6.39 ***	**：小>特・高，*：中>特
(10) 教職員一人ひとりの力量や成長課題を把握し，必要に応じて指導・助言する	基準3	2.68	0.57	976	**2.77**	0.53	222	2.76	0.58	233	2.60	0.59	246	2.61	0.57	275	6.20 ***	**：小>特，*：小>高，中>特・高
(25) 社会の関心を集める教育問題の情報や動向をつかみ，深く理解する	基準7	2.64	0.60	960	**2.73**	0.54	218	2.60	0.61	226	2.59	0.60	243	2.63	0.63	273	2.79 *	*：小>特
(14) 目指す学校像を実現するために，予算獲得や施設・設備の改善について教育委員会や外部機関などに働きかける	基準4	2.59	0.69	969	2.59	0.66	222	2.61	0.67	227	**2.68**	0.64	246	2.51	0.75	274	2.79 *	*：特>高
(15) 教職員や児童生徒が安心して教育・学習活動に取り組める物的環境を整える	基準4	2.57	0.64	962	**2.70**	0.58	223	2.59	0.63	228	2.64	0.60	241	2.39	0.69	270	11.58 ***	***：小・特>高，**：中>高
(18) 教職員が保護者・地域住民と連携しやすくするための支援や工夫を行う	基準5	2.56	0.62	965	**2.66**	0.61	221	2.62	0.66	225	2.51	0.61	246	2.48	0.61	273	4.56 **	**：小>高
(7) 新たな教育方法や教材を用いた授業を奨励することで学校全体の授業改善を促す	基準2	2.53	0.65	957	**2.63**	0.61	217	2.46	0.67	229	2.61	0.65	241	2.44	0.65	270	5.27 **	**：小>高，*：小>中，特>高
(24) 最新の教育関係法規を理解し，その精神と意図を汲み取る	基準7	2.52	0.61	960	**2.53**	0.58	214	2.51	0.61	228	2.52	0.65	245	2.52	0.61	273	0.02	
(4) 保護者，地域住民の意見を聞きながら，目指す学校像を描く	基準1	2.51	0.63	953	**2.61**	0.63	219	2.48	0.64	223	2.49	0.62	241	2.47	0.63	270	2.58	
(26) 教育に近接する他領域(医療・福祉・文化等)の情報や動向をつかみ，理解する	基準7	2.49	0.61	963	2.48	0.55	217	2.43	0.62	227	**2.62**	0.63	246	2.44	0.62	273	5.22 **	**：特>中・高

注1：選択肢は，「1. 実行できていない　2. あまり実行できていない　3. 実行できている　4. とても実行できている」である。
注2：「全体」の平均値の高い順に並べている。また，最も平均値の高い校種の値を**太字**で表示している。

②７基準の校種別比較

「実践している」という《実際》について，７基準を構成する項目の平均値を算出して校種別比較を行い，「全体」の平均値の高い順に並べた結果が**表2-6**である。７基準すべてにおいて中央値（2.5）を超えており，上位２項目は，基準６「倫理規範とリーダーシップ」（2.95），基準５「家庭・地域社会との協働・連携」（2.87），下位２項目は，基準７「学校をとりまく社会的・文化的要因の理解」（2.58），基準４「諸資源の効果的な活用と危機管理」（2.69）であった。校種別比較の結果，全体的に小学校の値が高く，５つの基準において他の校種より有意に高かった。また他の校種と比較して，多くの基準において高校の値が低かった。

表2-6　校長のリーダーシップ実践《実際》：校種別比較

	全体 *Mean*	全体 *SD*	小学校 *Mean*	小学校 *SD*	中学校 *Mean*	中学校 *SD*	特別支援学校 *Mean*	特別支援学校 *SD*	高等学校 *Mean*	高等学校 *SD*	*F*値	多重比較
	n		*n*		*n*		*n*		*n*			
基準６「倫理規範とリーダーシップ」	2.95	0.39	**2.99**	0.37	2.95	0.40	2.93	0.41	2.93	0.39	1.07	
	946		211		226		241		268			
基準５「家庭・地域社会との協働・連携」	2.87	0.48	**3.00**	0.43	2.93	0.48	2.80	0.48	2.77	0.48	12.11 ***	***：小＞特・高，**：中＞高，*：中＞特
	959		220		224		243		272			
基準１「学校の共有ビジョンの形成と具現化」	2.74	0.45	**2.85**	0.37	2.73	0.45	2.75	0.45	2.65	0.48	8.40 ***	***：小＞高，*：小＞中
	931		216		221		231		263			
基準３「教職員の職能開発を支える協力体制と風土づくり」	2.72	0.42	**2.82**	0.37	2.74	0.45	2.70	0.44	2.63	0.40	9.09 ***	***：小＞高，**：中・特＞高，*：小＞特，中＞高
	931		215		225		231		260			
基準２「教育活動の質を高めるための協力体制と風土づくり」	2.70	0.46	**2.84**	0.42	2.72	0.48	2.71	0.48	2.56	0.44	14.53 ***	***：小＞高，**：中・特＞高，*：小＞中・特
	923		213		222		231		257			
基準４「諸資源の効果的な活用と危機管理」	2.69	0.43	**2.77**	0.37	2.70	0.43	2.75	0.41	2.58	0.48	9.09 ***	***：小・特＞高，*：中＞高
	938		219		220		235		264			
基準７「学校をとりまく社会的・文化的要因の理解」	2.58	0.48	**2.64**	0.39	2.57	0.48	2.58	0.51	2.55	0.50	1.54	
	941		210		225		237		269			

注：「全体」の平均値の高い順に並べている。また，最も平均値の高い校種の値を**太字**で表示している。

3）《意思》と《実際》の差異

①27項目の差異の校種別比較

27項目ごとに《意思》と《実際》の差異（意思の平均値から実際の平均値を引いた値）を校種別比較し，「全体」の値が大きい項目から順に並べた結果が**表2-7**である。差異の大きい上位３項目は，「（15）教職員や児童生徒が安心して教育・学習活動に取り組める物的環境を整える（基準４）」（0.96），「（7）新たな教育方法や教材を用いた授業を奨励することで学校全体の授業改善を促す（基

表 2-7　校長のリーダーシップ実践の《意思》と《実際》の差異：校種別比較

		全体			小学校			中学校			特別支援学校			高等学校		
		差異	t 値	n	差異	t 値	n	差異	t 値	n	差異	t 値	n	差異	t 値	n
(15) 教職員や児童生徒が安心して教育・学習活動に取り組める物的環境を整える	基準4	0.96	34.02 ***	803	0.86	14.54 ***	179	0.96	16.55 ***	188	0.90	16.62 ***	201	**1.09**	20.30 ***	234
(7) 新たな教育方法や教材を用いた授業を奨励することで学校全体の授業改善を促す	基準2	0.93	33.34 ***	811	0.87	15.81 ***	180	1.00	17.59 ***	190	0.82	14.31 ***	202	**1.02**	19.12 ***	238
(11) 教職員がお互いに授業を見せ合うことを奨励する	基準3	0.84	29.45 ***	801	0.73	12.27 ***	179	0.86	15.47 ***	186	**0.91**	15.38 ***	202	0.85	15.73 ***	233
(6) 児童生徒の課題について教職員が意見交換をする時間を作る	基準2	0.83	29.52 ***	808	0.64	12.22 ***	181	0.78	13.17 ***	187	0.93	16.14 ***	205	**0.93**	17.46 ***	234
(14) 目指す学校像を実現するために，予算獲得や施設・設備の改善について教育委員会や外部機関などに働きかける	基準4	0.80	29.59 ***	802	0.84	14.89 ***	177	0.81	14.69 ***	187	0.64	12.37 ***	201	**0.89**	17.39 ***	236
(10) 教職員一人ひとりの力量や成長課題を把握し，必要に応じて指導・助言する	基準3	0.78	32.05 ***	802	0.71	14.72 ***	178	0.74	13.89 ***	187	**0.86**	17.91 ***	202	0.79	17.53 ***	234
(9) 学校の教育課題を踏まえて，校内研修体制を整備する	基準3	0.75	28.65 ***	814	0.64	12.62 ***	182	0.73	14.25 ***	189	0.72	12.64 ***	203	**0.86**	18.00 ***	239
(26) 教育に近接する他領域（医療・福祉・文化等）の情報や動向をつかみ，理解する	基準7	0.74	31.77 ***	808	0.68	14.17 ***	180	0.75	15.36 ***	189	**0.77**	16.09 ***	202	0.75	17.61 ***	236
(5) 児童生徒の実態，特徴を踏まえた教育課程編成を行う	基準2	0.74	27.98 ***	795	0.66	13.20 ***	178	0.68	12.43 ***	185	0.78	14.16 ***	197	**0.81**	16.03 ***	234
(24) 最新の教育関係法規を理解し，その精神と意図を汲み取る	基準7	0.71	29.82 ***	805	0.69	13.13 ***	177	0.72	15.10 ***	[illegible]	**0.76**	14.69 ***	200	0.68	16.60 ***	[illegible]
(18) 教職員が保護者・地域住民と連携しやすくするための支援や工夫を行う	基準5	0.70	28.87 ***	800	0.62	12.09 ***	178	0.72	13.32 ***	188	**0.75**	15.00 ***	200	0.69	17.41 ***	233
(4) 保護者，地域住民の意見を聞きながら，目指す学校像を描く	基準1	0.69	27.93 ***	795	0.61	11.79 ***	176	0.73	15.32 ***	188	**0.79**	15.38 ***	197	0.64	13.60 ***	233
(8) 各学級の児童生徒の様子を絶えず把握し，必要に応じて担任教師を支援する	基準2	0.68	27.20 ***	809	0.58	12.33 ***	181	0.59	11.01 ***	187	0.73	13.59 ***	203	**0.79**	17.52 ***	237
(25) 社会の関心を集める教育問題の情報や動向をつかみ，深く理解する	基準7	0.67	28.30 ***	804	0.60	12.38 ***	177	**0.73**	14.74 ***	189	0.69	14.23 ***	201	0.67	15.18 ***	236
(1) 児童生徒に関する様々な情報に基づいて，目指す学校像を描く	基準1	0.66	29.06 ***	803	0.59	14.83 ***	181	0.63	13.69 ***	188	0.68	13.28 ***	198	**0.72**	16.74 ***	235
(13) 目指す学校像を実現するために，外部の人材や情報などを活用する	基準4	0.65	25.73 ***	799	0.60	12.38 ***	177	**0.72**	13.50 ***	187	0.65	12.48 ***	201	0.64	13.16 ***	233
(2) 自分自身の経験や教育理念に基づいて，目指す学校像を描く	基準1	0.65	27.79 ***	803	0.57	12.94 ***	181	0.66	13.27 ***	189	0.60	12.57 ***	198	**0.74**	16.68 ***	234
(3) 教職員の意見を聞きながら，目指す学校像を描く	基準1	0.59	25.17 ***	805	0.43	10.24 ***	181	**0.68**	13.70 ***	191	0.61	12.44 ***	196	0.64	14.09 ***	236
(23) 多様な立場や価値観を尊重するような雰囲気を校内に作る	基準6	0.59	24.92 ***	800	0.47	10.03 ***	177	0.59	12.61 ***	188	**0.70**	12.53 ***	200	0.61	14.79 ***	234
(27) 自校が所在する地方自治体の教育課題や教育施策の動向について深く理解する	基準7	0.57	24.56 ***	800	0.48	10.26 ***	177	0.55	11.17 ***	188	**0.64**	13.24 ***	198	0.60	14.27 ***	236
(16) 学校の安全確保について教職員を意識づける働きかけを日常的に行う	基準4	0.55	24.59 ***	799	0.46	10.23 ***	181	0.51	11.17 ***	186	0.60	12.41 ***	198	**0.61**	15.28 ***	233
(20) 教職員の模範として，自身の言動やふるまいに問題がないか多様な視点から振り返る	基準6	0.53	23.82 ***	801	**0.57**	12.09 ***	177	0.54	11.00 ***	190	0.54	12.53 ***	198	0.49	12.05 ***	235
(12) 教職員一人ひとりの心身の状況や私的な事情に配慮して必要な支援を行う	基準3	0.49	21.27 ***	796	0.44	8.72 ***	177	**0.52**	10.95 ***	186	0.51	10.88 ***	199	0.51	11.86 ***	233
(17) 校長自ら率先して保護者・地域住民との関係構築に取り組む	基準5	0.46	20.06 ***	799	0.33	6.96 ***	177	0.44	9.38 ***	187	**0.59**	12.00 ***	200	0.46	11.79 ***	234
(22) 法令順守の研修やチェック体制などを学校全体で機能させる	基準6	0.45	20.46 ***	806	0.40	8.79 ***	179	**0.54**	11.35 ***	188	0.47	10.22 ***	202	0.42	10.56 ***	236
(21) 教育の使命や倫理に背くような教職員の行為に対して，毅然として対応する	基準6	0.38	18.74 ***	799	0.39	9.04 ***	176	0.39	9.21 ***	187	**0.44**	9.75 ***	199	0.32	9.57 ***	236
(19) 保護者・地域社会の多様な関係者に対して敬意をもって誠実に関わる	基準5	0.35	17.27 ***	798	**0.38**	8.96 ***	177	0.37	8.28 ***	186	0.38	9.30 ***	199	0.30	8.05 ***	235

注：「差異」は，「願望」の平均値から「実際」の平均値を引いた値である。「全体」において差異の大きい順に並べている。また，最も差異の大きい校種の値を**太字**で表示している。

準2)」(0.93),「(11) 教職員がお互いに授業を見せ合うことを奨励する (基準3)」(0.84) であった。

一方，差異の小さい上位3項目は，「(19) 保護者・地域社会の多様な関係者に対して敬意をもって誠実に関わる (基準5)」(0.35),「(21) 教育の使命や倫理に背くような教職員の行為に対して，毅然として対応する (基準6)」(0.38),「(22) 法令順守の研修やチェック体制などを学校全体で機能させる (基準6)」(0.45) であった。なお，27項目の「全体」及び全校種において，《意思》と《実際》の差異は有意であった。

②7基準の差異の校種別比較

7基準ごとの《意思》と《実際》の差異を校種別比較し，「全体」の値の大きい順に並べた結果が**表2-8**である。差異の大きい上位2項目は，基準2「教育活動の質を高めるための協力体制と風土づくり」(0.79)，基準4「諸資源の効果的な活用と危機管理」(0.74) であり，差異の小さい上位2項目は，基準5「家庭・地域社会との協働・連携」(0.40)，基準6「倫理規範とリーダーシップ」(0.49) であった。また，全7基準の「全体」及び「全校種」において，「意思」と「実際」の差異は有意であった。

表2-8　校長のリーダーシップ実践の《意思》と《実際》：校種別比較

	全体		小学校		中学校		特別支援学校		高等学校	
	差異	t 値	差異	t 値	差異	t 値	差異	t 値	差異	t 値
	n		n		n		n		n	
基準2「教育活動の質を高めるための協力体制と風土づくり」	0.79	39.57 ***	0.69	19.08 ***	0.76	18.14 ***	0.80	19.19 ***	**0.88**	23.10 ***
	786		176		184		195		230	
基準4「諸資源の効果的な活用と危機管理」	0.74	41.01 ***	0.68	18.39 ***	0.74	20.79 ***	0.69	19.53 ***	**0.81**	23.31 ***
	790		175		186		197		231	
基準3「教職員の職能開発を支える協力体制と風土づくり」	0.71	39.66 ***	0.63	17.50 ***	0.71	19.56 ***	0.74	19.22 ***	**0.76**	23.01 ***
	787		175		185		197		229	
基準7「学校をとりまく社会的・文化的要因の理解」	0.67	35.58 ***	0.61	15.66 ***	0.69	17.61 ***	**0.71**	17.71 ***	0.68	19.92 ***
	795		173		188		197		236	
基準1「学校の共有ビジョンの形成と具現化」	0.65	35.60 ***	0.54	16.07 ***	0.68	18.81 ***	0.66	16.98 ***	**0.69**	19.57 ***
	780		173		186		194		226	
基準6「倫理規範とリーダーシップ」	0.49	30.50 ***	0.45	13.56 ***	0.51	15.28 ***	**0.53**	15.52 ***	0.46	16.52 ***
	791		174		187		196		233	
基準5「家庭・地域社会との協働・連携」	0.40	23.03 ***	0.45	12.26 ***	**0.49**	13.67 ***	0.42	11.18 ***	0.29	9.61 ***
	790		174		186		198		231	

注：「差異」は，「願望」の平均値から「実際」の平均値を引いた値である。「全体」において差異の大きい順に並べている。また，最も差異の大きい校種の値を**太字**で表示している。

(2) 校長のリーダーシップ実践《実際》に関する校種別の3者比較

1）全体

次に，校長のリーダーシップ実践《実際》について校種別に3者比較を行う。まず，「全体」の3者別比較の結果を「全体」の値が大きいものから順に示したものが**表2-9**である。全項目とも中央値（2.5）を超えており，上位2項目は，基準6「倫理規範とリーダーシップ」（3.16），基準1「学校の共有ビジョンの形成と具現化」（3.09），下位2項目は，基準2「教育活動の質を高めるための協力体制と風土づくり」（2.98），基準7「学校をとりまく社会的・文化的要因の理解」（2.99）であった。3者別比較の結果，全体として教頭，ミドル，校長の順に有意に値が高かった。

表2-9　校長のリーダーシップ実践《実際》の3者比較―全体―

	全体 Mean	全体 SD	校長 Mean	校長 SD	副校長・教頭 Mean	副校長・教頭 SD	ミドル教員 Mean	ミドル教員 SD	F平均値	多重比較
	n		*n*		*n*		*n*			
基準6「倫理規範とリーダーシップ」	3.16	0.51	2.95	0.39	**3.32**	0.50	3.20	0.55	152.05 ***	***：副＞ミ＞校
	2629		938		1009		682			
基準1「学校の共有ビジョンの形成と具現化」	3.09	0.57	2.74	0.45	**3.31**	0.53	3.24	0.54	351.77 ***	***：副・ミ＞校，*：副＞ミ
	2634		924		1016		694			
基準5「家庭・地域社会との協働・連携」	3.11	0.56	2.87	0.48	**3.29**	0.55	3.19	0.56	165.15 ***	***：副＞ミ＞校
	2653		951		1012		690			
基準3「教職員の職能開発を支える協力体制と風土づくり」	3.00	0.54	2.72	0.42	**3.22**	0.52	3.07	0.56	258.62 ***	***：副＞ミ＞校
	2625		924		1011		690			
基準4「諸資源の効果的な活用と危機管理」	3.00	0.55	2.70	0.43	**3.19**	0.53	3.12	0.55	262.47 ***	***：副・ミ＞校，*：副＞ミ
	2641		930		1018		693			
基準7「学校をとりまく社会的・文化的要因の理解」	2.99	0.61	2.58	0.48	**3.24**	0.56	3.19	0.55	442.06 ***	***：副・ミ＞校
	2627		934		1009		684			
基準2「教育活動の質を高めるための協力体制と風土づくり」	2.98	0.55	2.70	0.46	**3.18**	0.51	3.06	0.56	227.07 ***	***：副＞ミ＞校
	2621		917		1015		689			

注：「全体」の平均値の高い順に並べている。また，最も平均値の高い者の値を**太字**で表示している。

2）小学校

小学校の3者別比較を行い「全体」の値が大きい項目から順に並べた結果が**表2-10**である。全項目とも中央値（2.5）を超えており，上位2項目は，基準5「家庭・地域社会との協働・連携」（3.21），基準6「倫理規範とリーダーシップ」（3.18）であった。一方，下位2項目は，基準7「学校をとりまく社会的・文化的要因の理解」（3.01），基準4「諸資源の効果的な活用と危機管理」（3.04）であった。3者別比較の結果，全項目において，教頭とミドルの方が校長より有意

表 2-10　校長のリーダーシップ実践《実際》の 3 者比較―小学校―

	全体 Mean	全体 SD	全体 n	校長 Mean	校長 SD	校長 n	副校長・教頭 Mean	副校長・教頭 SD	副校長・教頭 n	ミドル教員 Mean	ミドル教員 SD	ミドル教員 n	F値	多重比較
基準5「家庭・地域社会との協働・連携」	3.21	0.53	550	3.00	0.43	220	**3.36**	0.53	199	3.33	0.56	131	33.46 ***	***：副・ミ>校
基準6「倫理規範とリーダーシップ」	3.18	0.49	535	2.99	0.37	211	**3.31**	0.48	196	3.28	0.57	128	28.55 ***	***：副・ミ>校
基準1「学校の共有ビジョンの形成と具現化」	3.15	0.53	548	2.85	0.37	216	**3.36**	0.53	199	3.34	0.53	133	72.74 ***	***：副・ミ>校
基準2「教育活動の質を高めるための協力体制と風土づくり」	3.09	0.53	545	2.84	0.42	213	**3.27**	0.50	199	3.22	0.57	133	45.58 ***	***：副・ミ>校
基準3「教職員の職能開発を支える協力体制と風土づくり」	3.07	0.51	545	2.82	0.37	215	**3.26**	0.50	197	3.21	0.55	133	52.25 ***	***：副・ミ>校
基準4「諸資源の効果的な活用と危機管理」	3.04	0.52	548	2.77	0.37	219	3.21	0.53	198	**3.24**	0.54	131	61.57 ***	***：副・ミ>校
基準7「学校をとりまく社会的・文化的要因の理解」	3.01	0.58	539	2.64	0.39	210	3.21	0.58	198	**3.29**	0.53	131	95.11 ***	***：副・ミ>校

注：「全体」の平均値の高い順に並べている。また，最も平均値の高い者の値を**太字**で表示している。

に値が高かった。

3）中学校

中学校の 3 者別比較を行い「全体」の値が大きい項目から順に並べた結果が**表 2-11** である。全項目とも中央値（2.5）を超えており，上位 2 項目は，基準 6「倫理規範とリーダーシップ」（3.16），基準 5「家庭・地域社会との協働・連携」（3.16）であった。一方，下位 2 項目は，基準 7「学校をとりまく社会的・文化的要因の理解」（2.98），基準 4「諸資源の効果的な活用と危機管理」（2.99）であった。3 者別比較の結果，全項目において教頭とミドルの方が校長より有意に

表 2-11　校長のリーダーシップ実践《実際》の 3 者比較―中学校―

	全体 Mean	全体 SD	全体 n	校長 Mean	校長 SD	校長 n	副校長・教頭 Mean	副校長・教頭 SD	副校長・教頭 n	ミドル教員 Mean	ミドル教員 SD	ミドル教員 n	F値	多重比較
基準6「倫理規範とリーダーシップ」	3.16	0.50	597	2.95	0.40	226	**3.33**	0.51	223	3.22	0.52	148	37.66 ***	***：副・ミ>校
基準5「家庭・地域社会との協働・連携」	3.16	0.54	596	2.93	0.48	224	**3.36**	0.52	223	3.19	0.54	149	40.40 ***	***：副・ミ>校， **：副>ミ
基準1「学校の共有ビジョンの形成と具現化」	3.11	0.58	596	2.73	0.45	221	**3.36**	0.53	226	3.27	0.53	149	97.76 ***	***：副・ミ>校
基準3「教職員の職能開発を支える協力体制と風土づくり」	3.03	0.55	598	2.74	0.45	225	**3.27**	0.54	225	3.12	0.50	148	67.96 ***	***：副・ミ>校， *：副>ミ
基準2「教育活動の質を高めるための協力体制と風土づくり」	3.02	0.54	597	2.72	0.48	222	**3.23**	0.49	226	3.14	0.53	149	65.45 ***	***：副・ミ>校
基準4「諸資源の効果的な活用と危機管理」	2.99	0.55	594	2.70	0.43	220	**3.19**	0.54	226	3.11	0.54	148	58.62 ***	***：副・ミ>校
基準7「学校をとりまく社会的・文化的要因の理解」	2.98	0.62	596	2.57	0.48	225	**3.25**	0.58	224	3.18	0.55	147	105.51 ***	***：副・ミ>校

注：「全体」の平均値の高い順に並べている。また，最も平均値の高い者の値を**太字**で表示している。

高く，基準3と5については，教頭がミドルより有意に高かった。

4）特別支援学校

特支の3者別比較を行い「全体」の値が大きい項目から順に並べた結果が**表2-12**である。全項目とも中央値（2.5）を超えており，上位2項目は，基準6「倫理規範とリーダーシップ」（3.17），基準1「学校の共有ビジョンの形成と具現化」（3.11）であった。一方，下位2項目は，基準2「教育活動の質を高めるための協力体制と風土づくり」（2.99），基準3「教職員の職能開発を支える協力体制と風土づくり」（3.00）であった。3者別比較の結果，全項目において，教頭とミドルの方が校長より有意に高く，基準6，1，5については，教頭がミドルより有意に高かった。

表2-12　校長のリーダーシップ実践《実際》の3者比較―特別支援学校―

	全体			校長			副校長·教頭			ミドル教員				
	Mean	*SD*	*n*	*Mean*	*SD*	*n*	*Mean*	*SD*	*n*	*Mean*	*SD*	*n*	*F*値	多重比較
基準6「倫理規範とリーダーシップ」	3.17	0.52	758	2.93	0.41	241	**3.34**	0.49	289	3.21	0.56	228	46.87 ***	***：副・ミ＞校，*：副＞ミ
基準1「学校の共有ビジョンの形成と具現化」	3.11	0.55	754	2.75	0.45	231	**3.32**	0.49	291	3.21	0.54	232	93.54 ***	***：副・ミ＞校，*：副＞ミ
基準5「家庭・地域社会との協働・連携」	3.10	0.57	761	2.80	0.48	243	**3.31**	0.54	288	3.16	0.58	230	61.65 ***	***：副・ミ＞校，**：副＞ミ
基準4「諸資源の効果的な活用と危機管理」	3.05	0.53	759	2.75	0.41	235	**3.24**	0.51	291	3.14	0.54	233	69.82 ***	***：副・ミ＞校
基準7「学校をとりまく社会的・文化的要因の理解」	3.02	0.61	751	2.58	0.51	237	**3.26**	0.55	287	3.17	0.56	227	114.71 ***	***：副・ミ＞校
基準3「教職員の職能開発を支える協力体制と風土づくり」	3.00	0.55	748	2.70	0.44	231	**3.23**	0.49	289	3.02	0.58	228	70.27 ***	***：副＞ミ＞校
基準2「教育活動の質を高めるための協力体制と風土づくり」	2.99	0.55	750	2.71	0.48	231	**3.18**	0.51	290	3.01	0.57	229	53.90 ***	***：副＞ミ＞校

注：「全体」の平均値の高い順に並べている。また，最も平均値の高い者の値を**太字**で表示している。

5）高等学校

高校の3者別比較を行い「全体」の値が大きい項目から順に並べた結果が**表2-13**である。全項目とも中央値（2.5）を超えており，上位2項目は，基準6「倫理規範とリーダーシップ」（3.13），基準1「学校の共有ビジョンの形成と具現化」（3.02）であった。一方，下位2項目は，基準2「教育活動の質を高めるための協力体制と風土づくり」（2.87），基準4「諸資源の効果的な活用と危機管理」（2.92）であった。3者別比較の結果，全項目において教頭とミドルの方が校長

表 2-13　校長のリーダーシップ実践《実際》の 3 者比較―高等学校―

	全体 Mean	全体 SD	全体 n	校長 Mean	校長 SD	校長 n	副校長・教頭 Mean	副校長・教頭 SD	副校長・教頭 n	ミドル教員 Mean	ミドル教員 SD	ミドル教員 n	F値	多重比較
基準 6「倫理規範とリーダーシップ」	3.13	0.51	735	2.93	0.39	259	**3.31**	0.52	300	3.13	0.53	176	42.56 ***	***：副＞ミ＞校
基準 1「学校の共有ビジョンの形成と具現化」	3.02	0.59	732	2.65	0.48	255	**3.23**	0.56	299	3.19	0.54	178	97.11 ***	***：副・ミ＞校
基準 5「家庭・地域社会との協働・連携」	3.01	0.57	741	2.77	0.48	263	**3.16**	0.58	300	3.10	0.55	178	41.54 ***	***：副・ミ＞校
基準 7「学校をとりまく社会的・文化的要因の理解」	2.97	0.62	737	2.54	0.51	261	**3.24**	0.55	299	3.14	0.56	177	130.26 ***	***：副・ミ＞校
基準 3「教職員の職能開発を支える協力体制と風土づくり」	2.93	0.55	729	2.62	0.40	252	**3.16**	0.54	298	2.99	0.56	179	80.96 ***	***：副・ミ＞校，**：副＞ミ
基準 4「諸資源の効果的な活用と危機管理」	2.92	0.59	735	2.58	0.48	255	**3.14**	0.55	301	3.02	0.58	179	79.13 ***	***：副・ミ＞校，*：副＞ミ
基準 2「教育活動の質を高めるための協力体制と風土づくり」	2.87	0.56	724	2.56	0.44	250	**3.09**	0.53	298	2.95	0.53	176	79.07 ***	***：副・ミ＞校，*：副＞ミ

注：「全体」の平均値の高い順に並べている。また，最も平均値の高い者の値を**太字**で表示している。

より有意に高く，そのうち基準 3，4，2 については，教頭がミドルより有意に高かった。

(3) 基本属性別に見た校長のリーダーシップ実践《実際》

次に，校長の意識より基本属性別に見た校長のリーダーシップ実践《実際》について見ていく。分析にあたり，校長のリーダーシップ実践《実際》の程度から 3 群を設定した。手続きとしては，27 項目の総量（最小 27，最大 108）を算出し，その平均値（73.92）と標準偏差（8.98）を用いて，それぞれの群の度数にばらつきが出るように，低群：69.43 未満（平均値－標準偏差×1/2），中群：69.43 以上，78.41 未満，高群：78.41 以上（平均値＋標準偏差×1/2）の 3 群に分類した。その結果，低群：29.5%（244 名），中群：42.4%（351 名），高群：28.1%（233 名）となった。なお，3 群間の平均値において，有意な差（F=1460.59, $p<0.001$，$p<0.001$：高群＞中群＞低群）が認められた。

1）全体

全体について，個人特性 3 項目（性別，校長経験学校数：「1 校」「2 校」「3 校以上」，教員以外の職歴有無）と組織特性 1 項目（自治体規模：「5 万人未満」「5 万人～20 万人未満」「20 万人以上」）のクロス集計を行った結果，個人特性の性別（χ^2：1.40，df：2，$n.s.$），校長経験学校数（χ^2：4.33，df：4，$n.s.$），教員以外の職歴有無（χ^2：0.67，*df*：2，*n.s.*）及び組織特性の自治体規模（χ^2：3.36，*df*：4，*n.s.*）とは有意な関連が見られなかった。

2）小学校

小学校について，個人特性3項目（性別，校長経験学校数，教員以外の職歴有無，以下同様）と組織特性3項目（学校規模：当該校種のデータに基づいて3等分：「小規模校」「中規模校」「大規模校」，自治体規模：「5万人未満」「5万人～20万人未満」「20万人以上」，学力状況：「全国平均より低い」「全国平均なみ」「全国平均より高い」，以下同様）のクロス集計の結果は以下の通りである。

個人特性について，性別（χ^2：0.26，*df*：2，*n.s.*），校長経験学校数（χ^2：2.76，*df*：4，*n.s.*），教員以外の職歴有無（χ^2：1.26，*df*：2，*n.s.*）とは有意な関連が見られなかった。一方，組織特性については，学校規模（χ^2：14.99，*df*：4，$p<0.01$），学力状況（χ^2：17.55，*df*：4，$p<0.01$）と有意な関連が見られ，高群ほど学校規模が小さく，学力状況が高かった。なお自治体規模（χ^2：3.82，*df*：4，*n.s.*）とは有意な関連が見られなかった。

3）中学校

中学校について，個人特性3項目と組織特性3項目のクロス集計の結果は以下の通りである。

個人特性について，性別（χ^2：3.88，*df*：2，*n.s.*），校長経験学校数（χ^2：4.05，*df*：4，*n.s.*），教員以外の職歴有無（χ^2：3.01，*df*：2，*n.s.*）とは有意な関連が見られなかった。また組織特性についても，学校規模（χ^2：0.87，*df*：4，*n.s.*），自治体規模（χ^2：3.69，*df*：4，*n.s.*），学力状況（χ^2：8.38，*df*：4，*n.s.*）との有意な関連は見られなかった。

4）特別支援学校

特支について，個人特性3項目と組織特性3項目のクロス集計の結果は以下の通りである。

個人特性について，性別（χ^2：0.78，*df*：2，*n.s.*），校長経験学校数（χ^2：2.39，*df*：4，*n.s.*），教員以外の職歴有無（χ^2：1.26，*df*：2，*n.s.*）とは有意な関連が見られなかった。組織特性についても，学校規模（χ^2：2.88，*df*：4，*n.s.*），自治体

規模（χ^2：1.95，*df*：4，*n.s.*），学力状況（χ^2：2.48，*df*：4，*n.s.*）との有意な関連は見られなかった。

5）高等学校

高校について，個人特性3項目と組織特性3項目（高校は，学校規模および自治体規模と進路状況：「就職者が多い」「短期大学・専門学校進学者が多い」「4年制大学進学者が多い」の項目を設定）のクロス集計の結果は以下の通りである。個人特性について，性別（χ^2：1.85，*df*：2，*n.s.*），校長経験学校数（χ^2：3.19，*df*：4，*n.s.*），教員以外の職歴有無（χ^2：3.35，*df*：2，*n.s.*）とは有意な関連が見られなかった。また組織特性についても，学校規模（χ^2：1.99，*df*：4，*n.s.*），自治体規模（χ^2：1.18，*df*：4，*n.s.*），進路状況（χ^2：7.20，*df*：4，*n.s.*）との有意な関連が見られなかった。

2. 校長のリーダーシップ実践を支えるもの

(1) 15項目の校種別比較（支えになっていること《現状》）

15項目を設定した校長のリーダーシップ実践の「支えになっていること」《現状》を校種別比較し，「全体」の平均値が高い項目から順に並べた結果が**表2-14**である。

全15項目で中央値（2.5）より高い値を示しており，上位3項目は，「(8) 親しい校長同士の間での非公式な情報・意見交流」(3.44)，「(5) 校長会での協議等に基づく公式的な知識・情報」(3.24)，「(4) 校長会主催の研修で得た知識・情報」(3.21) であった。一方，下位3項目は，「(15) インターネットやSNS等から得られる知識・情報」(2.67)，「(10) 学術団体・学会主催の研究会で得た知識・情報」(2.74)，「(7) 大学・大学院の長期研修で得た知識・情報」(2.80) であった。校長同士の公式・非公式の交流が支えになっているとの意識が高い一方，学術的な知識や情報が支えになっているという意識は相対的に低いことがわかる。

なお校種別比較における大きな差異は見られないが，「(2) 教育委員会の通知や方針」は，特支・小学校の値が高校よりも有意に高く，「(1) 文部科学省の通知や方針」については，特支・小学校が他の校種よりも有意に高かった。

表 2-14　校長のリーダーシップ実践の支えになっていること《現状》：校種別比較

	全体 *Mean*	*SD*	小学校 *Mean*	*SD*	中学校 *Mean*	*SD*	特別支援学校 *Mean*	*SD*	高等学校 *Mean*	*SD*	*F* 値	多重比較
	n		*n*		*n*		*n*		*n*			
(8) 親しい校長同士の間での非公式な情報・意見交流	3.44	0.56	3.42	0.55	3.38	0.60	3.47	0.57	**3.49**	0.54	2.21	
	997		225		232		258		282			
(5) 校長会での協議等に基づく公式的な知識・情報	3.24	0.55	3.24	0.57	3.25	0.54	**3.26**	0.53	3.20	0.57	0.77	
	998		228		234		254		282			
(4) 校長会主催の研修で得た知識・情報	3.21	0.55	3.21	0.57	3.22	0.55	**3.26**	0.54	3.17	0.56	1.01	
	997		230		231		254		282			
(12) 校長同士の自主的な勉強会等で得た知識・情報	3.17	0.62	**3.19**	0.59	**3.19**	0.62	3.18	0.59	3.15	0.66	0.16	
	844		200		204		208		232			
(9) 先輩の元校長からの助言・支援	3.09	0.73	3.09	0.74	3.03	0.71	3.08	0.76	**3.16**	0.69	1.39	
	983		222		232		252		277			
(3) 教育委員会の研修で得た知識・情報	3.07	0.54	3.08	0.51	3.07	0.56	**3.14**	0.50	3.02	0.58	2.40	
	991		230		230		251		280			
(14) 雑誌・図書等から得られる知識・情報	3.03	0.52	**3.08**	0.54	3.05	0.52	2.98	0.48	3.03	0.54	1.60	
	986		226		229		255		276			
(2) 教育委員会の通知や方針	3.01	0.60	3.05	0.61	3.00	0.64	**3.09**	0.55	2.89	0.60	5.72 ***	***：特＞高，**：小＞高
	982		223		226		255		278			
(11) 親しい研究者との情報・意見交流	2.98	0.63	2.95	0.67	2.95	0.62	**3.06**	0.57	2.93	0.67	1.65	
	749		175		166		209		199			
(13) 教育界以外の知人との情報・意見交流	2.98	0.61	2.99	0.56	2.99	0.60	2.92	0.65	**3.01**	0.60	0.94	
	910		208		200		227		265			
(6) 文部科学省や教職員支援機構（旧教員研修センター）の研修で得た知識	2.95	0.66	2.97	0.60	2.89	0.73	2.97	0.63	**2.99**	0.68	0.87	
	770		169		174		201		226			
(1) 文部科学省の通知や方針	2.81	0.65	2.88	0.57	2.73	0.73	**2.97**	0.56	2.66	0.68	12.16 ***	***：小＞高，特＞中・高，*：小＞中
	973		223		224		252		274			
(7) 大学・大学院の長期研修で得た知識・情報	2.80	0.79	2.77	0.78	2.66	0.93	**2.91**	0.69	2.81	0.75	2.35	
	543		129		121		161		132			
(10) 学術団体・学会主催の研究会で得た知識・情報	2.74	0.64	2.74	0.67	2.64	0.67	**2.89**	0.52	2.69	0.66	6.33 ***	***：特＞中，**：特＞高，*：特＞小
	818		187		182		215		234			
(15) インターネットや SNS 等から得られる知識・情報	2.67	0.66	**2.75**	0.61	2.72	0.67	2.61	0.63	2.62	0.71	2.54	
	967		221		224		249		273			

注：選択肢は，項目（1）～（5）については，「1．支えになっていない　2．あまり支えになっていない　3．支えになっている　4．とても支えになっている」であり，項目（6）～（15）については，「0．該当しない　1．支えになっていない　2．あまり支えになっていない　3．支えになっている　4．とても支えになっている」である。なお，「0．該当しない」は，欠損値として処理した。また，最も平均値の高い校種の値を**太字**で表示している。

また，特支は他の校種よりも「（10）学術団体・学会主催の研究会で得た知識・情報」が有意に高かった。

(2) 因子分析

次に15項目に対して探索的因子分析（主因子法，Promax回転）を行った。固有値1以上の基準を設けて，因子負荷量0.4に満たない項目を除外し，再度因子分析を行ったところ，解釈可能な4つの因子を抽出した（**表 2-15**）。

第1因子は，校長会をはじめとした校長同士の交流による情報・知識・意見交流などを表していることから「専門職的交流」と命名した。第2因子は，研

表2-15　校長のリーダーシップ実践の支えになっていること《現状》の因子分析結果

	因子1	因子2	因子3	因子4	共通性
因子1　専門職的交流（α=.768）					
(5) 校長会での協議等に基づく公式的な知識・情報（現状）	.746				.546
(4) 校長会主催の研修で得た知識・情報（現状）	.732				.685
(12) 校長同士の自主的な勉強会等で得た知識・情報（現状）	.570				.536
(8) 親しい校長同士の間での非公式な情報・意見交流（現状）	.555				.651
(9) 先輩の元校長からの助言・支援（現状）	.477				.632
因子2　学問的交流（α=.734）					
(11) 親しい研究者との情報・意見交流（現状）		.779			.290
(10) 学術団体・学会主催の研究会で得た知識・情報（現状）		.726			.372
(7) 大学・大学院の長期研修で得た知識・情報		.453			.328
(13) 教育界以外の知人との情報・意見交流（現状）		.410			.551
因子3　教育行政指針（α=.788）					
(2) 教育委員会の通知や方針（現状）			.796		.613
(1) 文部科学省の通知や方針（現状）			.762		.549
(3) 教育委員会の研修で得た知識・情報（現状）			.566		.549
因子4　情報メディア（α=.647）					
(15) インターネットやSNS等から得られる知識・情報（現状）				.732	.487
(14) 雑誌・図書等から得られる知識・情報（現状）				.659	.379
因子負荷平方和	3.11	2.72	2.35	2.07	
因子1	—	.352	.423	.368	
因子2		—	.081	.482	
因子3			—	.231	
因子4				—	

注：主因子法 Promax 回転，固有値1以上，因子負荷量 .400 以上を表記。

究者や学術団体・学会主催の研究会等における交流を表していることから「学問的交流」と命名した。第3因子は，教育委員会や文部科学省からの通知や方針，情報・知識を表していることから「教育行政指針」と命名した。第4因子は，各種の情報媒体を通じて得られる知識・情報が支えになっていることを表していることから「情報メディア」と命名した。尺度の信頼性を検討するため Cronbach の α 係数を算出したところ，第1因子，第2因子，第3因子については0.7以上を示し，一定の内的整合性が確認された。第4因子については，充分に高い α 係数が得られなかったものの，項目数の少なさと因子の意義を勘案してその後の分析に用いることにした。なお，因子間相関係数を算出したところ，因子2と因子3の間にはほとんど相関が無かったが，その他については低〜中程度の正の相関が示された。

(3) 因子（合成変数）の校種比較

各因子に高い負荷量を示した項目の単純加算平均を合成変数として，校種別比較した結果が**表 2-16** である。全体において，専門職的交流が最も高い値を示している。また校種別比較では，教育行政指針について小学校・特支の値が高校よりも高く，特支の値が中学校よりも高かった。また，情報メディアにおいて小学校の方が，特支と高校よりも有意に高かった。

表 2-16　校長のリーダーシップ実践の支えになっていること《現状》の因子（合成変数）の校種別比較（現状）

	全体		小学校		中学校		特別支援学校		高等学校		F値	多重比較
	Mean	*SD*	*Mean*	*SD*	*Mean*	*SD*	*Mean*	*SD*	*Mean*	*SD*		
	n		*n*		*n*		*n*		*n*			
因子1　専門職的交流	3.24	0.44	3.24	0.44	3.22	0.43	**3.26**	0.43	3.25	0.45	0.22	
	814		194		196		200		224			
因子2　学問的交流	2.87	0.50	2.87	0.52	2.81	0.54	**2.97**	0.45	2.83	0.50	2.45	
	467		107		104		138		118			
因子3　教育行政指針	2.96	0.50	3.01	0.48	2.93	0.53	**3.07**	0.45	2.85	0.52	8.87 ***	***：小・特＞高，**：特＞中
	962		222		221		246		273			
因子4　情報メディア	2.85	0.51	**2.92**	0.49	2.89	0.53	2.80	0.49	2.82	0.54	2.86 *	*：小＞特・高
	966		221		224		249		272			

注：各因子に高い負荷量を示した項目の加算平均を算出。また，最も平均値の高い校種の値を**太字**で表示している。

(4) 支えてほしいこと《期待》

1）15項目の校種別比較

15項目を設定した校長のリーダーシップ実践の「支えになってほしいこと」《期待》を校種別比較し，全体の平均値が高い項目から順に並べた結果が**表 2-17** である。全15項目で中央値（2.5）より高い値を示しており，上位3項目は，「(8) 親しい校長どうしの間での非公式な情報・意見交流」(3.40)，「(5) 校長会での協議等に基づく公式的な知識・情報」(3.27)，「(4) 校長会主催の研修で得た知識・情報」(3.26)，であり，値の高い項目について《現状》と大きな差異はなかった。一方，下位3項目は，「(15) インターネットや SNS 等から得られる知識・情報」(2.69)，「(7) 大学・大学院の長期研修で得た知識・情報」(2.73)，「(10) 学術団体・学会主催の研究会で得た知識・情報」(2.81) であり，

表 2-17　校長のリーダーシップ実践の支えになってほしいこと《期待》：校種別比較

	全体			小学校			中学校			特別支援学校			高等学校			F値	多重比較
	Mean	SD	n	Mean	SD	n	Mean	SD	n	Mean	SD	n	Mean	SD	n		
(8) 親しい校長同士の間での非公式な情報・意見交流	3.40	0.58	875	3.34	0.57	195	3.35	0.64	200	3.42	0.54	218	**3.48**	0.55	262	3.22 *	＊＊：高＞小，＊：高＞中
(5) 校長会での協議等に基づく公式的な知識・情報	3.27	0.58	881	3.28	0.59	196	3.26	0.59	201	**3.30**	0.54	220	3.25	0.59	264	0.24	
(4) 校長会主催の研修で得た知識・情報	3.26	0.57	885	3.25	0.60	194	3.26	0.57	204	**3.29**	0.53	222	3.23	0.59	265	0.42	
(3) 教育委員会の研修で得た知識・情報	3.18	0.57	887	**3.21**	0.60	194	3.18	0.58	205	3.20	0.52	225	3.15	0.59	263	0.46	
(2) 教育委員会の通知や方針	3.12	0.65	894	3.15	0.66	201	3.09	0.66	208	**3.22**	0.57	222	3.05	0.67	263	3.16 *	＊＊：特＞高，＊：特＞中
(12) 校長同士の自主的な勉強会等で得た知識・情報	3.12	0.68	847	3.16	0.65	190	3.09	0.69	202	3.04	0.73	219	**3.19**	0.65	236	2.08	
(14) 雑誌・図書等から得られる知識・情報	3.08	0.51	891	**3.12**	0.51	197	3.09	0.52	206	3.03	0.48	225	3.08	0.52	263	1.05	
(13) 教育界以外の知人との情報・意見交流	3.05	0.63	890	3.07	0.59	198	3.00	0.67	208	2.96	0.67	227	**3.14**	0.58	257	4.02 **	＊＊：高＞特，＊：高＞中
(9) 先輩の元校長からの助言・支援	3.02	0.73	872	3.00	0.73	194	2.98	0.71	202	2.98	0.77	220	**3.10**	0.70	256	1.53	
(6) 文部科学省や教職員支援機構（旧教員研修センター）の研修で得た知識	2.94	0.71	825	2.97	0.65	177	2.83	0.76	195	2.97	0.70	207	**2.99**	0.73	246	2.07	
(1) 文部科学省の通知や方針	2.93	0.70	899	2.94	0.69	200	2.89	0.73	211	**3.10**	0.61	221	2.82	0.74	267	7.05 ***	＊＊＊：特＞高，＊＊：特＞中，＊：特＞小
(11) 親しい研究者との情報・意見交流	2.90	0.72	839	2.91	0.72	187	2.83	0.76	197	**2.95**	0.68	219	2.92	0.70	236	1.03	
(10) 学術団体・学会主催の研究会で得た知識・情報	2.81	0.69	853	2.85	0.68	189	2.72	0.73	200	**2.89**	0.64	217	2.78	0.71	247	2.53	
(7) 大学・大学院の長期研修で得た知識・情報	2.73	0.82	755	**2.80**	0.75	167	2.60	0.92	186	2.78	0.79	194	2.74	0.81	208	2.24	
(15) インターネットやSNS等から得られる知識・情報	2.69	0.68	889	**2.79**	0.65	197	2.71	0.68	206	2.67	0.67	223	2.63	0.71	263	2.12	

注：選択肢は，「1．全くそう思わない　2．そう思わない　3．そう思う　4．とてもそう思う」である。最も平均値の高い校種の値を**太字**で表示している。

上位項目と同様，現状と大きな差異はなかった。校種別比較において相対的に大きな差異は見られないが，「(8) 親しい校長どうしの間での非公式な情報・意見交流」は，高校は小学校・中学校に比べて有意に高い。文部科学省・教育委員会の通知や方針については，特支の方が有意に高い傾向がみられた。また，「(13) 教育界以外の知人との情報・意見交流」は，高校の方が中学校・特支よりも有意に高かった。

2）因子（合成変数）の校種別比較（※合成する変数は「現状」の因子分析に基づく）

校長のリーダーシップ実践の支えになっていること《現状》に関する因子分析結果に基づいて，高い負荷量を示した項目《期待》を単純加算平均し，合成変数を校種別比較した結果が**表 2-18** である。4因子すべてにおいて中央値（2.5）

表 2-18　校長のリーダーシップ実践の支えになっている因子（合成変数）の校種別比較（意思）

	全体 *Mean*	全体 *SD*	小学校 *Mean*	小学校 *SD*	中学校 *Mean*	中学校 *SD*	特別支援学校 *Mean*	特別支援学校 *SD*	高等学校 *Mean*	高等学校 *SD*	*F* 値	多重比較
	n		*n*		*n*		*n*		*n*			
因子１　専門職的交流	3.22	0.46	3.21	0.48	3.20	0.46	3.20	0.44	**3.26**	0.45	0.97	
	817		186		194		206		231			
因子２　学問的交流	2.86	0.56	2.89	0.57	2.77	0.60	**2.90**	0.55	2.89	0.53	2.01	
	709		158		171		185		195			
因子３　教育行政指針	3.08	0.55	3.11	0.58	3.06	0.56	**3.17**	0.48	3.01	0.57	3.82 **	**：特＞高，*：小＞高，特＞中
	875		193		203		218		261			
因子４　情報メディア	2.89	0.51	**2.95**	0.50	2.91	0.49	2.85	0.50	2.86	0.52	2.02	
	885		196		204		223		262			

注：各因子に高い負荷量を示した項目の加算平均を算出。最も平均値の高い校種の値を**太字**で表示している。

より高い値を示しているが，全体において特に専門職的交流が最も高い値を示しており，現状と同様の傾向になっている。また，校種別比較では，教育行政指針について特支は，中学校・高校よりも有意に高く，小学校が高校よりも有意に高かった。

(5)《期待》と《現状》の差異

1）全体

次に《期待》と《現状》の差異（期待の平均値から現状の平均値を引いた値）について分析し，校種別に比較していく。まず全体で両者の平均値を比較した結果が**表 2-19** である。すべての因子において，《期待》の方が《現状》よりも有意に高く，特に差異の大きい上位２項目は，「学問的交流」と「教育行政指針」であった。

表 2-19　校長のリーダーシップ実践を支えるものの《期待》と《現状》の比較（全体）

	期待 *Mean*	期待 *SD*	現状 *Mean*	現状 *SD*	差異	*t* 値
	n		*n*			
因子１　専門職的交流	3.25	0.45	3.23	0.44	0.02	2.23 *
	716		716			
因子２　学問的交流	2.99	0.48	2.86	0.51	0.13	7.61 ***
	412		412			
因子３　教育行政指針	3.09	0.55	2.94	0.51	0.15	10.63 ***
	849		849			
因子４　情報メディア	2.91	0.50	2.84	0.51	0.07	5.60 ***
	843		843			

注：「差異」は，「期待」から「現状」を引いた値である。

2）校種別の分析

次に，小学校，中学校，特支，高校それぞれについて《期待》と《現状》の差異を示した結果が**表 2–20〜2–23** である。

小学校（**表 2–20**）は「専門職的交流」についてのみ有意な差はみられなかったが，差異の大きい順に「教育行政指針」「学問的交流」「情報メディア」は，《期待》の方が現状よりも有意に高かった。

中学校（**表 2–21**）は，差異の大きい順に「教育行政指針」と「学問的交流」は《期待》の方が《現状》よりも有意に高かった。

特支（**表 2–22**）は，差異の大きい順に「教育行政指針」「情報メディア」「学問的交流」は，《期待》の方が《現状》よりも有意に高かったが，「専門職的交流」について有意な差はみられなかった。

高校（**表 2–23**）は，すべての因子において，《期待》の方が《現状》よりも有

表 2–20　校長のリーダーシップ実践を支えるものの《期待》と《現状》の比較（小学校）

	期待 Mean	期待 SD	現状 Mean	現状 SD	差異	t 値
	n		*n*			
因子 1　専門職的交流	3.24	0.47	3.24	0.45	0.00	0.06
	165		165			
因子 2　学問的交流	2.99	0.49	2.88	0.54	0.12	2.88 **
	92		92			
因子 3　教育行政指針	3.12	0.58	2.99	0.49	0.13	4.34 ***
	188		188			
因子 4　情報メディア	2.98	0.49	2.91	0.47	0.08	3.17 **
	186		186			

注：「差異」は，「期待」から「現状」を引いた値である。

表 2–21　校長のリーダーシップ実践を支えるものの《期待》と《現状》の比較（中学校）

	期待 Mean	期待 SD	現状 Mean	現状 SD	差異	t 値
	n		*n*			
因子 1　専門職的交流	3.23	0.46	3.21	0.43	0.02	1.09
	171		171			
因子 2　学問的交流	2.91	0.53	2.79	0.55	0.12	3.43 ***
	93		93			
因子 3　教育行政指針	3.07	0.57	2.90	0.54	0.17	5.54 ***
	193		193			
因子 4　情報メディア	2.92	0.48	2.88	0.52	0.04	1.96
	191		191			

注：「差異」は，「期待」から「現状」を引いた値である。

表 2-22　校長のリーダーシップ実践を支えるものの《期待》と《現状》の比較（特別支援学校）

	期待 *Mean*	期待 *SD*	期待 *n*	現状 *Mean*	現状 *SD*	現状 *n*	差異	*t* 値
因子 1　専門職的交流	3.24	0.42	174	3.23	0.43	174	0.02	0.89
因子 2　学問的交流	3.03	0.44	120	2.94	0.44	120	0.09	3.57 ***
因子 3　教育行政指針	3.17	0.49	212	3.05	0.46	212	0.13	4.63 ***
因子 4　情報メディア	2.87	0.49	213	2.77	0.50	213	0.10	3.68 ***

注：「差異」は，「期待」から「現状」を引いた値である。

表 2-23　校長のリーダーシップ実践を支えるものの《期待》と《現状》の比較（高等学校）

	期待 *Mean*	期待 *SD*	期待 *n*	現状 *Mean*	現状 *SD*	現状 *n*	差異	*t* 値
因子 1　専門職的交流	3.28	0.45	205	3.24	0.45	205	0.04	2.25 *
因子 2　学問的交流	3.02	0.47	107	2.83	0.50	107	0.19	5.39 ***
因子 3　教育行政指針	3.01	0.57	255	2.84	0.52	255	0.18	6.55 ***
因子 4　情報メディア	2.87	0.52	252	2.82	0.53	252	0.05	2.31 *

注：「差異」は，「期待」から「現状」を引いた値である。

意に高く，特に差異の大きい因子は，「学問的交流」と「教育行政指針」であった。

以上を総括すると「専門職的交流」については，小学校・中学校・特支で有意な差はみられないものの，高校のみ有意な差が示された。また，すべての校種で「学問的交流」と「教育行政指針」は，《期待》の方が《現状》よりも有意に高く，特に後者については相対的に差異が大きかった。

3. 校長のリーダーシップ実践の発揮と校長・学校をめぐる諸条件との関連

それでは，校長のリーダーシップ実践の発揮は校長をめぐるいかなる条件と関連があるのだろうか。ここでは，7 基準ごとの校長のリーダーシップ実践《実際》とそれを支えていること《現状》，現任校の課題状況及び現任校の組織風土・組織文化との関連を見ていく。

(1) 現任校の課題状況と現任校の組織風土・組織文化の因子分析

1) 現任校の課題状況の因子分析

15項目に対して探索的因子分析（最尤法，Promax回転）を行った結果が**表2–24**である。固有値1以上の基準を設けて因子を抽出したが適切な解が得られなかったため，固有値の減衰状況と尺度の構成（児童生徒・保護者・地域・組織体制）を踏まえて4因子の抽出を試みた。因子負荷量0.4に満たない項目を除外して再度因子分析を行った結果，解釈可能な4因子を抽出し，第1因子は「地域」，第2因子は「保護者」，第3因子は「組織体制」，第4因子は「児童生徒」と命名した。尺度の信頼性を検討するためCronbachのα係数を算出したところ，第1因子，第2因子，第4因子については0.7以上を示し，一定の内的整合性が確認された。第3因子については高いα係数が得られなかったもの

表2–24　現任校の課題状況の因子分析結果

	因子1	因子2	因子3	因子4	共通性
因子1　地域（α=.845）					
(10) 学校に対する地域（学区）の住民の協力意識	.957				.509
(11) 学校の実態や実情に対する地域（学区）の住民の理解	.761				.540
(9) 教職員に対する地域（学区）の住民の信頼感	.670				.398
(12) 地域（学区）の住民同士で助け合い，協力し合う関係	.587				.523
因子2　保護者（α=.840）					
(6) 学校に対する保護者の協力意識		.867			.693
(7) 学校の実態や実情に対する保護者の理解		.818			.671
(5) 教職員に対する保護者の信頼感		.671			.495
(8) 保護者同士で助け合い，協力し合う関係		.584			.586
因子3　組織体制（α=.680）					
(15) 教職員の危機管理体制			.805		.794
(14) 新学習指導要領への対応			.644		.637
(13) 個別的な対応が必要な児童生徒に対する支援体制			.470		.393
因子4　児童生徒（α=.719）					
(2) 児童生徒の基本的な生活習慣				.728	.332
(1) 児童生徒 の学習意欲				.723	.453
(4) 児童生徒同士で助け合い，協力し合う関係				.410	.606
因子負荷平方和	3.94	4.39	2.78	3.03	
因子1	—	.647	.410	.374	
因子2		—	.486	.602	
因子3			—	.494	
因子4				—	

注：最尤法Promax回転，固有値1以上，因子負荷量.400以上を基準に抽出を試みたが，解釈可能性の観点から4因子を抽出。

の，項目数の少なさと因子の意義を勘案してその後の分析に用いることにした。なお，因子間相関係数を算出したところ，すべての因子間に低〜中程度の正の相関が示された。

2) 現任校の組織風土・組織文化の因子分析

12項目に対して探索的因子分析（主因子法，Promax回転）を行った結果が**表2-25**である。固有値1以上の基準を設けて，因子負荷量0.4に満たない項目を除外し，再度因子分析を行ったところ，解釈可能な3つの因子を抽出した。第1因子は，教職員間における創造的かつ新たな取組を認め合い，挑戦していく雰囲気を表していることから「成長・挑戦」と命名した。第2因子は，教職員間の対話やメンタルヘルスの維持，相互に支援を求める雰囲気を表していることから「相互支援」と命名した。第3因子は校長と他の教職員とりわけミドルや教頭との良好な関係を表していることから「校長との良好関係」と命名した。

表2-25　現任校の組織風土・組織文化の因子分析結果

	因子1	因子2	因子3	共通性
因子1　成長・挑戦（α=.822）				
(6) 教職員の間に，新しいアイディアや創造的な取り組みを認め合う雰囲気がある	.900			.817
(7) 教職員の間に，新たな課題や問題に挑戦していこうとする雰囲気がある	.870			.450
(8) 教職員の間に，互いに授業を見せ合い，建設的に批判し合う雰囲気がある	.565			.494
(5) 教職員の間で教育活動の改善につながる会話がよく交わされる。	.563			.719
因子2　相互支援（α=.778）				
(11) 校内に教職員がリラックスして話ができる時間や空間がある。		.722		.660
(12) 教職員のメンタルヘルスが良好である。		.701		.374
(10) 教職員の間に，困ったときに気軽に支援を求められる雰囲気がある		.671		.497
(9) 教職員の間に，同僚の失敗を受け入れる寛容な雰囲気がある		.571		.597
因子3　校長との良好関係（α=.689）				
(2) 主幹教諭・主任等は，校長との意思疎通を大切にして行動している			.947	.427
(3) 主幹教諭・主任等は，教諭のよきリーダーとしての役割を果たしている			.559	.226
(1) 副校長・教頭は，校長との意思疎通を大切にして行動している			.493	.449
因子負荷平方和	3.54	3.19	2.42	
因子1	—	.648	.491	
因子2	—	—	.443	
因子3			—	

註：主因子法Promax回転，固有値1以上，因子不可量.400以上を表記。

尺度の信頼性を検討するためCronbachのα係数を算出したところ，第1因子，第2因子については目安となる0.7以上の値を示し，一定の内的整合性が確認されたが，第3因子については，充分に高いα係数が得られなかった。ただし，因子の解釈可能性と分析上の意義を勘案してその後の分析に用いることにした。なお，因子間相関係数を算出したところ，すべての因子間に低～中程度の正の相関が示された。

(2) 校長のリーダーシップ実践の発揮と諸条件の相関分析

1）全体

校長のリーダーシップ実践の発揮と他の条件の関連を検討するため，「校長のリーダーシップ実践《実際》」(7基準の合成変数）と「リーダーシップ実践を支えていること（現状)」(4因子)，「現任校の課題状況」(4因子)，「現任校の組織風土・組織文化」(3因子）の各変数間の相関係数を全体および校種別に算出した。なお紙幅の都合上，校長のリーダーシップ実践《実際》とその他の変数に関する有意な相関係数（.200以上）を掲載している。まず，全体の相関分析の結果を示したものが**表2-26**である。全体的に低～中程度の有意な正の相関がみられたが，リーダーシップ実践《実際》とリーダーシップ実践を支えている条件《現状》との間には，ほとんど相関がないか，低い相関しか認められず，特に「専門職的交流」との間には相関がないことがわかる。校長のリーダーシップ実践《実際》と他の変数間で比較的高い相関係数を示したのは，基準1～

表2-26　校長のリーダーシップ実践《実際》とその他の変数との相関（全体）

	リーダーシップ実践を支えているもの（現状）				現任校の課題状況				組織風土・組織文化		
	専門職的交流	学問的交流	教育行政指針	情報メディア	地域の課題	保護者	組織体制	児童生徒	成長・挑戦	相互支援	校長良好関係
基準1「学校の共有ビジョンの形成と具現化」		.238 ***	.212 ***		.296 ***	.283 ***	.409 ***	.232 ***	.409 ***	.356 ***	.213 ***
基準2「教育活動の質を高めるための協力体制と風土づくり」			.246 ***		.217 ***	.245 ***	.414 ***	.206 ***	.495 ***	.427 ***	.265 ***
基準3「教職員の職能開発を支える協力体制と風土づくり」		.210 ***	.225 ***		.235 ***		.365 ***		.498 ***	.406 ***	.212 ***
基準4「諸資源の効果的な活用と危機管理」			.225 ***		.229 ***		.295 ***		.326 ***	.316 ***	.202 ***
基準5「家庭・地域社会との協働・連携」		.243 ***			.330 ***	.210 ***	.224 ***		.335 ***	.354 ***	
基準6「倫理規範とリーダーシップ」		.269 ***	.215 ***	.210 ***	.233 ***	.212 ***	.299 ***		.353 ***	.350 ***	.232 ***
基準7「学校をとりまく社会的・文化的要因の理解」		.207 ***		.239 ***			.288 ***		.273 ***	.243 ***	

注：相関係数0.2以上（$r \geqq .200$）を表記。

3と「成長・挑戦」「組織体制」および「相互支援」であった。

2）校種別の分析

次に，小学校，中学校，特支，高校それぞれについて相関分析の結果を示したものが**表2-27**～**表2-30**である。それぞれの特徴を見てみると，総じて，小学校（**表2-27**）は他の校種に比べて，リーダーシップ実践《実際》とリーダーシップ実践を支えている条件《現状》との相関関係が弱かった。

表2-27　校長のリーダーシップ実践《実際》とその他の変数との相関（小学校）

	リーダーシップ実践を支えているもの（現状）				現任校の課題状況				組織風土・組織文化		
	専門職的交流	学問的交流	教育行政指針	情報メディア	地域の課題	保護者	組織体制	児童生徒	成長・挑戦	相互支援	校長良好関係
基準1「学校の共有ビジョンの形成と具現化」				.290 ***	.239 ***		.259 ***	.240 ***	.300 ***	.220 **	
基準2「教育活動の質を高めるための協力体制と風土づくり」			.238 ***		.213 **		.339 ***	.231 ***	.406 ***	.377 ***	.258 ***
基準3「教職員の職能開発を支える協力体制と風土づくり」			.225 **				.314 ***		.315 ***	.267 ***	
基準4「諸資源の効果的な活用と危機管理」					.211 **	.247 ***	.347 ***		.252 ***	.217 **	
基準5「家庭・地域社会との協働・連携」					.373 ***	.320 ***		.235 ***	.243 ***	.293 ***	
基準6「倫理規範とリーダーシップ」		.221 *			.290 ***	.288 ***	.265 ***	.247 ***	.377 ***	.353 ***	.268 ***
基準7「学校をとりまく社会的・文化的要因の理解」			.261 ***	.282 ***			.228 ***	.214 **	.221 **	.213 **	.215 **

注：相関係数0.2以上（$r \geq .200$）を表記。

中学校（**表2-28**）については，リーダーシップ実践《実際》と「学問的交流」との間で有意な低～中程度の相関が多数認められた。また，リーダーシップ実践の《実際》と「組織体制」「成長・挑戦」「相互支援」との間に中程度の有意な正の相関が認められた。

表2-28　校長のリーダーシップ実践《実際》とその他の変数との相関（中学校）

	リーダーシップ実践を支えているもの（現状）				現任校の課題状況				組織風土・組織文化		
	専門職的交流	学問的交流	教育行政指針	情報メディア	地域の課題	保護者	組織体制	児童生徒	成長・挑戦	相互支援	校長良好関係
基準1「学校の共有ビジョンの形成と具現化」		.469 ***	.271 ***	.211 **	.314 ***	.300 ***	.452 ***	.245 ***	.481 ***	.405 ***	.250 ***
基準2「教育活動の質を高めるための協力体制と風土づくり」		.406 ***	.263 ***		.241 ***	.210 **	.491 ***	.207 **	.467 ***	.392 ***	
基準3「教職員の職能開発を支える協力体制と風土づくり」		.380 ***		.219 **	.226 ***		.459 ***		.510 ***	.393 ***	.214 **
基準4「諸資源の効果的な活用と危機管理」		.295 **		.254 ***	.310 ***	.211 **	.323 ***		.403 ***	.372 ***	
基準5「家庭・地域社会との協働・連携」	.211 **	.422 ***			.313 ***	.233 ***	.258 ***		.398 ***	.352 ***	
基準6「倫理規範とリーダーシップ」		.259 **		.268 ***			.378 ***		.387 ***	.298 ***	
基準7「学校をとりまく社会的・文化的要因の理解」		.291 **		.277 ***			.344 ***		.301 ***	.290 ***	

注：相関係数0.2以上（$r \geq .200$）を表記。

特支（**表2-29**）では，リーダーシップ実践《実際》と「組織体制」「成長・挑戦」「相互支援」との間に中程度の有意な正の相関が認められた。

表 2–29　校長のリーダーシップ実践《実際》とその他の変数との相関（特別支援学校）

	リーダーシップ実践を支えているもの（現状）				現任校の課題状況				組織風土・組織文化		
	専門職的交流	学問的交流	教育行政指針	情報メディア	地域の課題	保護者	組織体制	児童生徒	成長・挑戦	相互支援	校長良好関係
基準1「学校の共有ビジョンの形成と具現化」					.321 ***	.279 ***	.434 ***		.430 ***	.428 ***	.205 **
基準2「教育活動の質を高めるための協力体制と風土づくり」					.208 **	.328 ***	.445 ***	.203 **	.568 ***	.487 ***	.232 ***
基準3「教職員の職能開発を支える協力体制と風土づくり」	.219 **	.292 **	.262 ***	.209 **	.293 ***	.269 ***	.379 ***	.201 **	.556 ***	.467 ***	.281 ***
基準4「諸資源の効果的な活用と危機管理」	.245 ***	.230 **	.214 **		.315 ***		.231 ***		.360 ***	.333 ***	
基準5「家庭・地域社会との協働・連携」			.211 **		.425 ***	.237 ***	.237 ***		.346 ***	.349 ***	
基準6「倫理規範とリーダーシップ」	.221 **	.311 ***	.325 ***		.299 ***	.229 ***	.287 ***		.399 ***	.435 ***	.224 ***
基準7「学校をとりまく社会的・文化的要因の理解」		.210 *			.236 ***		.340 ***		.318 ***	.235 ***	

注：相関係数 0.2 以上（$r \geq .200$）を表記。

高校（表 2–30）では，リーダーシップ実践《実際》と「組織体制」「成長・挑戦」「相互支援」との間に中程度の有意な正の相関が認められた。

表 2–30　校長のリーダーシップ実践《実際》とその他の変数との相関（高等学校）

	リーダーシップ実践を支えているもの（現状）				現任校の課題状況				組織風土・組織文化		
	専門職的交流	学問的交流	教育行政指針	情報メディア	地域の課題	保護者	組織体制	児童生徒	成長・挑戦	相互支援	校長良好関係
基準1「学校の共有ビジョンの形成と具現化」			.223 ***		.293 ***	.340 ***	.439 ***	.255 ***	.346 ***	.283 ***	.246 ***
基準2「教育活動の質を高めるための協力体制と風土づくり」		.224 *	.272 ***			.265 ***	.355 ***		.443 ***	.357 ***	.368 ***
基準3「教職員の職能開発を支える協力体制と風土づくり」		.223 *	.207 ***				.286 ***		.511 ***	.386 ***	
基準4「諸資源の効果的な活用と危機管理」			.234 ***				.282 ***		.240 ***	.297 ***	.235 ***
基準5「家庭・地域社会との協働・連携」	.231 ***	.348 ***	.219 ***						.259 ***	.282 ***	.242 ***
基準6「倫理規範とリーダーシップ」	.256 ***	.310 ***	.246 ***	.214 ***			.269 ***		.261 ***	.317 ***	.261 ***
基準7「学校をとりまく社会的・文化的要因の理解」			.248 ***	.229 ***			.229 ***		.222 ***	.216 ***	

注：相関係数 0.2 以上（$r \geq .200$）を表記。

第4節　小括

1．得られた知見

以上の分析から得られた知見は以下の通りである。

第一は，校長のリーダーシップ実践《意思》について，7基準とも高い値が示された。特に，基準2「教育活動の質を高めるための協力体制と風土づくり」の値が高かった。校種別比較では，基準5「家庭・地域社会との協働・連携」において，他の校種と比較して，高校が有意に低かった。

第二は，校長のリーダーシップ実践《実際》について，7基準とも高い値が示された。校種別比較では，全項目とも小学校の値が高く，基準6「倫理規範とリーダーシップ」，基準7「学校をとりまく社会的・文化的要因の理解」を除く5基準において，他の校種と比較して，有意に高かった。

第三は，校長のリーダーシップ実践の《意思》と《実際》の差異について，7基準とも有意な差が見られた。

第四は，校長のリーダーシップ実践《実際》について，全体及び校種別の3者比較において，教頭，ミドル，校長の順に有意に高かった。

第五は，校長のリーダーシップ実践《実際》と回答者の個人特性及び組織特性との関連性について，有意な関連はほとんど見られなかった。その中で，小学校において，学校規模及び学力状況の良好さとリーダーシップ実践との間に有意な関連が見られた。

第六は，校長のリーダーシップ実践を支えるものは，《現状》よりも《期待》の方が高い値を示した。さらに，校長同士の公式・非公式の交流を表す「専門職的交流」および「教育行政指針」が高い値を示す一方，「学問的交流」「情報メディア」の値が低かった。

第七は，校長のリーダーシップ実践を支えるものの《期待》と《現状》の差異について，全体的に《期待》の方が《現状》よりも高い値が示された。校種別比較では，特に「学問的交流」と「教育行政指針」がすべての校種において《期待》が《現状》よりも有意に高い。一方，「専門職的交流」は高校のみ《期待》の方が《現状》よりも高い値を示した。

第八は，校長のリーダーシップ実践の発揮と校長・学校をめぐる諸条件との関連について，「リーダーシップ実践」と「リーダーシップ実践を支えるもの」との相関は低かった。とりわけ，専門職的交流については，ほとんど相関がなかった。

第九は，校長のリーダーシップ実践の発揮と校長・学校をめぐる諸条件との関連について，小学校では，リーダーシップ実践と実践を支える「学問的交流」との相関がほとんどない一方，他の校種とりわけ中学校では概ね中程度の正の相関を示した。

第十は，校長のリーダーシップ実践の発揮と校長・学校をめぐる諸条件との関連について，基準1「学校の共有ビジョンの形成と具現化」，基準2「教育活動の質を高めるための協力体制と風土づくり」，基準3「教職員の職能開発を支える協力体制と風土づくり」は，現任校の「組織体制」に関する課題状況および現任校の組織風土・組織文化（「成長・挑戦」「相互支援」）と概ね中程度の相関関係にあった。

2. 考察

以上の知見を踏まえて，現在の日本の公立学校において校長のリーダーシップの発揮とそれを支える制度的・組織的条件の実態はどうなっているのか，仮説を交え，考察を加えてみたい。

第一は，校長自身が抱いているリーダーシップ実践の《意思》と《実際》は，設定した質問項目全体にわたって比較的高い値を示したことについて，「学校経営において校長はリーダーシップを発揮すべきだ」という意識が広く浸透していることを物語っているといえるだろう。ただし，自分が実践したいと考えている《意思》と，それができていると実感している《実際》との間に有意な差が見られたことは，校長がさらなるリーダーシップを発揮し得る余地があることを示唆していると考えられるが，同時に，「思いはあっても現実はその通りにいかない」という難しさを示しているとも解釈できよう。この難しさを考えるうえで参考になるのは，《意思》と《実際》の差違が大きい上位項目と下位項目の内容である。上位項目には，校長が一人で実行するものではなく，一人ひとりの教職員による主体的行動を通じて実現できる内容が並んでいた。これに対して，下位3項目をみると，校長が率先して行動することにウェイトを置くと解釈し得る内容であった。この傾向は，校種別で異なる面もあることから，校種の異同に留意したうえで，リーダーシップの実践やそれを支える条件について検討する必要がある。

第二は，校長のリーダーシップが実際にどの程度発揮されているかについて，校長，教頭，ミドルという3者による評価が，全校種において，7基準とも，校長＜ミドル＜教頭の順に有意に高くなっている状況について考えてみたい。少し古いが，小島他（1991）によれば，自身の学校経営の実態に対する校長と教員の認識では，校長の方が教員よりも実態を肯定的に評価する傾向が強かった。そのような傾向を踏まえてこの結果をみると，校長の方針や考え方に沿って学校経営の実際を把握し，校長の意図を汲み取って行動するという指向性が，教頭とミドルの間に深く浸透しているように受けとめることができる。一つの解釈として，校長自身の自己評価よりも教頭による評価の方が高いという状況は，学校管理職が一体となってリーダーシップを発揮する態勢ができている現状が表れているのかもしれない。ただし，第一の点を絡めて考えると，他の校内教職員の意識や実情と学校管理職の認識との関係に距離がないのかどうか，疑問の余地が残る。「校長のリーダーシップの発揮」を学校管理職から他の教職員へという一方向的に捉える理解に立つのか，教職員の多様な実情や創意を生かしたボトムアップ的な理解を交えて理解するのか，という視点での実態検証が必要であろう。

第三は，校長の有する個人特性及び所属する組織特性とリーダーシップ実践との関連がほとんど見られなかった中で，特に，校長としての経験学校数に着目してみたい。リーダーシップ実践《実際》と経験学校数（経験年数ともいえる）に有意な関連がないということは，校長経験を重ねることとリーダーシップ実践は必ずしも比例しないと解釈し得る。過去の学校経営経験に頼って考えるというよりも，現在勤務する学校の組織的条件（教職員の構成，校内研修の状況など）や課題状況（児童生徒の実態ニーズ，保護者・地域との関係など）を見定め，現任校の学校経営に関係する外的諸条件（教育委員会との関係，校長会をはじめとする各種ネットワークなど）を有効な資源として活用することができるかどうかという点の方が，リーダーシップ実践の有り様に大きく影響する可能性が示唆される。

第四は，校長自身が認識している「リーダーシップ実践を支えているもの」について，《期待》が《現状》を上回っていることから，リーダーシップの発揮を支える制度的・組織的条件を整備することの必要性が示唆される。ただし，本調査では校長自身が必要だと認識している条件が，直接的にリーダーシップ実践と関連しているわけではないことも示唆された。ここには，校長自身が認識しているものとは異なる条件が，校長のリーダーシップ実践を支え，促進するうえで有効性をもつ可能性も考えられる。本調査において，校長自身がリーダーシップ実践を支えているものの《期待》と《現状》の両方において「専門職的交流」と「教育行政指針」が高い値を示したのに対して，「学問的交流」と「情報メディア」の値は低かった。そして，《期待》と《現状》の差違に着目すると，「教育行政指針」と「学問的交流」の値の大きさが顕著であった。さらに，この両者の条件にはほとんど相関がなかった。過去20年以上にわたって重要な制度改変を伴う教育改革施策が次々に実施されている状況のもとで，「教育行政指針」は校長にとって何よりも注目して踏まえておくべきことと理解されている。それらの文書の中で「校長のリーダーシップの発揮」が求められることで，さらに校長自身の責任意識は強化されることにもなろう。ただし，前述のように「校長のリーダーシップ」は各学校がもつ固有の文脈に即して，多様なバリエーションをもって機能させるべきものといえる。だが「教育行政指針」を踏まえるだけでは，そうした解釈や発想を促すうえで十分とはいえないだろう。「学問的交流」は，ある意味では「教育行政指針」自体を相対化したり，校長のリーダーシップの多様性を理解したりするうえで活用可能な知識・情報を得られる回路だと考えられる。その条件をめぐる《期待》と《現状》の差違が大きいということは，「学問的交流」という条件を，校長をはじめとするスクールリーダーにとってアクセス可能なものにする条件整備の意義を示唆するものと解釈できよう。さらに，「学問的交流」と「情報メディア」の相関が一定程度認められることにも留意しておきたい。これらは，校長自身が自ら主体的にアクセスし活用しようとしない限り回路を開くことが難しい条件である。そのような視点から，「専門職的交流」「教育行政指針」との違いについてさらに検討する必要がある。

第五は，校長のリーダーシップ実践の基準1～3が，「組織体制」および「成長・挑戦」「相互支援」と比較的高い相関を示したことから，現任校における課題認識の高さと教職員の相互作用によって醸成される組織風土・組織文化によって，リーダーシップの発揮状況は異なると考えられる。

以上，本章では，校長のリーダーシップ実践の実態，校長のリーダーシップ実践を支えるもの，校長のリーダーシップ実践と校長・学校をめぐる諸条件との関連について，校種別・職階別の視点から基礎的分析を行ってきたが，リーダーシップ実践の構造及び関連分析に関する基礎的な統計分析にとどまっている。そこで，次章以降，より高次の統計手法を用いた詳細分析を行いたい。

[注]

1）2018年10月～11月，共同研究者のネットワークより得た現・元校長（小学校，中学校，特別支援学校，高等学校）34名の協力者に対して予備調査を実施した。同調査は，天井効果を示す調査項目のチェックと設問文・調査項目・選択肢等に関する意見聴取を目的になされた。その結果を踏まえ，最終的な調査票を完成させた。

[引用・参考文献]

・小島弘道，浜田博文，片桐隆嗣（1991）「現代教育改革における学校の自己革新と校長のリーダーシップに関する基礎的研究（その3）―校長・教員の意識に見る学校運営と校長の経営行動―」『筑波大学教育学系論集』第16巻第1号，17-46頁。
・日本教育経営学会（2009）「校長の専門職基準〔2009年版〕」http://jasea.jp/proposal/proposal2009/（最終閲覧日：2024-01-31）。

第3章 校長のリーダーシップ実践とその関連要因に関する基礎的分析

第1節　本章の目的と分析の視点

本章の目的は，前章で分析した質問紙調査のデータのうち，校長対象調査の結果を用いて，特に校長のリーダーシップとその関連要因の構造を明らかにすることである。

既述の通り，本書の質問紙調査において校長のリーダーシップを捉える項目は，日本教育経営学会が作成した「校長の専門職基準〔2009年版〕」を参考に設計された[1)]。この基準を作成した日本教育経営学会では2004年以降，校長の専門性向上という実践的課題に対して，専門的力量の内容を明確化し，学校管理職に関わる資格・養成・研修制度を確立することと専門学会として「求められる校長像」と専門的力量の構成要素を示すことが目指されてきた。それらを検討する特別委員会の設置を皮切りに，学会員はもちろん実践現場からの意見聴取や情報交換等を行いながら，およそ5年間の検討作業を経て公表されたのが「校長の専門職基準」である。この基準は，我が国の学校管理職に焦点化しながら，理論と実践の往還を重視して作成されたものであり，2000年代以降の学校ガバナンス改革とともに進められた校長の専門性の明確化と育成方法の解明における，重要な到達点の一つといえる。なお提示された7つの基準は，すべてを満たすことを前提とした能力基準（できる）ではなく，行動基準（する）ないし行動指針（ガイドライン）であり（日本教育経営学会実践推進委員会編 2015），校長のリーダーシップが発揮される認識と行動を規範的な能力ではなく，現実に行われている実践として捉えるうえで有益である。

ただし，校長の専門職基準には7つの行動基準と小項目が設けられているが，これらは必ずしも数値的な評価や調査票作成のために作られたものではない。そのため，校長としての行動が網羅できる反面，質問項目として扱うには多義的であり，なおかつ基準間の関係性や仮説構造が実証されているわけではない。そこで我々は，校長自身のリーダーシップに対する認識と行動を捉えるにあたり，専門職基準の操作化を試みることとした。そのうえで，リーダーシップのあり様を校長の主体的な意思と実際の行動から捉えることとした。

他方，校長のリーダーシップ実践に係る行動と認識を取り巻く諸条件については，学校組織内部の風土・文化と学校外部の行政機能や情報，外部団体の存在などをあげることができる。従来の《個人アプローチ》のみに立脚すると，例えば校長が主体的に学校組織に働きかけて，組織内部の風土や文化を変革・創造したり，学校外部の地域や団体と関係を構築していくことが想定される[1]（大野 2001；大林 2011）。これに対して《システムアプローチ》に軸足を置く本書は，逆に学校組織や外部組織，ネットワークのあり方が，校長のリーダーシップ実践を規定する点を重視する。そこで本章では，これら諸条件の構造を把握するとともに，それらがどの程度校長の支えになっているのか，さらに校長自身がどの程度支えになることを期待しているのかを詳細に検討する。

第2章にて副校長・教頭・主幹教諭を含むスクールリーダー対象の調査結果を分析したところだが，本章の位置づけは，校長のリーダーシップ実践とそれらを支える要因について詳細な分析を行うための基礎的分析にあたる。特に，項目間の関係や潜在因子を検討することで，各々の実態を構造的に捉えて考察を加えることとする。なお本章では，校長のリーダーシップ実践を主たる分析項目とすることから，校長データのみを使用することとし，7基準27項目に対する回答に不備がないサンプル（729件）を分析の対象とした（**表3-1**）。

本章における分析の視点は以下3つである。

第一に，リーダーシップ実践尺度（《意思》と《実際》）の内容と構造に関する詳細な分析である。前章では，7基準ごとに単純加算平均を算出したが，項目間の関連について触れていないため，リーダーシップ実践の内容と構造につい

表 3-1　サンプルの特性（校種×校長職経験年数）

	1〜2年		3〜5年		6年〜		不明		計（実数）
小学校	65	40.6	57	35.6	35	21.9	3	1.9	160
中学校	57	32.0	76	42.7	43	24.2	2	1.1	178
特別支援学校	91	51.7	65	36.9	20	11.4	0	0.0	176
高等学校	93	43.3	94	43.7	27	12.6	1	0.5	215
計	306	42.0	292	40.1	125	17.1	6	0.8	729

注：左が実数（n），右が比率（%）である。

て詳細な検討を行っていない。そこで27項目の関連を踏まえた合成変数および潜在因子の抽出を試みるため，《意思》については変数のクラスター分析と主成分分析，《実際》については探索的因子分析および確認的因子分析を行った。そして得られた結果に基づいて考察を加え，リーダーシップ実践に関する《意思》と《実際》の構造について基礎的な知見を導出することとした。なお，各項目の《意思》と《実際》の平均値および標準偏差は，**表 3-2** の通りである。

第二に，校長のリーダーシップ実践の関連要因についての詳細な分析である。校長のリーダーシップ発揮を促す組織的・制度的条件の解明に主眼を置く本書では，校長のリーダーシップ実践の関連要因を明らかにすることを基本的な目的としている。とりわけ重要になるのがリーダーシップ実践の支えとなる学校内外の条件に関する分析である。そこでまず，学校の内的条件として想定した組織風土・組織文化を構造的に捉えるため，探索的因子分析および確認的因子分析を行った。次に，学校の外的条件の一つである地域組織の有益度は，学校種別による平均値の比較によって考察した。もう一つの外的条件である，リーダーシップ実践の支えとなる要因（《現状》と《期待》）については探索的因子分析および確認的因子分析を行った。すでに第2章の分析では，すべての項目において《期待》の値が《現状》の値を有意に上回っていることが確認された。本章ではさらに，項目間の関連と因子構造について詳しく検討することに主眼を置いた。

最後に，校長のリーダーシップ実践（《実際》・《意思》）と各関連要因との関係の分析である。本章では，リーダーシップ実践と学校内外の条件との関係につ

表3-2　校長のリーダーシップ実践（7基準27項目）

基準1　学校の共有ビジョンの形成と具現化
1. 児童生徒に関する様々な情報に基づいて，目指す学校像を描く［3.50（.53）/2.85（.53）］
2. 自分自身の経験や教育理念に基づいて，目指す学校像を描く［3.40（.58）/2.76（.61）］
3. 教職員の意見を聞きながら，目指す学校像を描く［3.33（.55）/2.73（.57）］
4. 保護者，地域住民の意見を聞きながら，目指す学校像を描く［3.15（.58）/2.47（.64）］
基準2　教育活動の質を高めるための協力体制と風土づくり
5. 児童生徒の実態，特徴を踏まえた教育課程編成を行う［3.49（.53）/2.76（.62）］
6. 児童生徒の課題について教職員が意見交換をする時間を作る［3.51（.52）/2.70（.66）］
7. 教職員の職能開発を支える協力体制と風土づくり［3.39（.58）/2.49（.65）］
8. 各学級の児童生徒の様子を絶えず把握し，必要に応じて担任教師を支援する［3.38（.58）/2.70（.62）］
基準3　教職員の職能開発を支える協力体制と風土づくり
9. 学校の教育課題を踏まえて，校内研修体制を整備する［3.39（.52）/2.66（.62）］
10. 教職員一人ひとりの力量や成長課題を把握し，必要に応じて指導・助言する［3.40（.51）/2.64（.58）］
11. 教職員がお互いに授業を見せ合うことを奨励する［3.48（.51）/2.67（.70）］
12. 教職員一人ひとりの心身の状況や私的な事情に配慮して必要な支援を行う［3.26（.54）/2.77（.56）］
基準4　諸資源の効果的な活用と危機管理
13. 目指す学校像を実現するために，外部の人材や情報などを活用する［3.34（.55）/2.70（.66）］
14. 目指す学校像を実現するために，予算獲得や施設・設備の改善について教育委員会や外部機関などに働きかける［3.34（.54）/2.55（.70）］
15. 教職員や児童生徒が安心して教育・学習活動に取り組める物的環境を整える［3.48（.51）/2.54（.64）］
16. 学校の安全確保について教職員を意識づける働きかけを日常的に行う［3.41（.50）/2.88（.52）］
基準5　家庭・地域社会との協働・連携
17. 校長自ら率先して保護者・地域住民との関係構築に取り組む［3.36（.55）/2.91（.64）］
18. 教職員が保護者・地域住民と連携しやすくするための支援や工夫を行う［3.21（.53）/2.53（.61）］
19. 保護者・地域社会の多様な関係者に対して敬意をもって誠実に関わる［3.43（.51）/3.09（.53）］
基準6　倫理規範とリーダーシップ
20. 教職員の模範として，自身の言動やふるまいに問題がないか多様な視点から振り返る［3.40（.52）/2.87（.55）］
21. 教育の使命や倫理に背くような教職員の行為に対して，毅然として対応する［3.49（.52）/3.12（.52）］
22. 法令遵守の研修やチェック体制などを学校全体で機能させる［3.38（.54）/2.94（.57）］
23. 多様な立場や価値観を尊重するような雰囲気を校内に作る［3.37（.53）/2.80（.56）］
基準7　学校をとりまく社会的・文化的要因の理解
24. 最新の教育関係法規を理解し，その精神と意図を汲み取る［3.18（.54）/2.47（.61）］
25. 社会の関心を集める教育問題の情報や動向をつかみ，深く理解する［3.28（.51）/2.61（.60）］
26. 教育に近接する他領域（医療・福祉・文化等）の情報や動向をつかみ，理解する［3.18（.53）/2.47（.61）］
27. 自校が所在する地方自治体の教育課題や教育施策の動向について深く理解する［3.23（.53）/2.68（.60）］

注：［　］内は《意思》/《実際》の平均値（標準偏差）を表す。

いて基礎的な知見を得るため，変数間の相関分析を行った。その際，リーダーシップ実践《実際》については，支えに対する《期待》を除くすべての変数との相関を分析し，リーダーシップ実践《意思》については，支えに対する《期待》との相関を分析した。

第2節　分析結果

1．校長のリーダーシップ実践に関する分析

(1) 校長のリーダーシップ実践《意思》の構造

まずは，校長のリーダーシップ実践《意思》の構造を見ていく。調査では，《意思》の程度を4件法によって自己評価してもらったが，回答は「3 実行したいと思う」と「4 とても実行したいと思う」に偏り，全項目において90.7～99.7%が両者に分布する形となっていた。そこで，《意思》の有無（実行したいか／実行したくないか）という観点で1～3の選択肢を統合し，2値（0-1）の変数に変換した[3)]。そのうえで校長のリーダーシップ実践《意思》にみられる構造を明らかにするためにクラスター分析（Ward法，2値データの非類似度に基づくパターンの差異）を実施した。デンドログラムと距離行列から，変数間の関係を構造的に把握し，最後にクラスター数を決定した。その結果，5つのクラスターとして解釈し，その後，全体的な構造を考察した（図3-1）。

第1クラスターは，主に基準5と3から構成されることから，「学校内外の協力体制構築」と命名した。第2クラスターは，基準4から構成されることから，「環境整備と資源活用」と命名した。第3クラスターは，基準6と7から構成されることから，「倫理規範と状況理解」と命名した。第4クラスターは，基準1から構成されることから，「学校の共有ビジョンづくり」と命名した。第5クラスターは，主に基準2から構成されることから，「教育活動の質的向上」と命名した。

なお，第1クラスターと第3クラスターはそれぞれ，低次の階層で独立したクラスターを形成する2つの基準が結合している。第1クラスターにおいて「家

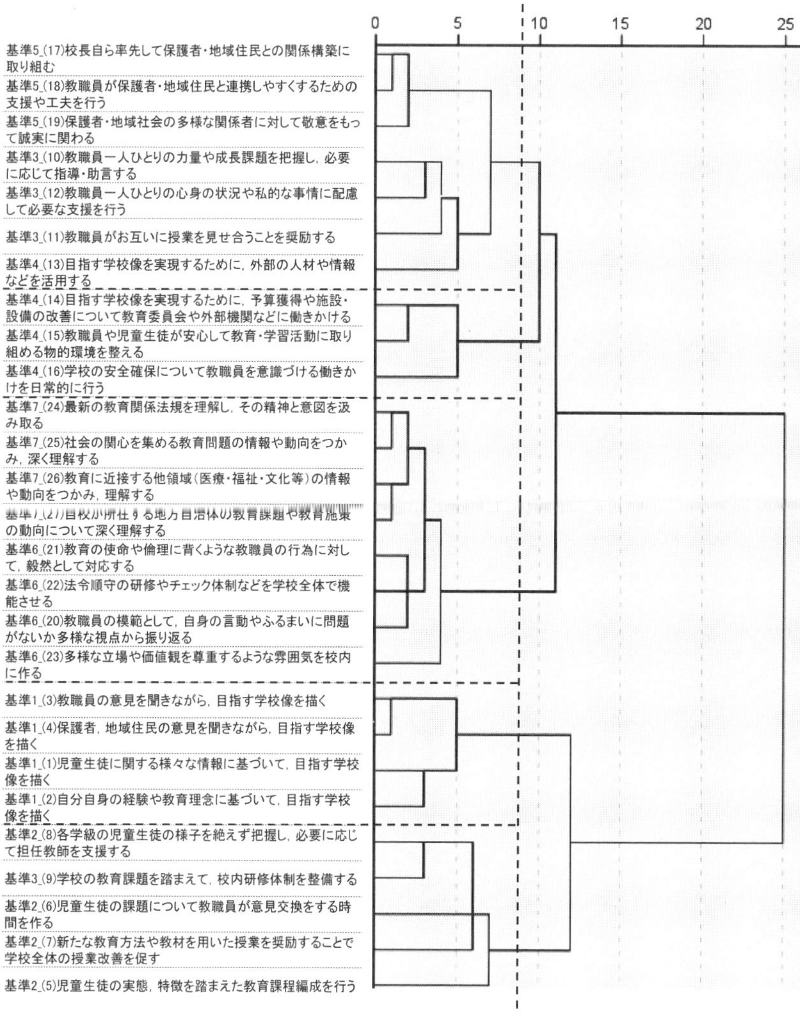

図3-1　校長のリーダーシップ実践《意思》のクラスター分析結果（Ward法）

庭・地域社会との協働・連携」（基準5）と「教職員の職能開発を支える協力体制と風土づくり」（基準3）のクラスターが結びついているのは，学校の内外にまたがる協働体制づくりとしてのリーダーシップ実践が構成されていたためと考えられる。また，第3クラスターにおいて「倫理規範とリーダーシップ」（基準6）及び「学校をとりまく社会的・文化的要因の理解」（基準7）が結合しているのは，「校長の専門職基準」において仮説的に示された基準間の相互関係構造が反映されており（日本教育経営学会実践推進委員会，2015，p.228），学校教育や教職の公共的性格によって規定される，リーダーシップ実践の基盤が構成されているためと考えられる。

さらに，デンドログラムに基づいて解釈した5つのクラスター間の凝集過程をみると，基準6と7のクラスターが，基準3～5と結合し，他方で基準1と2が結合している。そして最終的に，大きな2つのクラスターが結合する過程が示されている。逆に最も低次の凝集過程に目を向けると，第4クラスターを構成する「学校の共有ビジョンづくり」が，「教職員・保護者・地域住民の意見」と「自らの教育理念及び児童生徒の実態」という2つの側面から目指す学校像を描く行動として構成されていることが看取できる。

その後，各クラスターに属する項目に対して主成分分析を行い，各クラスターの主成分得点を算出するとともに，内的整合性を確認するためCronbachのα係数を算出した（**表3-3**）。分析の結果，各クラスターについて一定の内的整合性が確認できたことから，合成得点として第一主成分得点を適用することとした。

以上のように，仮説的な構造との共通性と論理的な整合性及び内的整合性の観点から，校長のリーダーシップ実践に対する意思が校長の専門職基準と同様の構造を有していることが示唆された。

(2) 校長のリーダーシップ実践《実際》の構造

次に，校長のリーダーシップ実践《実際》の構造を分析するため，27項目に対して探索的因子分析（主因子法，Promax回転）を行った。固有値1以上の基準を設けて，因子負荷量0.4に満たない項目を除外し，再度因子分析を行ったところ，解釈可能な6つの因子を抽出した（**表3-4**）。

第1因子は，基準7に含まれる項目から構成されることから，「社会的状況の理解」と命名した。第2因子は，基準1に含まれる項目から構成されることから，「学校の共有ビジョンづくり」と命名した。第3因子は，基準2と3に

表3-3　校長のリーダーシップ実践《意思》の主成分分析結果

C1　学校内外の協力体制構築（.882）		
(18) 教職員が保護者・地域住民と連携しやすくするための支援や工夫を行う	.799	固有値：4.10 寄与率：58.6%
(17) 校長自ら率先して保護者・地域住民との関係構築に取り組む	.791	
(19) 保護者・地域社会の多様な関係者に対して敬意をもって誠実に関わる	.788	
(10) 教職員一人ひとりの力量や成長課題を把握し，必要に応じて指導・助言する	.767	
(12) 教職員一人ひとりの心身の状況や私的な事情に配慮して必要な支援を行う	.744	
(11) 教職員がお互いに授業を見せ合うことを奨励する	.736	
(13) 目指す学校像を実現するために，外部の人材や情報などを活用する	.731	
C2　環境整備と資源活用（.777）		
(15) 教職員や児童生徒が安心して教育・学習活動に取り組める物的環境を整える	.872	固有値：2.07 寄与率：69.1%
(14) 目指す学校像を実現するために，予算獲得や施設・設備の改善について教育委員会や外部機関などに働きかける	.819	
(16) 学校の安全確保について教職員の意識づけや働きかけを日常的に行う	.802	
C3　倫理規範と状況理解（.912）		
(25) 社会の関心を集める教育問題の情報や動向をつかみ，深く理解する	.830	固有値：4.96 寄与率：62.0%
(24) 最新の教育関係法規を理解し，その精神と意図を汲み取る	.800	
(22) 法令順守の研修やチェック体制などを学校全体で機能させる	.796	
(27) 自校が所在する地方自治体の教育課題や教育施策の動向について深く理解する	.796	
(20) 教職員の模範として，自身の言動やふるまいに問題がないか多様な視点から振り返る	.795	
(21) 教育の使命や倫理に背くような教職員の行為に対して，毅然として対応する	.761	
(23) 多様な立場や価値観を尊重するような雰囲気を校内に作る	.761	
(26) 教育に近接する他領域（医療・福祉・文化等）の情報や動向をつかみ，理解する	.756	
C4　学校の共有ビジョンづくり（.817）		
(3) 教職員の意見を聞きながら，目指す学校像を描く	.846	固有値：2.58 寄与率：64.5%
(2) 自分自身の経験や教育理念に基づいて，目指す学校像を描く	.805	
(1) 児童生徒に関する様々な情報に基づいて，目指す学校像を描く	.781	
(4) 保護者，地域住民の意見を聞きながら，目指す学校像を描く	.778	
C5　教育活動の質的向上（.817）		
(9) 学校の教育課題を踏まえて，校内研修体制を整備する	.804	固有値：2.90 寄与率：57.8%
(8) 各学級の児童生徒の様子を絶えず把握し，必要に応じて担任教師を支援する	.787	
(7) 新たな教育方法や教材を用いた授業を奨励することで学校全体の授業改善を促す	.746	
(6) 児童生徒の課題について教職員が意見交換をする時間を作る	.733	
(5) 児童生徒の実態，特徴を踏まえた教育課程編成を行う	.727	

注：（　）内は，Cronbachの α 係数を表す。

表3-4　校長のリーダーシップ実践《実際》の因子分析結果

	Ⅰ	Ⅱ	Ⅲ	Ⅳ	Ⅴ	Ⅵ	共通性
Ⅰ　社会的状況の理解（α=.782）							
(25) 社会の関心を集める教育問題の情報や動向をつかみ，深く理解する	.883						.668
(26) 教育に近接する他領域（医療・福祉・文化等）の情報や動向をつかみ，理解する	.623						.446
(24) 最新の教育関係法規を理解し，その精神と意図を汲み取る	.606						.471
(27) 自校が所在する地方自治体の教育課題や教育施策の動向について深く理解する	.466						.425
Ⅱ　学校の共有ビジョンづくり（α=.759）							
(1) 児童生徒に関する様々な情報に基づいて，目指す学校像を描く		.793					.573
(2) 自分自身の経験や教育理念に基づいて，目指す学校像を描く		.691					.517
(3) 教職員の意見を聞きながら，目指す学校像を描く		.577					.436
(4) 保護者，地域住民の意見を聞きながら，目指す学校像を描く		.491					.376
Ⅲ　教育の質的向上に向けた協力体制構築（α=.679）							
(7) 新たな教育方法や教材を用いた授業を奨励することで学校全体の授業改善を促す			.670				.453
(9) 学校の教育課題を踏まえて，校内研修体制を整備する			.662				.473
(6) 児童生徒の課題について教職員が意見交換をする時間を作る			.549				.339
(11) 教職員がお互いに授業を見せ合うことを奨励する			.408				.256
Ⅳ　倫理規範の遵守（α=.688）							
(21) 教育の使命や倫理に背くような教職員の行為に対して，毅然として対応する				.732			.489
(22) 法令順守の研修やチェック体制などを学校全体で機能させる				.560			.397
(20) 教職員の模範として，自身の言動やふるまいに問題がないか多様な視点から振り返る				.468			.308
(23) 多様な立場や価値観を尊重するような雰囲気を校内に作る				.433			.339
Ⅴ　地域との協働・連携（α=.693）							
(17) 校長自ら率先して保護者・地域住民との関係構築に取り組む					.686		.502
(18) 教職員が保護者・地域住民と連携しやすくするための支援や工夫を行う					.665		.477
(19) 保護者・地域社会の多様な関係者に対して敬意をもって誠実に関わる					.481		.382
Ⅵ　環境整備と資源活用（α=.610）							
(14) 目指す学校像を実現するために，予算獲得や施設・設備の改善について教育委員会や外部機関などに働きかける						.766	.575
(15) 教職員や児童生徒が安心して教育・学習活動に取り組める物的環境を整える						.515	.378
因子負荷平方和	4.10	4.04	3.59	3.88	3.83	2.49	
Ⅰ	—	.511	.463	.613	.544	.419	
Ⅱ		—	.591	.501	.582	.395	
Ⅲ			—	.449	.490	.426	
Ⅳ				—	.570	.410	
Ⅴ					—	.419	

注：主因子法，Promax 回転，固有値 1 以上，因子負荷量.400 以上を表記。

含まれる項目から構成されることから，「教育の質的向上に向けた協力体制構築」と命名した。第4因子は，基準6に含まれる項目から構成されることから，「倫理規範の遵守」と命名した。第5因子は基準5に含まれる項目から構成されるため，「地域との協働・連携」と命名した。第6因子は，基準4に含まれる項目から構成されることから，「環境整備と資源活用」と命名した。下位尺度の信頼性を検討するためCronbachのα係数を算出したところ，第3因子から第6因子は0.7未満であり，十分に高いα係数は得られなかったが，尺度の再検討が求められる0.5を切るような値ではないため（小塩 2018，p.143），因子の解釈可能性と分析上の意義を勘案してその後の分析を行った。全体として，校長のリーダーシップ実践の実際も，7つの基準に基づく構造を示していることが明らかになった。なお，因子間相関係数を算出したところ，因子1と因子4との間では高い正の相関が，その他の因子間でも正の相関（因子2—因子6は低い，それ以外は中程度の相関）が示された。

さらに探索的因子分析の結果をもとにして，高い負荷量を示した項目から各因子へのパスを引き，すべての因子間の相関を仮定した斜交因子モデルについて確認的因子分析を行った（図3-2）。適合度指標の基準（豊田 2007）を参照し，0.9以上が基準とされるGFI=.946，AGFI=.928，CFI=.939及び0.5未満を基準とするRMSEA=.045が，いずれも良好な値を示した。モデルに対するデータの当てはまりの良さから，想定した因子構造の妥当性が確認された。

専門職基準が想定した各基準の中で唯一，基準2と3については，1つの潜在因子として抽出され，その他は独立していた。なお，基準2は教育活動の質を高めるための協力体制と風土づくり，基準3は教職員の職能開発を支える協力体制と風土づくりである。もとより，職能開発と教育活動の質的向上は相即不離の関係にあり，なおかつ校内の協力体制と風土づくりである点を踏まえれば，両者とも学校の中心的な教育活動に関わるリーダーシップ実践の潜在因子と解釈することができるだろう。なおすべての因子間相関が明確に示されており，とりわけ基準5と6，基準1と基準2及び3などの関係は，基準間の仮説的な関係構造と重なる。したがって7つの基準間で想定される相互関係の構造

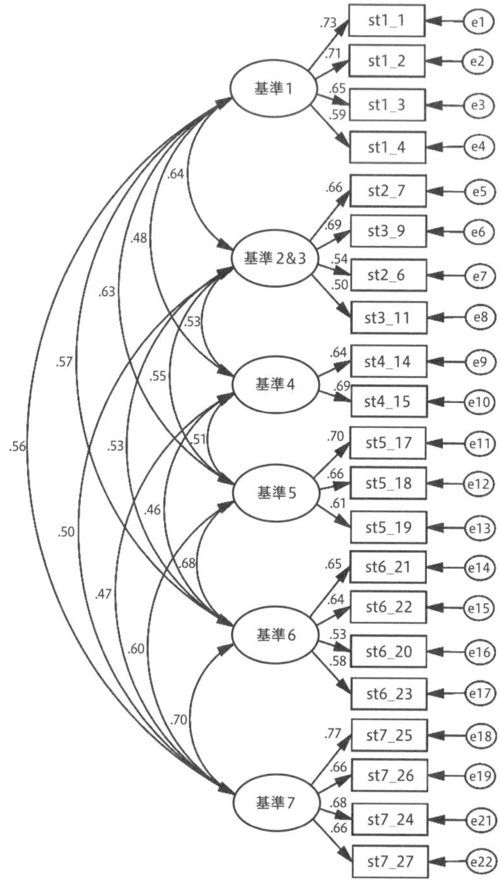

図 3-2　校長のリーダーシップ実践《実際》の確認的因子分析結果

が一定程度妥当性を有していることが示唆される。

2. 校長のリーダーシップ実践の関連要因に関する分析[4]

(1) 学校の内的条件としての組織風土・組織文化

次に，校長のリーダーシップ実践に関連する要因を探るために，学校の内的・外的条件に関する基礎分析を行っていく。そして，ここで得られた分析結果に基づき，校長のリーダーシップ実践との関連分析を行うこととする。

まずは，学校の内的条件の基礎分析を行う。**表3-5**は，学校の内的条件として想定した組織風土・組織文化の因子分析結果である。12項目に対して探索的因子分析（主因子法，Promax 回転）を行った。固有値1以上の基準を設けて，因子負荷量0.4に満たない項目を除外し，再度因子分析を行ったところ，解釈可能な3つの因子を抽出した。第1因子は，教職員間における創造的かつ新たな取組を認め合い，挑戦していく雰囲気を表していることから「成長・挑戦」と命名した。第2因子は，教職員間の対話やメンタルヘルスの維持，相互に支援を求める雰囲気を表していることから「相互支援」と命名した。第3因子は校長と他の教職員とりわけミドルや教頭との良好な関係を表していることから「校長との良好関係」と命名した。下位尺度の信頼性を検討するため Cronbach の α 係数を算出したところ，第1因子，第2因子については0.7以上の値を示し，一定の内的整合性が確認されたが，第3因子については，十分に高い α 係数が得られなかった。ただし，因子の解釈可能性と分析上の意義を勘案してその後の分析に用いることにした。なお，因子間相関係数を算出したところ，すべて

表3-5　現任校の組織風土・組織文化の因子分析結果

	Ⅰ	Ⅱ	Ⅲ	共通性
Ⅰ　成長・挑戦（α=.824）				
(6) 教職員の間に，新しいアイディアや創造的な取り組みを認め合う雰囲気がある	.903			.735
(7) 教職員の間に，新たな課題や問題に挑戦していこうとする雰囲気がある	.894			.677
(8) 教職員の間に，互いに授業を見せ合い，建設的に批判し合う雰囲気がある	.575			.380
(5) 教職員の間で教育活動の改善につながる会話がよく交わされる	.521			.510
Ⅱ　相互支援（α=.795）				
(11) 校内に教職員がリラックスして話ができる時間や空間がある		.742		.453
(12) 教職員のメンタルヘルスが良好である		.706		.469
(10) 教職員の間に，困ったときに気軽に支援を求められる雰囲気がある		.696		.625
(9) 教職員の間に，同僚の失敗を受け入れる寛容な雰囲気がある		.596		.518
Ⅲ　校長との良好関係（α=.693）				
(2) 主幹教諭・主任等は，校長との意思疎通を大切にして行動している			.932	.788
(3) 主幹教諭・主任等は，教諭のよきリーダーとしての役割を果たしている			.577	.484
(1) 副校長・教頭は，校長との意思疎通を大切にして行動している			.498	.230
因子負荷平方和	3.59	3.23	2.52	
Ⅰ	—	.619	.521	
Ⅱ	—	—	.434	

注：主因子法 Promax 回転，固有値1以上，因子負荷量 .400 以上を表記。

の因子間に中～高程度の正の相関が示された。

さらに確認的因子分析を行った結果（図3-3），適合度指標はGFI=.948，AGFI=.917，CFI=.946，RMSEA=.074を示した。RMSEAの値がやや高いが，当てはまりが悪いとされる0.1以上の数値ではないため（小塩 2018），モデルに対するデータの当てはまりは許容されると判断した。以上の結果から，本研究において想定した学校の内的条件としての組織風土・組織文化を構成する因子（要素）は，教職員間の成長や挑戦を認め合う雰囲気としての「成長・挑戦」，教職員間の相互支援関係を認め合う雰囲気としての「相互支援」，校長―ミドルリーダー―教職員の関係性が良好な雰囲気としての「校長との良好関係」という3因子から構成されていることが確認された。また，3因子間において比較的高い正の相関が見られたことについては，複数の要素が相互に強く関連し合いながら良好な組織風土・組織文化が醸成されていることを示唆している。一

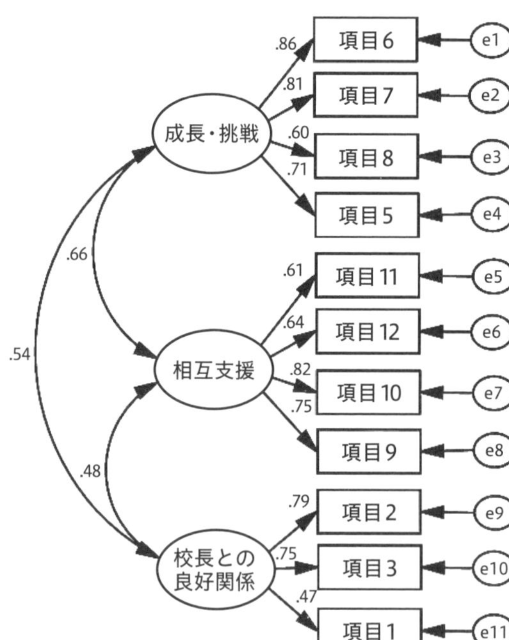

図3-3　組織風土・組織文化の確認的因子分析結果

方で，一つの要素が低調である場合，学校全体として課題を有する組織風土・組織文化となる可能性も看取されよう。

(2) 学校の外的条件

1) 地域組織の有益度に関する分析

次に，校長のリーダーシップ実践に関連する要因として想定した学校の外的条件について見ていく。本研究では，学校の外的条件のひとつ目として，学校に関係する地域組織を設定した。具体的には，「学校運営協議会」「地域学校協働本部」「学校支援地域本部」「PTA」「同窓会」「地域（学区）の自治会」の6組織である。そこで，6組織が学校にとってどの程度有益であると校長が認識しているかを分析するため，組織ごとの平均値及び標準偏差を算出した。これらの組織は，学校種ないし個別学校の状況によって設置されていないこともあるため，ケースごとに6組織の単純加算平均を算出し，学校種によって比較した結果が**表3-6**である。まず設置されている数を見ると，PTAと自治会が最も多く，次いで同窓会と学校運営協議会が続く。平均値が最も高いのがPTAと学校運営協議会であり，いずれも3.0を超えている。なお，校種ごとに地域組織有益度の平均値を比較したところ，有意な差は確認されなかった。

以上の結果から，6つの地域組織の中で特にPTAと学校運営協議会の有益度が高かったことについて，両者とも，学校，保護者，地域住民が子どもの育

表3-6　地域組織有益度の比較分析結果（下段は校種別にみた加算平均値の比較）

学校運営協議会 (n=330)		地域学校協働本部 (n=75)		学校支援地域本部 (n=113)		PTA (n=721)		同窓会 (n=497)		地域（学区）の自治会 (n=686)	
M	SD	M	SD	M	SD	M	SD	M	SD	M	SD
3.14	0.64	2.80	0.77	2.94	0.76	3.33	0.59	2.94	0.78	2.86	0.66

小学校 (n=159)		中学校 (n=178)		特別支援学校 (n=176)		高等学校 (n=213)		合計 (n=726)		平均値の比較
M	SD	M	SD	M	SD	M	SD	M	SD	F=1.836
3.10	0.49	3.00	0.49	3.11	0.47	3.06	0.49	3.07	0.49	p=0.139 n.s.

ちや教育活動の充実のために協働・連携することを主目的とする組織という共通点があることがうかがえる。ただし，他の4組織も基本的な目的は前記2組織と変わらず，また，いずれの平均値も中央値（2.5）を超えるなど比較的高い値であることから，校長にとっては比較的有益度の高い地域組織として認識されていることがうかがえる。また，校種別の比較について，有意な差異は見られなかったものの，どの校種も平均値が3.0を超えていることから，校種にかかわらず地域組織が学校にとって有益な存在であると校長が認識している実態が示唆される。

2）リーダーシップ実践の支えになっていること《現状》

学校の外的条件の2つ目として，「リーダーシップ実践の支えになっている要因」という視座から，現任校の外部に存在する知識や情報，ネットワークの構造に焦点を当てた。まずは，実際に支えになっている《現状》について探索的因子分析（最尤法，Promax 回転）を行った。固有値1以上の基準を設け因子負荷量0.4に満たない項目を除外し再度因子分析を行ったところ，それぞれ解釈可能な4つの因子を抽出した。その結果が**表3-7**である。

第1因子は，校長会主催の研修や協議によって得た知識や情報に高い負荷量を示したことから「専門職的交流」と命名した。第2因子は，親しい研究者との交流に高い負荷量を示し，その他学術団体や自主的な勉強会等から得た知識や情報にも比較的高い負荷量を示したことから「学問的交流」と命名した。第3因子は，教育行政の公式な通知や方針からなるため「教育行政指針」と命名した。第4因子は，インターネットその他の媒体から得られる情報や知識に高い負荷量を示しているため「情報メディア」と命名した。Cronbach の α 係数を算出したところ，いずれの因子も一定の内的整合性が確認された。なお，因子間相関係数を算出したところ，因子1―因子3では中程度，その他の因子間では低い正の相関が示された。

以上の結果を踏まえて，確認的因子分析を行った結果（**図3-4**），適合度指標は GFI=.929，AGFI=.877，CFI=.895，RMSEA=.097 を示した。AGFI 及び CFI が0.9をやや下回り，RMSEA の値がやや高いが不適合を示す数値ではな

表3-7　校長のリーダーシップ実践の支えになっていること《現状》の因子分析結果

	Ⅰ	Ⅱ	Ⅲ	Ⅳ	共通性
Ⅰ　専門職的交流（α=.813）					
(4) 校長会主催の研修で得た知識・情報	.914				.794
(5) 校長会での協議等に基づく公式的な知識・情報	.836				.680
(3) 教育委員会の研修で得た知識・情報	.441				.516
Ⅱ　学問的交流（α=.717）					
(11) 親しい研究者との情報・意見交流		.905			.750
(10) 学術団体・学会主催の研究会で得た知識・情報		.579			.366
(12) 校長どうしの自主的な勉強会等で得た知識・情報		.534			.362
(13) 教育界以外の知人との情報・意見交流		.423			.325
Ⅲ　教育行政指針（α=.801）					
(2) 教育委員会の通知や方針			.895		.821
(1) 文部科学省の通知や方針			.766		.561
Ⅳ　情報メディア（α=.638）					
(15) インターネットやSNS等から得られる知識・情報				.743	.530
(14) 雑誌・図書等から得られる知識・情報				.665	.465
因子負荷平方和	2.26	1.88	2.08	1.41	
Ⅰ	―	.204	.447	.240	
Ⅱ			.105	.022	
Ⅲ			―	.277	

注：最尤法 Promax 回転，固有値1以上，因子負荷量 .400 以上を表記。

いため，データの当てはまりは許容範囲内と判断した。なお，因子間相関についても，「専門職的交流」と「教育行政指針」の相関，「学問的交流」と「情報メディア」の相関以外は，ほとんど相関がない点も確認できた。

以上の結果から，本研究において想定した学校の外的条件としての「リーダーシップ実践の支えになっている要因」の《実際》を構成する因子（要素）は，学外の専門家・大学院・団体・組織等での知的・情報的交流としての「学問的交流」，校長同士の自主・同業組織としての「専門職的交流」，国や自治体が発出する通知・方針としての「教育行政指針」，インターネットや図書等から得られる情報としての「情報メディア」という4因子から構成されていることが確認された。また，確認的因子分析によって検証した4因子間の相関関係からは，「専門職的交流」や「教育行政指針」など日常的に受容可能な知識や情報と「学問的交流」や「情報メディア」など，自主的に収集する必要がある知識や情報の存在が示唆される。

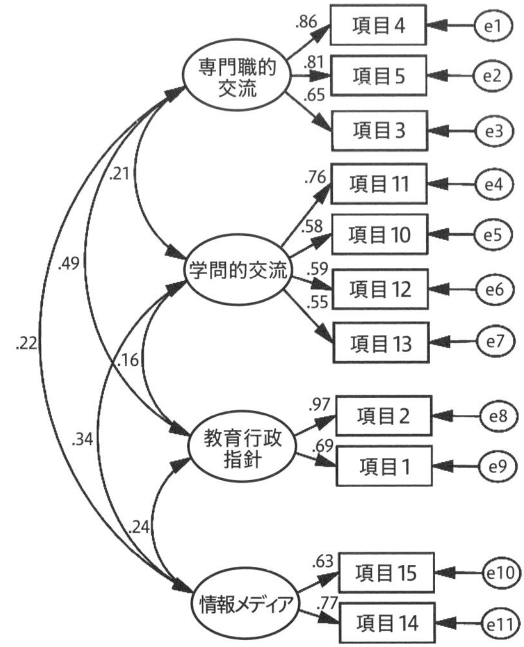

図 3-4　校長のリーダーシップ実践の支え《現状》の確認的因子分析結果

3）校長のリーダーシップ実践の支えになってほしいこと《期待》

同様に校長のリーダーシップ実践の支えになってほしいこと《期待》の因子分析結果が**表 3-8** である。抽出された因子は支えの《現状》との対応関係を踏まえて以下のように解釈した。

第1因子は高い負荷量を示した項目が多いが，親しい研究者との交流をはじめ自主的な研修等について高い負荷量を示したことから「学問的交流」と命名した。第2因子は，《現状》の支えと同様「専門職的交流」と命名したが，校長同士の非公式な交流にも比較的高い負荷量を示している。第3因子及び第4因子については，実際の支えと同様にそれぞれ「教育行政指針」「情報メディア」と命名した。Cronbach の α 係数を算出したところ，いずれの因子も一定の内的整合性が確認された。

なお，因子間相関係数を算出したところ，因子1―因子4では中程度，その

表3-8　校長のリーダーシップ実践の支えになってほしいこと《期待》の因子分析結果

	Ⅰ	Ⅱ	Ⅲ	Ⅳ	共通性
Ⅰ　学問的交流（α=.801）					
(11) 親しい研究者との情報・意見交流	.857				.628
(10) 学術団体・学会主催の研究会で得た知識・情報	.760				.582
(12) 校長同士の自主的な勉強会等で得た知識・情報	.610				.482
(7) 大学・大学院の長期研修で得た知識・情報	.532				.398
(13) 教育界以外の知人との情報・意見交流	.519				.414
(9) 先輩の元校長からの助言・支援	.428				.279
Ⅱ　専門職的交流（α=.769）					
(5) 校長会での協議等に基づく公式的な知識・情報		.889			.808
(4) 校長会主催の研修で得た知識・情報		.811			.721
(8) 親しい校長同士の間での非公式な情報・意見交流		.468			.353
Ⅲ　教育行政指針（α=.778）					
(1) 文部科学省の通知や方針			.904		.790
(2) 教育委員会の通知や方針			.746		.683
(6) 文部科学省や教職員支援機構（旧教員研修センター）の研修で得た知識			.412		.382
Ⅳ　情報メディア（α=.594）					
(15) インターネットやSNS等から得られる知識・情報				.778	.363
(14) 雑誌・図書等から得られる知識・情報				.592	.612
因子負荷平方和	3.72	2.93	2.71	2.60	
Ⅰ	—	.395	.360	.588	
Ⅱ		—	.398	.358	
Ⅲ			—	.395	

注：最尤法Promax回転，固有値1以上，因子負荷量.400以上を表記。

他の因子間では低い程度での正の相関が示された。

以上の結果を踏まえて，確認的因子分析を行った結果（**図3-5**），適合度指標はGFI=.918，AGFI=.874，CFI=.908，RMSEA=.088を示した。AGFIが0.9を下回り，RMSEAの値がやや高いが不適合を示す数値ではないため，データの当てはまりは許容範囲内といえる。なお，因子間相関については，《現状》と比較するとすべての変数間で中程度の相関が見られるが，「専門職的交流」と「教育行政指針」の相関，「学問的交流」と「情報メディア」の相関の高さについては，《現状》と《期待》で同様の関係になっている。

以上の結果から，本研究において想定した学校の外的条件としての「リーダーシップ実践の支え」の《期待》を構成する因子（要素）は，先の《現状》とほぼ同様の結果として，学外の専門家・大学院・団体・組織等での知的・情報的交流としての「学問的交流」，校長同士の自主・同業組織としての「専門職的

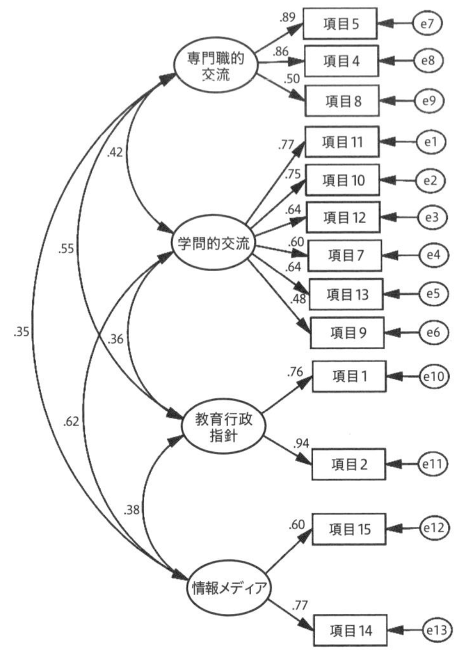

図 3-5　校長のリーダーシップ実践の支えになってほしいこと《期待》の確認的因子分析結果

交流」，国や自治体が発出する通知・方針としての「教育行政指針」，インターネットや図書等から得られる情報としての「情報メディア」という4因子から構成されていることが確認された。また，4因子間において比較的相関が見られたことについては，外部の知識や情報を得たり，多様なネットワークへの参加に積極的に参加しようとする校長は，いくつかに限定するというよりは，可能性あるものに幅広くアクセスあるいは入手したいという期待を有している実態が示唆される。

3. 校長のリーダーシップ実践と関連要因の分析

ここまでの結果を踏まえて，校長のリーダーシップ実践と関連要因間の関係について分析を行うため，まずリーダーシップ実践《実際》と学校の内的条件

表 3-9　校長のリーダーシップ実践《実際》と関連要因の相関

実際＼要因	成長・挑戦	相互支援	校長との良好関係	地域組織有益度	校長会	学問的交流	教育行政指針	情報メディア
共有ビジョン（基準1）	.386＊＊＊	.352＊＊	.220＊＊＊	.283＊＊				
質的向上と体制構築（基準2/3）	.556＊＊＊	.390＊＊＊	.299＊＊＊				.209＊＊＊	
環境整備・資源活用（基準4）	.237＊＊＊	.261＊＊＊						
地域との協働・連携（基準5）	.333＊＊＊	.350＊＊＊		.266＊＊＊		.206＊＊＊		
倫理規範（基準6）	.338＊＊＊	.340＊＊＊	.251＊＊＊			.222＊＊＊		
状況理解（基準7）	.252＊＊＊	.211＊＊				.228＊＊＊		.240＊＊＊

注：変数名は略記。相関が見られる（$r \geqq .200$）ケースのみ示している。＊＊＊$p<.001$，＊＊$p<.01$

である組織風土・組織文化，学校の外的条件である地域組織有益度及びリーダーシップ実践の支えになっていること《現状》の相関分析を行った。その結果が**表 3-9** である。校長のリーダーシップ実践《実際》を基準番号で示し，相関係数 .200 以上のみを表記しているが，学校の内的条件と校長のリーダーシップ実践との全体的な相関が確認できる。一方，学校の外部条件との相関は限定的であった。すなわち，地域組織有益度は，基準1及び基準5と弱い相関を示している。リーダーシップ実践の支えについては，「学問的交流」が基準5～7，「教育行政指針」が基準2，「情報メディア」が基準7と弱い相関を示した。

相関関係を個別に検討してみると，「基準2/3」(教育の質的向上に向けた協力体制構築）と比較的高い相関を示したのが学校の組織風土・組織文化であり，「成長・挑戦」(.556）と「相互支援」(.390）の値が特に高い。この結果は，学校組織内部で展開されるリーダーシップ実践と学校内部条件との関わりを表しており，尺度の妥当性を示すものでもある。校長のリーダーシップ実践が，教育活動とそのための協力体制づくりを中心にして同心円的に広がっていると捉えれば，学校内部で展開されるリーダーシップ実践と組織風土・組織文化との明確な相関関係や基準5（地域との協働・連携）と地域組織有益度との関係は妥当な結果といえよう。地域社会との協働・連携（基準5）や倫理規範の遵守（基準6）や社会的状況の理解（基準7）といった学校外部にも広がりをみせるリーダーシップ実践が，学術団体や自主的な勉強会等から得た知識や情報からなる「学問的交流」と弱いながらも相関関係にあることも，同様に解釈できる。

学校外部条件として想定した支えとリーダーシップ実践の関係が限定的であった点については，同様の傾向が前章でも確認されている。本章の分析でも，支えが直接的にリーダーシップ実践を規定しているわけではないことが示された。この結果については，2点の解釈ができる。一つは，校長が自覚していたり，意識しているものとは異なる条件が支えになっていること，今ひとつは校長のリーダーシップ実践と支えが，校長のキャリアや学校の課題状況など他の要因によって媒介されていることである。初任期校長を対象とした浜田他（2021）では，同僚教員や他校の校長などとの多様なつながりと情報が，校長としての責任を伴う判断を確かに支えていることを個別事例的に描き出している。このことから，調査対象者ごとの個別性を一定程度反映させた分析によって，支えとリーダーシップの関係を検討する必要があろう。

最後に，リーダーシップ実践《意思》と支え《期待》の相関分析を行った結果が**表 3-10** である。すべての変数で有意な相関が見られ，実行したいリーダーシップ実践と期待する支えが広く関連している結果が示された。ただし，いずれの変数間においても際立って高い相関係数が示されたわけではなく，特徴的な対応関係が見られるわけではなかった。

ここで示した分析結果は，実践の《意思》が支えに対する《期待》を高める

表 3-10　校長のリーダーシップ実践《意思》と支え《期待》の相関

意思＼支え	専門職的交流	学問的交流	教育行政指針	情報メディア
共有ビジョン（基準1）	.205 ***	.281 ***	.225 ***	.253 ***
教育の質的向上（基準2）	.223 ***	.278 ***	.233 ***	.206 ***
環境整備・資源活用（基準4）	.240 ***	.317 ***	.254 ***	.277 ***
協力体制構築（基準5/3）	.260 ***	.356 ***	.286 ***	.267 ***
倫理規範・状況理解（基準6/7）	.265 ***	.351 ***	.313 ***	.267 ***

注：変数名は略記。*** p<.001

一方，支えに対する《期待》が実践に対する《意思》を高める相互関係として解釈される。つまり，校長が実現しようとするリーダーシップ実践《意思》が，支えに対するニーズや要求となって《期待》を高めていると考えられる。逆に，支えに対する《期待》が，リーダーシップ実践に対する《意思》を喚起しているとも考えられる。

これらの相互関係における実践と支えの影響関係や方向性については，改めて検討する必要がある。同時に，変数間の関係とりわけ実践の《意思》と支えに対する《期待》の対応関係が学校の状況によって異なる可能性を視野に入れておく必要があろう。

第3節　小括

本章では，校長の認識と行動からリーダーシップ実践に対する主体的な意思と実際の行動を構造的に捉え，さらに，それらの関連要因を詳細に分析した。得られた知見は以下の通りである。

第一に，校長が実行したいと考えるリーダーシップ実践《意思》については5つのクラスターが解釈できた。一方，実行できている《実際》の行動については6つの因子を抽出した。また，クラスターの関係性や因子構造を検討した結果，両者ともに本研究が想定した校長の専門職基準における7つの基準及び基準間の仮説的関係と同様の構造を有していることが明らかになった。

第二に，リーダーシップ実践を支える学校の内的条件として学校の組織風土・組織文化について分析を行った。その結果，比較的高い正の相関関係にある「成長・挑戦」，「相互支援」，「校長との良好関係」の3つの因子を抽出し，構造の妥当性を確認した。

第三に，リーダーシップ実践を支える学校の外的条件として，地域組織の有益度に関する校長の認識を分析した結果，PTA と学校運営協議会の有益度が特に高かった。ただし，校種の別にかかわらず地域組織が学校にとって有益な存在であると校長が認識していることが示唆された。

第四に，同じく学校の外的条件として，リーダーシップ実践の支えになっていること《現状》と支えになってほしいこと《期待》の構造を分析した。その結果，両者とも「学問的交流」「専門職的交流」「教育行政指針」「情報メディア」を抽出し，モデルの適合度によって4因子構造の妥当性を確認した。なお《期待》については4因子間の相関関係が確認できた。だが，《現状》に関する分析では知識や情報へのアクセスに関する違いがあることが示唆された。それは「専門職的交流」「教育行政指針」のように日常的に得られる知識や情報と，「学問的交流」「情報メディア」のように自らアクセスする必要がある情報という違いである。

第五に，校長のリーダーシップ実践（《実際》／《意思》）とその他の関連要因との関係を分析した結果，学校の内的条件と校長のリーダーシップ実践の現状については全体的な相関が確認できたものの，学校の外部条件とリーダーシップ実践の相関は限定的であった。一方で，リーダーシップ実践の《意思》と実践の支えになってほしいこと《期待》については，弱いながらもすべての変数間で相関が確認できた。

なお，本章において構造的に捉えたすべてのリーダーシップ実践を校長が高い水準で実行している姿は想定しにくい。「校長の専門職基準」も能力基準ではなく行動基準として示されており，校長自身が7つの要素すべてを持ち合わせていることを想定しているわけではない（日本教育経営学会実践推進委員会 2015）。校長のリーダーシップ実践を校長の主体的・自律的な行為として捉えるならば，校長自身の判断や意識的な選択に基づいたリーダーシップ実践とその支えを検討する必要がある。特に，リーダーシップ実践とその支えの関係が限定的であった本章の結果を踏まえると，校長からみた学校の状況認識や課題認識を，実践と支えの関係を結び付ける要因として分析する余地があろう。

[注]

1）日本教育経営学会では，2004年に設置された「学校管理職教育プログラム開発特別委員会」の議論を引継ぎ，2006年に設置された実践推進委員会が「校長の専門職基準〔2009年版〕―求められる校長像とその力量」を公表した。その後，

2009年に設置された第Ⅱ期実践推進委員会が2012年に「校長の専門職基準（一部修正版）」，英訳版，解説書を公表した。詳しい経緯については，牛渡・元兼編（2016）と日本教育経営学会実践推進委員会編（2015）ならびに下記URLを参照されたい。
日本教育経営学会「校長の専門職基準〔2009年版〕」http://jasea.jp/proposal/proposal2009/（最終閲覧日：2024-01-31）

2）特に文部科学省の「子どもの豊かな学びを創造し，地域の絆をつなぐ〜地域とともにある学校づくりの推進方策〜」（2011年7月5日学校運営の改善の在り方等に関する調査研究協力者会議報告）では，学校と地域社会の関係を構築するための「校長の強いリーダーシップ」が強調されている。

3）すべての変数は，1〜3の回答が0に変換され，4の回答が1に変換された。

4）第2章においても，これらの変数に対する探索的因子分析が行われている。だが本章は分析の対象が異なるため再度分析を行った結果から，同様に因子を解釈し，さらに構造の検証のため確認的因子分析を行っている。

［引用・参考文献］

・牛渡淳，元兼正浩編（2016）『専門職としての校長の力量形成』花書院。
・小塩真司（2018）『SPSSとAmosによる心理・調査データ解析 第3版』東京図書。
・大野裕己（2001）「日本における校長のリーダーシップ研究に関するレビュー」『日本教育経営学会紀要』第43号，230-239頁。
・大林正史（2011）「学校運営協議会の導入による学校教育の改善過程―地域運営学校の小学校を事例として」『日本教育行政学会年報』日本教育行政学会，第37巻，66-82頁。
・岡東寿隆，福本昌之編『学校の組織文化とリーダーシップ』多賀出版。
・豊田秀樹（2007）『共分散構造分析［Amos編］』東京図書。
・日本教育経営学会実践推進委員会編（2015）『次世代スクールリーダーのための「校長の専門職基準」』花書院。
・浜田博文，諏訪英広，髙谷哲也，朝倉雅史，髙野貴大，加藤崇英，織田泰幸，安藤知子，佐古秀一，北神正行，川上泰彦（2021）「校長のリーダーシップ発揮を促進する制度的・組織的条件の解明と日本の改革デザイン(3)―初任期小学校校長インタビュー調査の分析―」『筑波大学教育学系論集』第45巻第2号，1-20頁。

第4章 校長の課題認識別に見た校長のリーダーシップ実践の支援要因

第1節　本章の目的と分析の視点

本章の目的は，第2章および第3章の分析結果を踏まえて，校長自身による学校の課題認識の差異に着目しながら，リーダーシップ発揮の様態とそれを支える要因を明らかにすることである。

第2章における分析の結果，校長はリーダーシップ発揮への規範意識を強固に形成しているものの，自身としては思うように発揮できていると考えてはいなかった。この傾向は，校長個人の率先的行動に基づくリーダーシップ実践に比べて，教職員の主体的な行動を通じて成し遂げられる実践について特に強く見られた。反面，教頭やミドルリーダー教員は，校長のリーダーシップをより肯定的に評価していた。これらの実態から，学校内部組織の縦構造と上意下達的な一体感が強化されていることが示唆される。それは，子どもの実態を踏まえて特色ある教育実践を創造するために必要な学校内部の自律的な性質や作用とは相容れない状況である。さらに，日本教育経営学会が「校長の専門職基準」を作成する際に想定した「教育活動の組織化をリードする」(日本教育経営学会 2009) 校長のリーダーシップ発揮が，むしろ阻害されていることを示唆する。

他方で，校長のリーダーシップ発揮は，個人の学校経営経験 (経験年数や学校数) や客観的な学校特性によって規定されているわけではないことが明らかになった。具体的には，リーダーシップ発揮の様態 (実行したいという意思／発揮できているという実際) と校長の個人特性および現任校の学校特性が直接関連しているわけではなかった。さらに第3章の分析によって，発揮できているリーダーシップ《実際》とその支えになっていること《現状》(以下，支え《現状》)との関連が限定的である一方，発揮したいリーダーシップ《意思》と支えになってほしいこと《期待》(以下，支え《期待》)には，一定程度の関連があることが明らかになった。これらを踏まえて我々は，現任校の状況（児童生徒の学習・学力状況や教職員組織の在り方，学校に対する地域住民の協力意識など）や課題に対する校長自身の把握の有り様が，リーダーシップの発揮状況に関係しているのではないかと推論した。もしそうだとすれば，現任校の課題に対する校長の認識の違いに着目してリーダーシップ発揮の実態を分析することにより，その支援条件の考察が可能になるだろう。

以上により本章では，現任校の課題に対する校長の認識に着目して，校長のリーダーシップ発揮の実態とそれを支え促す条件との関係を考察する。具体的には，校長が有する個別学校の課題状況認識の違いを踏まえたうえで，校長自身が求める支え（支援要因）に着目し「校長自身のリーダーシップ認識」と「支えの関係性」を実証することを課題とする。

なお本章では，前章と同様に「校長のリーダーシップ実践」の項目への回答に不備がないサンプル729件を分析対象とした。そのうえで，校長の課題認識の差異に着目してリーダーシップ実践とその支援要因を明らかにするため，前章で階層構造と因子構造の妥当性を検証した3つの変数に，第2章で取り上げた「現任校の課題状況」に対する校長の認識に関わる変数を加えて分析を行う。すなわち1）校長のリーダーシップ実践，それらを支える2）学校の内的条件（組織風土・組織文化）と3）学校の外的条件（地域組織有益度，専門職的交流，学問的交流，教育行政指針，情報メディア），そして4）個別学校における「校長の課題認識」とその関連要因を分析していく。

現任校に対する校長自身の課題認識については，「児童生徒」「保護者」「地域」「現任校の組織体制」の4つに対して，現任校の校長として認識している課題の多寡を尋ねた[1)]。その際，認識する課題が量的に多いほどそれらに対応するためのリーダーシップ実践が促されるだろうと想定した。また，現任校の課題認識に関連する基本的な要因として，学校規模[2)]と個人特性（性別，学歴，指導主事経験，教職経験年数，校長経験年数，校長経験学校数，現任校在勤年数）についての回答を分析した。

本章では，まず基礎的分析として課題認識の差異によるリーダーシップ実践の違いと課題認識を左右する関連要因を検討した。具体的には課題認識15項目の加算平均値（M=43.2, SD=6.38）を基準に，認識している課題数が多い「課題認識：多群」と認識している課題数が少ない「課題認識：少群」に分け，リーダーシップ実践の《意思》と《実際》との相関を確認した。その後，現任校に対する校長の課題認識を従属変数，関連要因を独立変数として平均値の差を分析した。

そのうえで，課題認識の差異によってリーダーシップ発揮を促す支援条件が異なるかを検討するために，2つの詳細分析を行った。

第一に，リーダーシップ実践《実際》を従属変数，学校の内的条件および外的条件（支え《現状》）を独立変数とする重回帰分析を行った[3)]。その際，4つの課題認識別に平均値を基準として「課題認識：多群」と「課題認識：少群」に分け，後者を抽出して分析した。なぜなら次節で詳述する通り，課題認識：少群ではリーダーシップ実践の《意思》と《実際》が相関していることから，校長が意図するリーダーシップ実践の支援要因を検討するためである。

第二に，4つの課題ごとに課題認識：多群および少群に分け，リーダーシップ実践《意思》を従属変数，支え《期待》を独立変数とする重回帰分析を行い，校長が実践したいと考えるリーダーシップと期待する支援条件の関係が，課題認識によっていかに異なるかを分析した。なお統計的有意水準（危険率）は.05（5%）とした。

第2節　分析結果

1. 課題認識別にみたリーダーシップ実践における《意思》と《実際》の関係

まず，課題認識の平均値を基準に課題認識：多群と少群に分け，リーダーシ

表4-1　課題認識別リーダーシップ実践の《意思》と《実際》の相関

実際＼意思	課題認識：多群					課題認識：少群				
	共有ビジョン	教育の質的向上	協力体制構築	環境整備資源活用	倫理規範状況理解	共有ビジョン	教育の質的向上	協力体制構築	環境整備資源活用	倫理規範状況理解
共有ビジョン						.311	.236	.331	.291	.270
質的向上と体制構築							.219	.269	.203	.260
環境整備資源活用										
地域との連携・協働	.214		.325		.252			.394	.247	.286
倫理規範		.238	.300	.241	.324	.311	.249	.363	.347	.416
状況理解						.244	.210	.268	.272	.346

注：5%水準で相関が見られる（$r \geqq .200$）係数のみ表記している。なお変数名は略記している。

ップ実践の《意思》と《実際》との相関分析を行った（**表4-1**）。課題認識：多群では，リーダーシップ実践《実際》の「地域との協働・連携」と「倫理規範の遵守」のみリーダーシップ実践《意思》との正の相関が見られる。その他の相関関係は確認できず，課題認識：多群では，実行したいリーダーシップ実践が実行できない傾向が示唆される。一方，課題認識：少群では，リーダーシップ実践《実際》の「環境整備と資源活用」を除き，対応関係にある因子を中心に相関関係が確認できる。ゆえに，課題認識：少群で比較的，実行したいリーダーシップが実現できる傾向にある。

2. 校長の課題認識と関連要因

次に，組織特性としての学校規模と課題認識の分散分析の結果，大規模校の校長ほど地域，保護者，組織体制の課題を多く認識し，小規模校の校長ほど児童生徒の課題を多く認識していた[4]。個人特性による課題認識の差異を検討するため分散分析を行った結果，3つの属性において有意な差が見られた。第一に，経験学校数が多い校長の方が（3校目以上：M=2.70，2校目：M=2.83，1校目：M=2.87），児童生徒について認識している課題が多かった（F（2,714）=4.256，p =.015）。第二に指導主事経験のある校長（M=2.99）の方が，未経験の校長（M=3.08）に比べ，地域に関する課題を多く認識していた（t（708）=2.211，

p=.027)。第三に，大学院を修了した校長（M=2.65）の方が短大・大学卒の校長（M=2.53）に比べ，組織体制について課題が少ないと認識していた（t(715)=2.101，p=.036)。

以上の結果から，学校規模の大きさと課題認識の関連は，課題として認識する対象によって異なり，指導主事経験，校長としての在職校数の多さは，認識する課題の多さと関連していた。一方，大学院修了経験のみが課題認識の少なさと関連していた。行政・経営の実践経験の量的多さは現任校についての課題認識の多さと関連しているものの，大学院修了経験はむしろ課題認識の多さと関連しないという結果をいかに解釈すべきかという疑問を抱きながら分析を続けた。

3. 校長のリーダーシップ実践《実際》を規定する要因の検討

次に，特に校長が意図するリーダーシップ実践《実際》の支援要因を検討するため，比較的実践したいリーダーシップが実現できる傾向にある課題認識：少群の校長を抽出し，4つの課題ごとにリーダーシップ実践《実際》を従属変数，学校の内部条件および外部条件（リーダーシップ実践の支えは《現状》）を独立変数とする重回帰分析を行った（**表4-2**)。分析の結果，すべての重回帰式について有意な結果が得られた。独立変数の相対的な影響力を表す標準化偏回帰係数（β）をみると，学校の内的条件にあたる組織風土・組織文化がリーダーシップ実践を規定しており，とりわけ「成長・挑戦」と「相互支援」が課題認識の内容にかかわらず高い係数を示している。特に「成長・挑戦」が「学校教育の質的向上に向けた協力体制構築」を規定する係数が高く，教職員の積極的な組織風土・組織文化が，職能開発を通じた教育活動の質的向上を目指すリーダーシップ実践と関連していることが分かる。一方，外的条件にあたるリーダーシップ実践の支え《現状》については，「学問的交流」が「地域との協働・連携」「倫理規範の遵守」「社会的状況の理解」を規定している。さらに児童生徒，保護者，組織体制の課題認識：少群においては「情報メディア」が「学校の共有ビジョンづくり」や「社会的状況の理解」に対して有意な影響力を持っている。

表 4-2　課題認識別のリーダーシップ実践《実際》と支え《現状》の重回帰分析結果（課題認識：少群）

地域課題						支援要因	保護者課題					
共有ビジョン	体制構築	環境整備	地域連携	倫理規範	状況理解		共有ビジョン	体制構築	環境整備	地域連携	倫理規範	状況理解
						専門職的交流					.111	
			.198	.219	.227	学問的交流	.093			.121		.107
						教育行政指針						.111
						情報メディア			.103			.141
.299	.588	.256	.250	.252	.250	成長・挑戦	.234	.489		.185	.198	.149
			.269	.209		相互支援	.159		.196	.244	.239	.126
						校長との良好関係						
.184 (.159)	.447 (.429)	.165 (.139)	.266 (.243)	.313 (.292)	.230 (.205)	R^2 (Adj.R^2)	.184 (.170)	.333 (.322)	.106 (.091)	.185 (.185)	.235 (.222)	.144 (.129)

組織体制課題						支援要因	児童生徒課題					
共有ビジョン	体制構築	環境整備	地域連携	倫理規範	状況理解		共有ビジョン	体制構築	環境整備	地域連携	倫理規範	状況理解
				.130		専門職的交流						
			.129	.100	.154	学問的交流				.144	.125	.126
	.110	.132				教育行政指針						
.113	.104			.160	.160	情報メディア	.106		.118			.141
.206	.373					成長・挑戦	.193	.462	.130		.182	.165
.208	.142	.148	.299	.258	.127	相互支援	.220	.120	.186	.250	.239	.135
						校長との良好関係						
.175 (.159)	.323 (.310)	.125 (.108)	.192 (.177)	.229 (.214)	.145 (.129)	R^2 (Adj.R^2)	.204 (.187)	.368 (.355)	.145 (.127)	.180 (.162)	.224 (.207)	.183 (.165)

注：5％水準で有意な標準化偏回帰係数（β）を表記。

対して「専門職的交流」や「教育行政指針」がリーダーシップ実践《実際》に与える影響は限定的であった。

4. 課題認識別にみたリーダーシップ実践《意思》と期待する支援要因の違い

最後に，課題認識：多群と少群に分けて，リーダーシップ実践《意思》を従属変数，リーダーシップ実践の支え《期待》を独立変数とする重回帰分析を行った結果（**表 4-3**），すべての重回帰式について有意な結果が得られた。標準化偏回帰係数（β）の傾向をみると，課題認識：多群では「専門職的交流」と「教育行政指針」が有意な係数を示した一方，課題認識：少群（下段）では「学問的交流」が有意かつ比較的高い係数を示す対照的な結果が得られた。なお「教育行政指針」が課題認識：少群において有意な係数を示したのは，「倫理規範

表 4-3　課題認識別のリーダーシップ実践《意思》と支え《期待》の重回帰分析結果（上段課題認識：多群／下段課題認識：少群）

地域課題					支援要因	保護者課題				
共有ビジョン	教育活動の質向上	協力体制構築	環境整備資源活用	倫理規範状況理解		共有ビジョン	教育活動の質向上	協力体制構築	環境整備資源活用	倫理規範状況理解
	.144		.180	.161	専門職的交流		.173	.143	.178	.167
					学問的交流					
.125		.134		.152	教育行政指針	.154				.204
.155			.167	.137	情報メディア				.155	
.115 (.105)	.112 (.103)	.148 (.138)	.141 (.131)	.171 (.162)	R^2 (Adj.R^2)	.107 (.090)	.119 (.102)	.154 (.137)	.145 (.128)	.190 (.174)
					専門職的交流					
	.187	.310	.266	.338	学問的交流	.143	.153	.227	.190	.206
				.152	教育行政指針					.137
					情報メディア	.128			.147	
.099 (.080)	.078 (.059)	.159 (.141)	.154 (.136)	.192 (.175)	R^2 (Adj.R^2)	.100 (.089)	.089 (.078)	.154 (.145)	.144 (.134)	.160 (.150)

組織体制課題					支援要因	児童生徒課題				
共有ビジョン	教育活動の質向上	協力体制構築	環境整備資源活用	倫理規範状況理解		共有ビジョン	教育活動の質向上	協力体制構築	環境整備資理活用	倫理規範状況理解
.114	.205	.177		.233	専門職的交流		.187	.139	.253	.190
					学問的交流					
.146		.133	.143	.201	教育行政指針	.168	.142	.155		.190
			.121		情報メディア					
.117 (.102)	.155 (.141)	.181 (.167)	.152 (.138)	.235 (.222)	R^2 (Adj.R^2)	.086 (.072)	.133 (.120)	.153 (.141)	.184 (.172)	.213 (.201)
					専門職的交流					
.205	.204	.247	.222	.224	学問的交流	.156	.162	.258	.148	.181
				.123	教育行政指針					.142
.121			.168		情報メディア	.216		.123	.234	.128
.117 (.106)	.085 (.073)	.150 (.139)	.158 (.148)	.146 (.135)	R^2 (Adj.R^2)	.148 (.136)	.083 (.069)	.161 (.149)	.136 (.123)	.144 (.131)

注：5％水準で有意な標準化偏回帰係数（β）を表記。

の遵守と状況理解」のみであった。また「情報メディア」は，課題認識の対象により異なる傾向がみられる。さらに，校長のリーダーシップ実践《意思》に着目すると，その支援条件に顕著な違いがみられる。例えば「学校の共有ビジョンづくり」を支える条件として，組織体制についての課題認識：多群の校長は「専門職的交流」と「教育行政指針」に期待しているのに対して，課題認識：少群の校長は「学問的交流」と「情報メディア」に期待している。「学校の共有ビジョンづくり」については，他の課題内容でも同様の傾向がある。以上から，校長の課題認識の違いによって，実現したいリーダーシップ実践を支援し得る条件は異なると考えられる。

第 3 節　小括

1．校長の認識における問題把握と課題形成の次元

課題認識：多群と少群に分けて，リーダーシップ実践の《意思》と《実際》の相関を分析した結果，認識する課題数が少ない校長において比較的明確な相関関係がみられ，実践したいリーダーシップを実現できている傾向にあった。当初の想定では，現任校について課題を多く認識することでリーダーシップ発揮に正の作用を及ぼすと考えたのだが，本稿の分析結果は逆の傾向を示した。

その後，校長の課題認識との関連要因を分析したところ，実践したいリーダーシップを実践できている課題認識：少群と関連するのは大学院修了経験のみであった。この結果を解釈するには，「課題認識」を異なる 2 つの次元から成るものと捉える必要があると考える。すなわち，学校が直面する多様な困難状況を把握する「問題把握」と，種々の問題を整理して学校経営上の課題として認識する「課題形成」ともいうべき次元である。校長の認知に着目した研究によれば，初任期の校長は多くの問題に気を取られるが，熟達した校長は直面する様々な問題に枠組みを与え，状況を的確に解釈する（Leithwood and Steinbach 1995）。佐古（2010）の学校組織開発過程でも，初期の実態認識に基づく「問題」（不足部分の気づき）が教育期待に基づく「課題」（到達目標）として形成されていく過程が含意されている。つまり，認識する課題数が少ない校長が実践したいリーダーシップを実現できていると考えているのは，校長が自身の意味付与（sense making）や枠づけ（framing）を通じて，種々の問題状況を学校経営上の課題として整理した結果（Coburn 2006）だと考えられる。

指導主事経験や校長としての経験の多さが校長の力量向上に重要であることは，これまでにも指摘されてきた（元兼 2003，小島 2004）。しかし，行政・経営の実践経験はどのような能力の獲得につながり，学校にどのような影響を及ぼすかは明らかにされていない（川上 2013，川上・細畠 2016）。本稿の結果からは，それらの経験と大学院修了経験に質的な違いがある可能性が見いだされた。その違いをどう考えればよいだろうか。

大学院修了経験と課題認識：少群の関連は，大学院における学びの特徴と関係することが推察される[5)]。大学院での経験は，独自のデータ収集，既存情報の相対化，論理的思考といった研究活動を基盤とする。ここには前掲の2つの次元が含まれると考えられる。それに対して行政・経営の実践経験は，現任校の問題事象に気づいたり，地域という視野まで広げてそれらを把握したりすることを促すものの，種々の問題を学校経営上の「課題」として整理する認識枠組みの獲得には必ずしも結びつかない可能性がある。学校に関わる問題状況が複雑性・多様性を増すなかで校長がリーダーシップを発揮するには，問題状況を的確に整理して学校経営上の課題を形成することが不可欠である。以前から有効と考えられてきた行政・経営の実践経験だけでは十分とは言えず，実践の現場を離れて越境する機会が重要な意味をもつのではないだろうか。ただし本稿の結果からは，課題認識形成の過程と要因までを明らかにすることはできない。

2. 校長のリーダーシップ発揮の実態と支援条件

続いて，意図するリーダーシップが実現できる傾向にある課題認識：少群の校長を抽出してリーダーシップ実践《実際》の支援条件を分析した結果，学校外部の支え《現状》よりも，「成長・挑戦」や「相互支援」を促す組織風土・組織文化と地域関係組織がリーダーシップ実践を規定する傾向がみられた。露口・佐古（2004）によれば，校長のリーダーシップは教師のエンパワーメントを高めている状況で強く発揮される。また，校長の属性要因や学校組織の外部要因が校長のリーダーシップを規定するわけではないことを実証した複数の知見をもとに，学校の内部要因に着目する意義が指摘されてきた（露口 2008）。本稿でも，学校内部要因の重要性が改めて実証されたことになる。

しかし学校外部の支え《現状》が機能していなかったわけではない。特に「学問的交流」と「情報メディア」は，「地域との協働・連携」「倫理規範の遵守」「社会的状況の理解」に対して，学校の内的条件と同等の影響を示していた。本稿が依拠した校長の専門職基準は，校長を「教育活動を組織化するリーダー」（日本教育経営学会 2009）と捉え，学校内外の組織化をリードする校長像を基盤に開発された。特に「地域との協働・連携」「倫理規範の遵守」「社会的状況の理解」は，分権・規制改革の中で生じた多様なアクターとの関係構築と協働を象徴する実践である。このことを敷衍すれば，学校経営の分権化・自律化における校長のリーダーシップ発揮の支援条件として，学校外部の「学問的交流」や「情報メディア」の重要性に注目する必要がある。

一方で「専門職的交流」と「教育行政指針」の影響は限定的であった。前者の中核である校長会は，日常的な情報交換や施策対応等の合意形成の場として機能しており（川上 2005），管理職育成や力量形成も期待されている（日高 2016）。教育行政指針も学校経営に関する意思決定の拠り所とされており，本書第３章の結果から両者は強く相関している。校長にとって，これらは所与性が高い。対して「学問的交流」と「情報メディア」は，校長自らアクセスして知識や情報を収集する必要がある点で性質が異なると考えられる。

3. 支援条件への期待からみた２つのネットワークと交流回路

さらに，課題認識別に校長が実践したいリーダーシップ実践《意思》と支え《期待》との関係を分析した結果，認識する課題が多い校長は「専門職的交流」と「教育行政指針」に期待しているのに対して，認識する課題が少ない校長は「学問的交流」と「情報メディア」に期待していた。前章では，「専門職的交流」と「教育行政指針」，「学問的交流」と「情報メディア」は各々が強く相関していることが明らかになっている。それを踏まえると，この４つの支援条件は性質の異なる２つのネットワークに大別して捉え直すことができる。「専門職的交流」と「教育行政指針」は日常的な情報交換や上意下達の通達等を通じて，すべての校長が必要と考える知識や情報を交流するもので，同質性と所与性が高いネットワークである。対して「学問的交流」と「情報メディア」は，教育・行政の現場や実務経験から距離を置き，それらを相対化し得る知識や情報を主体的に交流するもので，異質性が高く所与性が低いネットワークである。

1990 年代の研究では，校長自身の主体性や自律性の脆弱さが行政に対する学校の自律性を阻むと問題視された（小島他 1991）。その後，大学院におけるスクールリーダー教育の構築を志向する研究では，学問的・専門的知識に対する校長のニーズは低いことが明らかにされた（小島 2004，p.182）。校長が認識する自らの力量形成の機会も「学校の実務経験」「先輩からの指導や影響」「教育行政経験」「行政研修」に限られていた（小島 2004，p.187）。本稿の分析結果からも，多くの校長の認識はこれらと共通性が高い。制度的な分権化・自律化が進行したにもかかわらず，多くの校長のニーズは同質的で所与性の高いネットワークへの期待という形で従来の枠組みを脱していないのである。制度的な分権化・自律化の下で，日常的に直面する種々の問題への対応にあたって，身近なネットワークに安心感を求めているのかもしれない。

ただし，本章の分析結果で注目すべきは，「問題把握」に留まらず「課題形成」をしてリーダーシップを発揮しようとする校長は異質的で所与性の低いネットワークに高い期待を抱いていることである。「学問的交流」は研究の視点や枠組みに基づいて問題を捉え直すことを促し，「情報メディア」は自身の経験範囲に留まらない知識・情報の入手可能性を高める。いずれも，現場で日常的に接する知識・情報とは異質な知識・情報との交流を導く。折しも分権化・自律化の展開と並行して，学界では研究者と実践者の関係が鋭く問われ，両者の相互交流と知の非階層性に基づく関係構築が目指されてきた（佐古 1997）。大学院経験と関連していた，問題の把握から学校経営の課題を形成する校長の「学問的交流」への期待は，旧態にとらわれた同質的なネットワークに対置される異質性の高いネットワークの中でこそ，研究知と実践知の相互交流が生じ得ることを示唆する。なかでも教職大学院におけるスクールリーダー養成では，研究知と実践知の還流による「課題」の析出が重視され，その意義が確認されてきた（髙谷・山本 2021）。組織的側面での学校経営の自律化を志向するなら，教職大学院を含む大学院は，異質的で所与性の低いネットワークの構築まで視野に入れることが必要だといえよう。

以上より，校長のリーダーシップ発揮とその支援条件の要点は，異質的で非所与的なネットワークの構築にあり，自身の経験範囲を越境し得る「開かれた交流回路」へのアクセス可能性の拡大に焦点化される。

4. リーダーシップ実践を支える制度的・組織的条件

本章の分析に基づくと，校長のリーダーシップ発揮は従来以上に限定的・抑制的な実態にあるといえる。また，多くの校長は教育行政指針とそれに強く結びついた同業者間ネットワークへの期待を抱き，横並びの「校長のリーダーシップ」が規範化しているとも受けとめられる。

子ども・保護者・住民など，学校経営のステークホルダーの多様性は増大し，学校が直面する課題は複雑さを増している。その中で校長がリーダーシップを発揮するには，「問題把握」と「課題形成」という異なる次元の行為が必要である。前者は学校や行政の現場経験によって保障し得るとしても，後者の保障はそれだけでは難しい。そこで重要になるのが，異質的で所与性の低いネットワークで獲得できる知識・情報だと考えられる。現状では，第2章で明らかにした通り，多くの校長が同質的で所与性の高いネットワークに期待を寄せているが，意図するリーダーシップが実践できている校長は，異質的で所与性の低いネットワークを求めている。校長のリーダーシップは，「教育行政指針」を安心材料にするよりも，現代社会の普遍的価値（社会正義，平等，公正，幸福など）に依拠しつつ各学校固有の課題に対応することが不可欠である。「学問的交流」や学校外部の社会に開かれた「情報メディア」は，今後の校長職を支える条件として重要性を増すと考えられる。

しかし，大学院修学や異質性の高いネットワークへのアクセスは，多くの校長候補者・現職校長に開かれていないのが現状である。本章で考察した知識や情報の交流，主体的なネットワーク形成を促進するためには，人的・物的・財政的支援の観点からも支援条件を検討する必要がある。また分析方法に関わって，リーダーシップ実践が支援条件に影響を受けるだけでなく，支援条件の在り方が校長自身のリーダーシップ実践に影響を受けることも考えられるため，両者の相互関係を加味する必要がある。

[注]

1）現任校の課題状況について考えを尋ねる質問を示したうえで，15項目について

「1：課題は多い」から「4：課題は少ない」の4件法で回答を求めた。回答に対する探索的因子分析（最尤法，promax 回転）から想定した4つの因子を抽出し平均値を算出した。結果は**資料 4-1** の通りである。

2）校種別に児童生徒数，教員数，学級数の主成分分析によって算出した第1主成分得点の± 0.5SD を基準に小・中・大規模校に3分割した。

3）強制投入法を適用し，全独立変数は VIF 値≦2で多重共線性の発生はないと推定した。

4）分散分析結果は**資料 4-2** の通りである。

5）なお，本章では大学院の専攻についてデータを収集していないため，大学院修了者には教育系大学院以外の修了者も含まれる。

資料 4-1　現任校の課題認識の因子分析結果

	負荷量	共通性
因子1 地域（α =.842）		
学校に対する地域（学区）の住民の協力意識	.946	.775
学校の実態や実情に対する地域（学区）の住民の理解	.764	.613
教職員に対する地域（学区）の住民の信頼感	.672	.591
地域（学区）の住民どうしで助け合い，協力し合う関係	.594	.399
因子2 保護者（α =.838）		
学校に対する保護者の協力意識	.860	.679
学校の実態や実情に対する保護者の理解	.780	.651
教職員に対する保護者の信頼感	.698	.530
保護者どうしで助け合い，協力し合う関係	.527	.514
因子3 児童生徒（α =.734）		
児童生徒の学習意欲	.746	.534
児童生徒の基本的な生活習慣	.722	.521
児童生徒どうしで助け合い，協力し合う関係	.464	.426
因子4 組織体制（α =.673）		
教職員の危機管理体制	.787	.594
新学習指導要領への対応	.629	.432
個別的な対応が必要な児童生徒に対する支援体制	.494	.328

因子負荷平方和	3.96	4.36	3.11	2.75
	1	2	3	4
因子1	—	.657	.389	.423
因子2		—	.615	.484
因子3			—	.468
因子4				—

注：固有値1以上，因子負荷量 .400 以上を表記。

資料 4-2　学校規模と課題認識の関連

	地域			保護者			組織体制			児童生徒		
	n	*M*	*SD*	*n*	*M*	*SD*	*n*	*M*	*SD*	*n*	*M*	*SD*
小規模校	249	3.13	.51	253	3.05	.54	251	2.68	.52	253	2.79	.64
中規模校	240	3.01	.52	244	2.91	.54	244	2.44	.56	239	2.69	.65
大規模校	197	2.99	.51	198	2.95	.54	200	2.52	.56	202	2.85	.67
F 値	4.869*			4.272*			12.426*			3.176*		

* $p<.05$

［引用・参考文献］

・小島弘道，浜田博文，片桐隆嗣（1991）「現代教育改革における学校の自己革新と校長のリーダーシップに関する基礎的研究（その3）校長・教員の意識に見る学校運営と校長の経営行動」『筑波大学教育学系論集』第16巻第1号，17-46頁。

・小島弘道編著（2004）『校長の資格・養成と大学院の役割』東信堂。

・川上泰彦（2005）「学校管理職による情報交換と相談―校長・教頭のネットワークに着目して」『日本教育経営学会紀要』第47号，80-95頁。

・川上泰彦（2013）『公立学校の教員人事システム』学術出版会。

・川上泰彦，細畠昌大（2016）「校長昇進管理と人事計画」牛渡淳，元兼正浩編『専門職としての校長の力量形成』花書院，157-174頁。

・佐古秀一（1997）「教育経営研究における実践性に関する基礎的考察」『日本教育経営学会紀要』第39号，28-39頁。

・佐古秀一（2010）「学校の内発的改善力を支援する学校組織開発の基本モデルと方法論―学校組織の特性をふまえた組織開発の理論と実践」『鳴門教育大学研究紀要』第25巻，130-140頁。

・髙谷哲也，山本遼（2021）「教職大学院におけるスクールリーダー教育の意義と課題」『日本教育経営学会紀要』第63号，184-187頁。

・露口健司，佐古秀一（2004）「校長のリーダーシップと自律的学校経営」河野和清編著『地方分権下における自律的学校経営の構築に関する総合的研究』多賀出版，175-203頁。

・露口健司（2008）『学校組織のリーダーシップ』大学教育出版。

・日本教育経営学会（2009）「校長の専門職基準」。

・日髙和美（2016）「校長会に期待される力量形成」牛渡淳，元兼正浩編『専門職としての校長の力量形成』花書院，139-154頁。

・元兼正浩（2003）「自治体における学校管理職の資質力量向上施策の限界と可能性―『校長人事経済学』の視点からの提案」『日本教育行政学会年報』第29巻，51-67頁。

・Coburn, C. E. (2006) "Framing the Problem of Reading Instruction: Using

Frame Analysis to Uncover the Microprocesses of Policy Implementation." *American Educational Research Journal*, Vol.43 Issue 3, pp.343-349.

・Leithwood, K., & Steinbach, R. (1995) *Expert problem solving: evidence from school and district leaders*, SUNY Press.

第Ⅱ部

質的調査

第5章 校長を支える条件・環境としての校長会
──小学校長会の事例分析──

第1節 本章の目的と分析の視点

本章の目的は，初任期小学校校長（以下，初任期校長と略記）のリーダーシップ発揮やその力量形成を支える県レベルの校長会（以下，県校長会と略記）の機能と役割を明らかにすることである。

前章までに校長，副校長・教頭，ミドル教員を対象に実施した質問紙調査の結果から，校長のリーダーシップをとりまく制度的・組織的条件の実態について明らかにしてきた。そこでは校長のリーダーシップ発揮には，校長が学校の組織的条件や課題状況を見定め，学校経営の外的諸条件を有効な資源として活用できるかどうかが大きく影響することが明らかになった。その一方で，質問紙調査では，校長のリーダーシップの発揮を支えたり，促したりする要因や条件について，その具体的な状況や文脈に即した解明は困難であった。

そこで本書では，後の第6章で，初任期校長に対するインタビュー調査を通して，校長就任後に校長職に対するイメージや考えにどのような変化があったと認識しているかについて，個々の具体的な状況・文脈とともに明らかにする。そこでの初任期校長の語りにおいて，初任期校長を様々に支える県校長会の役割が非常に大きいことが想定される。よって本章（第5章）では，初任期校長のインタビュー調査（第6章）の前提として，県校長会の組織としての基本的な実像を明らかにするとともに，いかに初任期校長の支えとなり，拠り所となっているかについて検討する。特に，その組織の基本的な役割と機能，ひいては初任期校長のみならず，多くの校長を支えるネットワーク環境として機能している側面に着目する。

第2節　調査の方法

1．調査方法・調査対象

本調査[1)]では，全国7地区（九州・沖縄，四国，中国，近畿，北信越，関東，東北・北海道）の各地区から一つの都道府県を選定し，当該都道府県の県校長会について，役員等の経験のある退職校長を対象にインタビュー調査を実施した。

対象者の概要は表5-1の通りである。

表5-1　対象者（元所属県校長会）の概要

A県	元小学校校長会長
B県	元小学校校長会長
C県	元小学校校長会長
D県	元小中学校長会長，元小中学校長会事務局経験者
E県	元校長会会長
F県	元小学校校長会長
G県	元小学校校長会長

県校長会を対象とした理由は，校長を支えるネットワークとしての環境であり，その組織の在り方のもたらす影響について，次の2点に着目するためである。

1点目に，初任期校長にとって，学校経営における様々な意思決定や判断の際，組織としてのはたらきが大きな支えになっていると推測されるためである。常日頃から先輩校長や同僚校長からの個別の助言が様々な支えになっていることは想像に難くないが，そうした支えそのものがいかなる組織の在り方をもって成り立ち，ひいてはネットワークとして機能しているのか，その基本的な実像を確認することが目的でもある。

2点目に，校長としての認識をかたちづくるうえで，登用されるまでの間に，すでに校長会の影響が大きいと推測されるためである。確かに，民間人校長等を登用する制度が整備されてきた今日では，他の職種・業種からいきなり学校管理職に抜擢される人事も珍しいものではなくなってきているといえる。しかし，大多数の校長は，教諭から教頭を経て，あるいは行政経験を経由するなど，学校教職員や教育行政職等の教育関係の何らかの職を主としたキャリア形成をたどり，試験を経て校長に登用される。こうした登用までのプロセスにおいて校長会が果たす基本的な役割を確認することも目的である。そしてこうしたキャリア形成のプロセスにおいて，県校長会，さらには県校長会を構成する市区町村レベルの校長会（以下，市校長会と略記）が様々に関わっていることも着目すべき点である。

県校長会インタビュー調査の対象者については，本書の執筆にあたった共同研究者のネットワークを生かした機縁法によって選定し，依頼を行った。なお，調査結果は匿名で扱うことなど，文書及び口頭による調査目的・方法等の説明を行った後に調査への同意書に署名してもらい，倫理的配慮を行ったうえで実施した。

2. 調査時期・時間

調査は，2019年8月～12月の期間に，各県校長会経験者へのインタビューを調査者1～2名[2)]で実施した。各インタビューの実施時間は約1時間であった。

3. 主たる質問事項

インタビュー調査は，県校長会の基本的な機能や役割を明らかにするとともに，特に初任期校長の認識に大きく影響を与える諸側面に着目するために，以下の4点を主な質問項目として設定した。そのうえで初任期校長の認識を分析するうえで参考となる観点について，互いの自由な意見交換を含んで，半構造化法を用いて実施した。

① 県校長会の組織及び県内市校長会との関係。

② 県校長会の組織及びその活動。特に，調査・研究・研修部（全県と県内のブロック組織の関係，研修会の企画や運営・実施に関すること），対策部（施策・環境整備等の要請など，人事上の配慮や福利厚生など，行政に向けた働き

かけ）について。

③ 県校長会の組織構成員とその人事。その他，予算など。

④ 上記①～③を踏まえた，初任期校長の支えや拠り所としての，校長会（県校長会や市校長会）の役割や機能。

4. 分析の手続きと視点

分析の手続きは，以下の通りである。

はじめに，録音された音声データ（全対象者より録音許諾あり）の文字起こしを行い，前記質問事項①～④の柱ごとに，対象者における特徴的な語り（生データ）を抽出した（一次分析資料として整理）。

次に，一次分析資料に基づく調査者間での共同討議によって，分析の視点について析出を図った。その結果，以下の3つの分析視点が導出された。そして，全事例について，各視点に該当する語りの抽出とその分析・考察から成る資料を作成した（二次分析資料として整理）。

① 校長会の概要

② 初任期校長の支えと拠り所としての校長会

③ 各県校長会の特徴（分析・事例記述の視点から）

第3節　分析結果

1. A県

(1) 校長会の概要

はじめに，A県小学校長会（以下，県校長会と略記）及び校長会長の就任概要を整理する。なお，語りの引用部分は，斜字体で示すこととする。

校長会の単位としては，規模順に，県校長会，8ブロックの校長会（地区校長会），市校長会，規模の大きい市の市内ブロック校長会（区校長会），中学校区校長会がある。いずれの校長会も，教育委員会からの財政支援・補助はなく，校長会費による自主財源で運営される。県校長会の主たる活動は，行政への施策・環境整備等の要請，福利厚生，地位待遇向上等の「*外向け*」の活動を行う対策部と調査研究や自主研修等，「*内向け*」の活動を行う研修部である。対策部は，「*県の教育振興*」「*全県的な教育格差の縮小*」を目指した活動を行い，研修部は，県の研究大会の企画・運営を行う。県研究大会は，講演会だけでなく，レポート発表形式，ワークショップ形式，グループ討議形式の研修に関する実践研究を行う。

また，校長会長の就任概要について，県校長会の場合，校長会の事務局幹事長を経験することが慣例となっており，次期会長の有力候補者と目される校長が就任する流れができている。A元会長の場合，教頭会長の時から，将来の校長会での役割を期待され，校長昇任後は，調査研究部員，広報部長，事務局幹事，同幹事長を歴任してきている。また，中堅教員時代に自らの意思で夜間大学院に通うなど研究志向的であり，そこで得た研究者ネットワークという人的資源を有していることも校長会長として評価された理由の一つであることが推察される。

さらに，県校長会と県教育委員会（以下，県教委と略記）との関係として，校長会開催の際，県教委が行政説明及び様々な協力要請を行い，それに対して校長会が受け入れ，対応しつつ，校長会としての依頼や要請を行うことなどから，両者はパートナーシップの関係性にあるといえる。また，市町教育委員会と校長会との関係は，「*学校をよく知っているんです。ただ，今の学校の苦労も良く知って，何をすべきかも。*」との語りに見られるように，元校長の教育長かそうでないかで異なってくる面がある。

(2) 校長の支えと拠り所としての校長会

次に，校長同士の支えと拠り所としての校長会の役割・機能を整理する。

県校長会は伝統的に校長研修に力を入れている。具体的には，2年目の校長を対象とする研修会がある。県教委は初任校長研修を行うが，2年目研修は，校長会主催の自主的企画・運営によるものであり，県教委の後援はない。A元会長の語りから，２年目の初任期校長にとって支えとなっている様子がうかがえる。

> *ちょうど1年間が終わって，そこで，悩みなんかもちょうど1年間苦労しながらやってきたところがあるのですが，これからどうしていこうかというタイミングで2年目の7月に毎年やっていました。そこで，先輩校長，あるいはOBによる講話であるとか，研究者の方の話ですね。貧困問題を扱った時は，大学の先生に来ていただいたりですね。「その後グループでどう？」と。それが一番盛り上がりましたね。あんなことがあった，こんなことがあったということですね。*

２年目研修の企画にあたっては，日本教育経営学会が作成していた「校長の専門職基準」などをもとに現在抱えている課題を事前アンケートで把握し，研修テーマを設定している。なお，県校長会として３年目以降の研修はなく，年１回の県研究大会が全県的な初任期校長の研修の機会となっている。

また，Ａ元会長が２年目研修の世話をしていた時期，「*自主的な勉強会をしましょうよ*」という声があがり，「*もともとは学校経営を学ぶ場はないので，作ろう*」ということで，Ａ元会長を発起人として，Ａ県学校経営研究会という，月１回の自主的勉強会を立ち上げた。最初６回は校長のみの参加であり，「校長の専門職基準」をテキストとして，担当校長がその基準に関わる取組内容を用意し，参加者同士で議論した。Ａ元会長によれば，「きちんと，*校長とはなんぞや，大事なものは何なのか？*」を考え，議論する場となっていた。

それでは，校長にとって，どの単位の校長会が支え，拠り所となっているのだろうか。Ａ元会長の捉えでは，実際に支えとなっている「校長会の単位」は，市校長会と大規模自治体のブロック校長会である。例えば，Ａ県最大規模の市校長会のブロック校長会では，月１回の校長会を開催し，前半が研修，後半が情報交換を行っている。Ａ元会長は，ブロック校長会が校長同士の研修や支え・拠り所として最も機能している様子を次のように語っている。

おそらくそこが一番の拠り所じゃないかということであり，そこで一番相談ができるし，困っていることなど，「何かないですか？」というと，「こういう苦情が来て，どう対応するか苦慮している」とか。経験のある校長が「こういう対応をしたらいいんじゃないか」とか。私，T区に来て2年目の時には，18人中8人が新任だったんですよね。これはちょっとどうしたもんかということで，ペアを作って，新任校長と経験のある校長のペアで。何かあったらホットラインで連絡をして，相談をすると。よくかかって来ていましたね。何でもいいからと言っていたら，何でもかかってきましたね。（中略）後で聞くと，やはり安心できたと言っていましたね。どうしても校長って孤立しますし，まあ本当に大変な時は教育委員会に相談することになるのですが，その前に，周辺の学校，あるいは先輩校長に相談すると。そういうのが，S市で言えば，T区とか，そういった校長会が一番身近で頼りになるというようなことで。大きくなればなるほど，やはり，皆の距離が離れて行って。言葉が悪いですけど，イベント的な面になります。何千人集めてとか，そういうのはありましたね。

これらの内容は，ブロック校長会が心理的サポートの機能を有していることを示すものともいえるが，A元会長も勤務校で起きた学校事故の際のブロック校長会からの心理的サポートで救われた経験がある。そのことも含め，校長からの心理的サポートの重要性を次のように語る。

非常に一番きつい時に校長先生たちが色々な声掛けをしてくださったりですね。（中略）ほんとにあの困った時に，そうやって精神的に参っている時に，教育委員会から言われてもあまりピンと来ないと思うんですけど，同じ校長からですね。（中略）ほんとに困ったときに声掛けたり，色々と自分の経験を語ってくださったりしたのはよかったなと思います。

また，中学校区校長会については，「しょっちゅう集まっている」校長同士のつながりの最小単位であり，学校の課題も近く，そのことを話題にする中で日常的な関係であり，つながりが濃いものとなっている。

さらに，日々の細々としたことや緊急対応を要する場合の支えは，中学校区校長会に加え，個人レベルでの先輩校長の指導・支援であることも多い。

(3) 後進を育成する校長会

最後に，後進，すなわち将来の校長候補者を育成する校長会の活動を見ていく。Ａ元会長によれば，Ａ県の場合，地区大会（大規模市ブロック校長会，市校長会）での実践発表における人材育成のテーマの増加などは，「*どうやって新人あるいは中堅を育成するかということを学校任せじゃなくて，ある程度，市とか町とか挙げて，取り組んでいる*」ことの表れと解せられる。そこで，Ｓ市では，以前より，勤務時間外に，校務運営に関する研修会が年５回ほどあり，各校の校長が推薦した中堅どころが，夕方に集まり，実践交流をし，校長や教頭が指導・助言を行う場を設けている。この場の意味づけとして，「*『管理職養成ではありませんからね』と常に言っていたが，結果的に養成になっているんですけど*」とあるように実質的に後進育成の機能を有している。

また，前記したＡ県学校経営研究会では，７回目頃から，教頭，主幹教諭，教諭等も参加するようになった。研修テーマは，学校経営に加え，「*何でも学校経営につながるんだ*」ということで，特別支援教育，キャリア教育，コーチングなど多様なテーマを設定し，校長だけでなく，民間の教育専門家，一般市民，大学院生をゲストとして招くなど活発な議論がなされる。

以上見てきたように，校長会は各単位で校長同士が支え合い，拠り所になるとともに，フォーマル・インフォーマルな面で，次代の校長，教頭といった後進育成の機能も有しているといえる。

2. Ｂ県

(1) 校長会の概要

Ｂ県校長会は，県内市校長会の代表と事務局役員で組織されており，定例の校長会が月に1度，90分～2時間程度の時間を設けて開催される。役員は会長1名，副会長5名，会計監査2名，事務局長1名，事務長1名（退職校長）で構成される。会長は市校長会の代表による互選で選出される。会長選出に際しては，県内各地の教育事情と県の教育委員会に精通していることが重視されるという。B元会長自身も，県教育委員会で人権教育を長く担当し，県内各地で講演を行うなど，全県を回っていたこともあり，選出に至ったのではないかと回顧していた。副会長は，市校長会からの代表の持ち回りで選出される。事務局長は実質的に次期会長となる。事務長は，県の校長会役員や郡市の理事を経験し，校長会の「*雰囲気*」が分かっている退職校長が務めており，最長5年の任期をB元会長在任時に定めた。

活動組織として，①対策部，②調査研究部，③広報部の3つがある。①対策部では，県教育委員会に対する人事面及び事業面での要望活動や提言を主に担う。B県の場合，校長会としての要望活動において，予算提言は中学校校長会が担当し，8月に県教育委員会と交渉をし，人事提言は小学校校長会が担当し，12月に県教育委員会と交渉をするという形で，役割分担をしている。人事提言の交渉は，県教育委員会の義務教育次長や教職員課担当者などに対して行う。②調査研究部は，全国連合小学校長会（以下，全連小と略記）の調査研究テーマに対応させて取り組むものである。B元会長が在任中は，学習指導要領改訂が大きなトピックとして全連小で扱われていたため，B県校長会でもそのテーマに取り組んだ。県校長会が独自のテーマで調査研究を行うということはない。

B県校長会の研修は，B県小学校教育研究会の校長研修部会として活動を行っている。小学校教育研究会校長研修部会の代表は，校長会副会長5名のうちから選出されることが慣例となっている。報告，発表形式での研修は，負担軽減のため，隔年で行われており，発表形式の研修が行われない年は県の校長会としては講演会を企画する。研修会のテーマは，小学校教育研究会校長研修部会で検討されるため，直接的にB県校長会で研修が担われる実態はない。

(2) 校長の支えと拠り所としての校長会

Ｂ県校長会の機能として，校長の支えとなっていると捉えられる最も大きなものに対策部を中心とした県内小学校の教育諸条件の整備・充実にむけた対策活動を組織的・継続的に行っていることがあげられる。

対策活動を通じた県教育委員会に対する要望内容の主なものとしては，教職員の標準定数及び加配定数を中心とした県の小学校教育にかかる大きな方針についてであるという。具体的には，特別支援や児童虐待といった課題に対して，加配を付けてほしいといった数の問題についての要望を行ったり，臨時任用教員も含めた教員不足を踏まえ，採用の在り方について要望したりしたという。これらの要望活動は，文部科学省の施策や法的根拠によって，財政的に条件づけられるため，実現が難しいことも理解しているという。それでもこうした大きな方針についての要望活動を行っているのは，県に大きな方針を提言することで，市町村教育委員会独自の施策（臨時教員数の増加など）へとつながることを期待するからだという。こうした活動により，小学校英語専科教員の増員といった条件整備につながっていったという。

加えて，人事異動における通勤距離の短縮という観点からも要望活動を行ったという。例えば，人事異動に関して，介護や子育てといった多様な家庭環境の違いを踏まえてもらう必要があること，災害時にすぐ駆けつけられる距離に自宅があるよう考慮する必要があることを提言したという。後者の災害と人事異動の関係性については，全連小での意見を取り入れ，Ｂ県での提言に盛り込んだという。

Ｂ元会長は，県教育委員会に提言できるという点は，県の校長会の役割として大きいと捉えている。それは，「*やっぱり直接校長先生が県教委に行ってっていうのはお話がしにくいと思いますし，市町村教委とはできるとは思いますけれども。校長会の総体としてやっぱり提言できるので，校長先生こういうような感じで全体としては考えてくれているなというのは県にも伝わりますので。*」との語りにみられるように，組織的に提言を行い，大きな方針を変えていくことで，校長を支えていく志向があることを看取できる。こうした提言は，全連小と連携した対策部での活動を通して，全国の対策活動の状況を勘案したり，政策動向等をキャッチアップしたりしながら進められている。

(3) 県校長会における情報提供・共有の意義

B元会長は，県校長会は「*全体を見て，大きなことで校長先生方に持って帰ってもらうようなデータとか情報とかを*」提供する存在意義があるという。そのうえで，月１回定例の県校長会では，市校長会の代表から意見を参酌することを重視していたという。その背景には，「*学校がしんどくなってきたときには，そのしんどさというのは児童数の少ない，多い関係ないんです，最近は。*」という語りに象徴されるように，問題状況のミクロな違いはあるものの，対応の大きな枠組みは共通しているとの認識がある。だからこそ，「*どういう方法ができるかっていうのは，どんなことしてますかというのは県の校長会で，市町村で状況違いますので，市町村の状況でお話してもらったら，やっぱりヒントになりますので。やっぱり悩みを抱えているのはそういうのは提案をして共有するというのは大事にしてい*」たという。各市町村において，当然，状況に違いはあるものの，対応方法などの基本的方向性を県校長会において交流させることに意義を見いだしていた。

さらに，県校長会での情報共有の意義として，中央政策や財政の状況をキャッチアップする「早さ」をあげていた。全連小との連携活動等を通して，文部科学省からも「*必ず先取りした話が出て*」くるといい，それは，「*大学よりもしかしたら早い*」と語られた。こういった情報は，県校長会から市校長会を通じて，いち早く各学校の校長へ「*おろしていって，こんなのあるんですがご存知ですかとか情報としては流してい*」るという。県校長会として，全連小という全国組織とのつながりがあるからこそ得られる情報をいち早く各学校へ共有していく意義が見いだされる。

3. Ｃ県

(1) 校長会の概要

Ｃ県校長会は，役員組織として，会長，副会長，幹事長，幹事，特任幹事，監査の役職がある。このうち，会長は政令市であるＣ市から選出される。副会長は，４名（Ｃ市選出副会長，ブロック別副会長（3ブロック））である。この他，市郡別の支部があり，それぞれに支部長と理事が置かれる。具体的活動を推進する委員会としては，教育課題対策委員会（県との意見交換や要請等），学校経営委員会（学校経営等の充実を目指した実践事例集の発刊等），調査研究委員会（学校現場の実状把握のためのアンケート作成・分析等（教育課題対策委員会と連携）），研修・広報委員会（合同活動）があり，研修委員会は，県教育研究大会の主題・副主題及び分科会の研究課題・研究の視点の設定等，広報委員会は，機関誌・会報等の発行とHP運営を担う。なお，中学校長会との連携のために小・中学校長会連絡協議会がある。

また，会長は，幹事，幹事長を経ることが通例となっており，県下の教育の現状を把握する立場を経験した人が多い。教育行政経験のあるＣ元会長の場合も，会長や幹事長（いずれもＣ市）からの推薦により幹事を務め，後に会長に就任した。

(2) 校長の支えと拠り所としての校長会

まず，校長あるいは校長同士の支えと拠り所として，校長会が主催する各種の研修機会があげられる。県校長会教育研究大会（以下「県大会」）が年１回開催される。主たるプログラムは，講演と分科会であり，分科会は研究５領域（学校経営，教育課程，指導・育成，教育課題，危機管理）に分かれ，それぞれ２本ずつの事例提案及び質疑・協議がなされる。また，ブロック別協議会が年１回（県下３ブロック）開催される。主たるプログラムは，各教育事務所による講話「当面する諸課題」と協議である。協議題は，ブロック毎に県副会長―支部長間で決定される。県大会の分科会やブロック別協議会について，Ｃ元会長は次のような基本姿勢を強く提案・要望したという。

県大会では校長の役割というところに重点を置き，例えば，研究主任でもできるような発表ではなく，目指す教育の具現化に向けてどのようにリーダーシップを発揮したかについてお互い語りましょう。ブロック別協議会では，支部の意見を集約し焦点化しながら，行政の方とともに教育課題の解決につながる話し合いにしましょう。

この他，C元会長は立場上知り得た最新情報を校長に適切に提供することに力を入れたという。

会長・幹事長は，全連小の理事会にも行かせていただくので，そこで最新の情報を一早く，時には指導主事よりも早く聞くときもあります。正しい情報を迅速に，また，それを県校長会としての活動とリンクさせながら伝える。自分たちが今取り組んでいることの方向性が，国の方針や具体的な施策と一致しているという確固たる自信を持ちながら，各支部の取組を推進したり，校長としてのリーダーシップを発揮したりするための情報をタイムリーに提供することに努めました。

総じて，C元会長が捉える県校長会の役割とは次の語りに集約されている。

校長は一人職。校長として抱える課題は多岐にわたり，校長裁量という権限や創意工夫も求められる。県校長会は，県下の校長同士が各支部の取組や多くの情報を共有しながら，校長としての力量を高めることができる場。より広い知見や，自信を持って判断し学校経営に当たる指針を得ることができる場。

一方で，C元会長によれば，自身の校長としての学校経営・リーダーシップの発揮にあたっては，「*市は具体で動ける。教育課題を解決するための方策を練り，研究・実践し，成果を広めるという具体的，実践的な組織*」という語りにあるように，市校長会の存在が支えになっていた面が強いという。「*日頃の学校経営で支えになっているのは支部ごとです。だからこそ，支部の取組をボトムアップし，県として集約する。良い実践を県下に広め，県下の課題については方針を示しながら全県に下ろしていく。そして，各支部で良い実践として育てていただいたものが，また，集まってくる。というような，みんながwin-winの関係。そのためにも，県校長会は常に全県的視野に立った運営が大切。*」という語りにあるように，他の支部会（郡市）についても同様であるとともに，県校長会との相互作用的な関係が重要であるとの認識を有している。そして，このような校長会間の関係は，Ｃ元会長時代のスローガン「つなぐ教育」を体現するものといえる。

(3) 学校教育や学校経営につながる校長同士のつながり

Ｃ元会長は，先述した「つなぐ教育」の推進にあたって，機会を捉えては，「*つながりが必ず組織を強める，組織を強めれば必ず学校教育の充実につながっていく*」という話しをしていたという。また，大きな災害が起きた際，Ｃ元会長は，他の幹部とともに，災害翌日等に被災した学校を訪問し，校長を激励するとともに，校長会として支援できることを尋ねたという。これは，校長会による校長に対する，心理的サポートの事例といえるだろう。そして，ここで具体例や根拠を示し得ないものの，校長同士が相互支援的な関係で「つながる」ことが，結果として，「*一人職の校長だからこそ抱える課題*」の解決，ひいては学校教育や学校経営の推進につながる可能性が看取される。

4．Ｄ県

(1) 校長会の概要

Ｄ県の小中学校長会は，1970年代から「小学校長会」と「中学校長会」と「小中学校長会」の３組織が連携する体制が構築されていたが，2000年代には小学校長会と中学校長会が統合され，小学校長会は「小学校部会」，中学校長会は「中学校部会」として活動する現在の体制に至っている。

「小中学校長会」の会長は1名であり，会長は小学校と中学校から1年交替で選出される。役員の任期は2年で半数ずつが入れ替わる。残った2年目の役員のうち，互選で部会長を決めている。

「小中学校長会」は県内6つのブロックに分かれて研究を進めていた。主たる活動は，学校経営上の問題についての実践的研究と情報交換にあり，毎年の研究内容は『研究紀要』にまとめて発行されていた。1960年代からはブロック別の研修会を一堂に会して全体で実施する研修大会が開催されている。

「小中学校長会」には専門委員会が設置されている。具体的には，学校経営，進路指導，生徒指導，広報，特別，研究を担当する委員会において実践的な研究活動が推進されている。

「小中学校長会」の連携会議には小中学校役員（各6名）と事務局（2名）で構成される「役員会」（月1回開催）と各郡市の代表者から構成される「代表者会」（年7回開催）がある。「役員会」には県教育委員会の各担当が出席し，県として推進する教育施策（学校の管理運営や学習指導等）の懸案事項について具体的な方策等を協議しており，事項に応じて「代表者会」で提案・協議される。

また年2回の機関紙発行によって，文部科学省および県教育委員会の教育施策や最近の教育事情についての情報の提供・共有を行っている。

(2) 校長の支えと拠り所としての校長会

D県の小中学校における2人の初任期校長（校長経験2～3年程度　※第6章で詳述）は，校長会の存在に関して次のように述べていた。

困ったことがあるとき，教育委員会では対応できなくても，現場同士だから支え合うことができます。校長会で知り合っている仲間の存在は大きいです。

校長は最終判断を求められ，学校の中では常に緊張感をもって事にあたっていますが，校長会の研修に参加して，先輩の校長と話す中で，悩みを共

有したり解決したりする場となります。

これらの語りから，初任期校長は校長会において知り合う仲間や先輩の存在に一定の意義を感じていることが読み取れる。では，校長会の中心を担う人物は校長会という存在の意義をどのように捉えているのだろうか。以下では県の小中学校長会長と事務局長経験者（D元会長）に対する聞き取り調査をもとに，①相談の受け皿，②研究大会の企画・運営，③予算の陳情，④困難な課題対応の観点から，校長を支援する校長会の役割と機能について整理・検討する。

① 相談の受け皿

学校の中では「*校長の後ろに校長はいない*」ため，学校経営上の様々な悩みを抱える校長に対しては，悩みを聞くことで支えていかなければならない。深刻ないじめや子どもの自殺があった学校では，時間的・体力的・精神的に辛い思いをしているため，「*大丈夫か*」と声をかけて相談に乗ることが非常に重要になる。ただし，中には「*校長だけが突っ走って空回りしているため職員がついてこない*」実態が漏れ聞こえてくると，「*あなたが職員の気持ちを考えずに独走しているので，職員は困っているよ*」，「*そのような指示の仕方では，職員は困るのではないですか*」，「*もう少し状況を考えないと，うまく事が運ばないのではないですか*」と先輩の校長として諭すこともあった。ただし，同じ立場の校長から助言は受けたくないと思う者が稀にいるため，校長会としてできることには限界もあるという。「*（自分のほうが）年上であっても同じ校長だから命令できない*」ため，「*校長へのアドバイスは気心の知れた者でないと難しい*」のが実態である。

② 研究大会の企画・運営

令和2年度からの小学校学習指導要領（平成29年告示版）の全面実施に伴い，外国語活動の開始学年が引き下げられ，中学年（3・4年生）で行われることになった。こうした新しい課題への対応について相談された場合，市校長会単独では支えることが難しい。そこで，県や地区（ブロック）または全国の研究大会で，新しい課題についての方策や悩みなどについて情報交換をする中で，他校の実践例から今後の解決へのヒントを得ることは多い。研究大会で発表される実践は，小学校では地方レベルの教育研究大会や全連小研究協議会に，中学校では地方レベルの中学校長会研究協議会や全日本中学校長会研究協議会の研究大会につながっている。校長会は，研究大会の企画・運営を通じて，校長同士の情報交換のための機会を創出することで間接的に校長たちを支えている。

③ 県教育委員会に対する教育施策や予算の陳情

新たな教育課題への対応に関しては，市町教育委員会の対応だけでは難しいことが多い。そこで県教育委員会に対して次年度の教育施策や予算の要望を行うため，毎年，各市校長会から「学校教育における予算や人的支援等の要望」の提出を求め，各市からの要望を県校長会の担当委員会が集約して，県教育委員会へ陳情を行っている。このことにより各学校における教育環境は改善してきている。

④ 困難な課題対応

校長が最も悩むのは「*表に出しにくい話*」の扱いであるが，例えば，保護者からの激しいクレームは，表に出しにくいものである。こうした課題に対する今後の対応については，「*この人ならと思う人に相談をかけて*」解決に向けた活動に取り組んでもらう。この場合は，困難な課題に対応する校長と同じ校区だけでなく，異なる校区の関係者にも相談して，迅速に対応にあたる。困難な課題対応の機能は校長会がシステムとして担っているわけではなく，「*校長会が（課題を抱える校長と）同じレベルだから要請が来る*」ものである。

以上の4つの役割と機能のうち，②と③がフォーマル（公式）な支援とすれば，①と④は非公式（インフォーマル）に校長を支える側面といえる。

(3) 校長会として支援する際の前提条件

校長会の務めは，多様な背景や価値観をもった校長たちを孤立させずに包み込んでまとめ，みんなで同じ方向を向いて高めあっていくことである。そして，校長会として支援する際の前提条件は，その校長が「*子どもたちのためにいい学校を創りたい*」という教育者としての強い意志や使命感を持っていることである。「*校長は，強い意志と信念をもって学校経営に当たらなければならないし，校長にはその場その場で臨機応変に対応できる技量とぶれない信念が必要である*」。これが聞き取りを行ったＤ元会長の基本的な認識である。ここには，教育専門職としての校長としての自覚，そして崇高な使命感や倫理観が想定されている。

5. Ｅ県

(1) 校長会の概要

Ｅ県の校長会は，県教育事務所を単位としたブロック協議会に分かれている。また，学校数を目安として各市町村から評議員を選出し，県全体として評議員会を構成している。一方，各市町村では，市町村単位の校長会がある。さらに市町村単位の校長会の方針やその市町村の規模にもよるが，市町村の中でいくつかのブロックに分かれて活動している。

Ｅ県の場合，会長及び副会長の選出は，概ね以下のプロセスになっている。まず，県や市町村の教育委員会に在籍している期間に，副会長候補になる。副会長を経て，会長になる。任期はそれぞれ一年であり，退職年から逆算して，候補がリストアップされることになる。よって，Ｅ県の場合，副会長及び会長の選出については，校長会の事務局や幹事等の経験の有無とは必ずしも関係がない。むしろ，会長や副会長となってからの業務が多いため，教育委員会を経て，校長として着任する学校への校長人事について，校長会として教育委員会に人事異動の要望を伝える必要がある。同時に，市町村教育委員会（市町村教育長）もその要望を伝えられている。なお，Ｅ県の場合，会長及び副会長を選出する市町村は限られている。

このように副会長や会長に限って，これらを選出するために数年かけて計画的に組織を動かしているわけではないが，後述するように，管理職への登用やその後の教頭会や校長会での活動を経るなかで，会長や副会長としての適性が見極められているかたちとなっている。手続きとしては，評議員会を経て，総会で承認されることになる。

校長会の機能として重要なものに，県の教育振興や教育施策等に関する要望を伝える活動がある。これまでにも教員の採用や講師の確保に関するもの，学級編制の基準緩和に関するものなどがなされてきた。これらの際には調査委員会で集約されたアンケート意見や各学校の具体的な状況に関する情報が活用される。

(2) 校長の支えと拠り所としての校長会

E県では，管理職や教職員で構成される全県規模の研究組織があり，E県校長会の役員がそのまま研究組織の役員を担っており，両者の組織は連動している。また各校長会は，それぞれ頻度や規模は異なるが，研修会を行っている。その研修会は，校長だけのもの，校長会と教頭会が一緒に動いているもの，さらに教務主任の集まりと一緒に動いているものなど，様々である。そうした研修会の中でも，管理職登用試験を見据えて，次期の管理職候補のための研修会を年間10回前後，行っているところが多い。形式としては，講演会，レポート発表，ワークショップ，グループ討議形式，さらには論作文や口述・面接などの試験対策の形式による研修などである。この参加者は，教頭候補となる一般教諭を中心とした教務主任等の主任・主事と，校長候補となる教頭が主である。この研修会を年間にわたって企画・運営する担当が市校長会に置かれている。

校長会は，委員会ごとに分かれて活動している。法務，財政，調査に関するそれぞれの委員会のほか，発刊本（学校運営や学校経営の手引き書のようなもの）を数年間隔で作成するプロジェクト的な委員会も活動している。頻度や規模は異なるが，各委員会での研修会もある。なお，研修については，E県校長会では，全県的な規模で集う研究協議会を，研修日を設けて開催していることは特色といえる。

なお，研修会の場合は，出張扱いとなる。役員・幹事の会議旅費は校長会から支給される。その他の支出や補助，校長会会費は，自費となる。

(3) 初任期校長を支える市町村単位の校長会の役割・機能

初任期校長を日常的に支えているのは，市町村単位の校長会である。また，前述したように，比較的大きな規模の市町村であれば，その中でさらにいくつかのブロック単位に分かれて活動している。例えば，X市では約10校ごとでブロックを構成し，その中に理事を置き，市校長会では，理事会を構成することになる。

市町村の校長会の多くは，必ず月１回会合をもつ。月１回の会合においても多くの疑問や質問などが吸い上げられて，検討されたり，またアドバイスがなされたりする。この場は，初任期校長だけでなく，他の市町村から異動してきた校長にとっても有益な場となる。また前述した市内のブロック単位の活動では，頻繁に連絡を取り合っている。X市の約10校ごとのブロックは，退職に近くなったベテランの校長から比較的若い校長，なかには県校長会の様々な委員会に籍を置く校長など，多様な校長がいるので，その中で質問や疑問，課題などが挙がって，話題となる。そして検討が必要なものであれば，理事を通じて市内の理事会で協議されたり，話題となったりする。同時に，県校長会の評議員会，各委員会などに吸い上げられる。

学校運営における年間の予定や定例的な活動の中での疑問点や課題については，概ね上述した月１回の会合や理事会の機能によって，問題・課題の解決がなされることも多い。他方で，各学校で突発的な事態が起きた場合の対応やいわゆる危機管理の際の対応，あるいは教育実践上の問題とか，保護者との関係などで判断を迫られるような場合，校長が１人でどうすればいいか判断が難しい場合については，市校長会は支援的に機能するのか。あるいは校長会とは異なる個人的なネットワークが重要なのか。E元会長は，個人的な考えと前置きしながら，以下のように語る。

ケースバイケースかなとは思うんですけれども，僕の部分にしたら教育委員会と普通にやり取りしながらそこをやると思うんですよね。それ以外にやっぱり同じブロック単位で動いてますので，すぐ身近にいつでも話し合

えるような状況，ブロックの中に先輩の校長と若い先生が必ず入ってますので，ここでやっぱり緊急的にどうしても相談できる体制の場合，そこで連絡を。（決まったやり方を）決めてるわけではないですけど，連絡取り合ってアドバイス受けるってことが実際にありました。そうじゃなくてやっぱり教育委員会と連絡とったり，先輩の校長先生にすぐ連絡入れてアドバイス受けたりとか。後は他の理事，理事長，理事が各ブロックにいるので，連絡を入れたら各理事がぱっと回して，回答をバンと回したりとか。状況によって色々違うとは思うんですけど，少なくともそういうブロック単位で動いてる部分がやっぱり支えにはなってると思うんですよね。だからそこで聞きやすい状況になるということはあると思います。ただそれがすべてかと言ったら，そうではない部分もありますけれども。教育委員会の方が良い場合は教育委員会へこちらから相談入れたり。色々あったなぁと思えば，そこの理事の方に電話入れて聞いたりという形にもできると思うんです。だから，決まりではない気がしますね。

また，細かな学校運営に関しては，前項「校長会の概要」で触れたように，例えば学校運営や学校経営の手引き書に関する発刊本なども，初任期の校長であれば，日常的に参照することも多いことがインタビューでも指摘されており，多くの校長，そして教育委員会の関係者も共有している。よって，こうした市校長会における日常的なコミュニケーションであったり，校長から市町村教育委員会に問い合わせたり，これらの行動や活動そのものも，E県全体としての校長会が支えているとも指摘できる。

6. F県

(1) 校長会の概要

F県校長会は，郡市校長会の連合体として構成されており，郡市校長会，県校長会，全国校長会に指揮命令関係はない。県校長会会長や役員には，県教育委員会，市町村教育委員会を含め，人事関係の行政経験がある校長が選出される傾向にある。それは，「*要望などを行政に立てるときに，行政経験があって，相手方のことがよくわかっているひとの方が，作戦も立てやす*」いからである。これは，県校長会会長と，県教育委員会，なかでも義務教育担当の課長との日常的な連携や情報交換にもつながっており，特にいじめの重大事態などの危機時にはこの連携が生かされるという。

校長会としての活動は，対策部，研修部，福利部，広報部の４つの部会で進行するが，活動の柱は，「外向けの対策」（施策に対する要望）と，「内向けの研修」（校長としての研修）の２つである。前者の調査研究として，例えば，「特別支援教育の充実」「市町村予算による人的支援についての満足度」といったものがあげられ，各校における人的配置の現状を補うための対応や市町村格差に対しての要望を行っている。また，「市町村における教育関連予算に対する調査研究」も継続的に行われている。これは，予算の中からどの程度教育に使われているか，あるいは，支援員や不登校対策といった個別事項にどれだけ予算が割かれているかを調査するものである。調査結果をもとに，全県に共通の傾向については県校長会の役員が，県教育委員会への要望活動を行う。それを踏まえ，各市校長会長は各市町村教育委員会へ，要望活動を行う。なお，県校長会対策部での調査と，市校長会での調査は別で行われているため，市校長会によっては独自の調査研究結果をもとに，市教育委員会に要望活動を行うこともある。

(2) 校長の支えと拠り所としての校長会

校長に対する支えや拠り所として，Ｆ県校長会が機能を果たしているのは，以下，研修活動の企画・実施と若手校長の意識醸成の２つの側面に見いだされる。

第一に，研修活動である。Ｆ県では地区によって教育風土が異なることもあり，県校長会の研修は，全県を３つの地区に分け，３年のうち２年は地区ごとで研修を行い，３年に１度，全県での研修を行う形式を取っている。この形式は，20年以上続いているものである。校長会を通じた研修によって，地区内での研究交流が重要であることはもとより，地区外の校長同士が交流し合うことで，各地区の教育風土を交流させる機会にもなっているという。

校長会研修の形式として，Ｆ元会長所属地区の研修では，各校長がそれぞれの実践をレポート形式で持ち寄り，それを交流し合う形で行っていた。このほかに，市町村校長会が研修会と称して，部会形式やワークショップ形式，講演会での研修を行っている。

ただし，Ｆ元会長は，これらの研修が「*校長としての資質能力の向上と，どう結びついているのかというのはなかなか難しい*」という。「*そもそも校長になるための資質，指導力を何かの研修で磨く場が，はっきり言ってない*」点を課題としていた。また，校長の資質能力向上にかかわる研修活動を校長会が担うことの難しさについても以下の通り語られた。

> *（校長の資質能力向上に向けた取り組みは）任命権者である県教委の仕事でもあるんじゃないですかね。もっと都道府県教委と大学が連携していわゆる教員育成指標の校長版を，その資質を持った人間を育てるためにどういう仕組みを考えたらいいかとか，あるいはどういう研修を組み立てればいいか，どんなプログラムがあるかとか，希望する者はそのプログラムを受けなさいとかね，という風に。西日本のどこかでやっているとか聞いたことがありますけどね。そういう連携も必要なんじゃないですかね。それを校長会が担うのは難しいかもしれませんね。*（括弧内は引用者による）

第二に，初任期校長の意識醸成とかかわって，Ｆ県校長会では，新任校長が年度初回の県校長会役員会にオブザーバー参加する。校長会の記念品贈呈や役員会での情報交換，役員会終了後の各部会への参加を通じて，意欲付けを行っている。この取り組みは，Ｆ元会長が会長に就任する数年前から開始されたものであるといい，新任校長が「*こんな感じで勉強していけばいいんだなと*」，具体的な研修活動ではないものの，意欲付けの機会になっているのだという。

また，全国やブロック，県，市が開催する各種校長会研修では，できるだけ若手に発表の機会を与えて，研鑽の機会としている。一方で，校長会の研修として，組織的に初任期校長研修会を実施するといった初任期校長に焦点化して育てる場はないということに，Ｆ元会長は課題を感じていた。

他方で，初任期校長，特に新任校長が日常的な業務における問題について相談したい場合には，県校長会よりも，市町村校長会が果たす機能が大きいという。例えば，教育委員会へ直接相談する前に，市町村校長会に在籍している各問題領域に詳しい校長へ相談するよう新任校長に促している。さらに，規模の大きな市町村では域内をいくつかのブロックに分け，独自にブロックごとに会合を開き，新任校長をサポートしている。これによって，「*顔の見える関係になっていれば，近隣校の先輩に指導を受けることもできる*」という。こうした市町村やブロックといった近い関係での校長会で日常的なネットワークを作ることにより，組織的・体系的な研修を通じた資質能力向上の支援を行うことは難しいとしても，何か問題が発生した際のサポート機能を果たしている。

(3) 校長会組織活動の範囲と性格

Ｆ県校長会では，研修の取組が活発であるものの，専門職団体として自律的に校長職の中身を議論したり，基準を出したりする目的での活動は展開していないという。Ｆ元会長は，校長職の水準や標準的な専門性を校長自身が主体的に組み換えていくことの意義を理解しつつも，「*校長会として，組織としてそういうことをやるというのはなかなか難しい*」という。その理由として，多忙の中，校長会の組織成員が参集するだけでも難しい状況をあげるとともに，校長職の業務遂行を支える現状について，Ｆ元会長の認識を示す以下のような語りがあった。

> *オンザジョブトレーニングと言えば，聞こえはいいですけど，大工の棟梁と一緒で叩き上げといいますかね，要するに自分の印象に残った校長の姿をイメージしながら，あるいはそこで受けた薫陶みたいなものをイメージしながら，その人の経営みたいなものに憧れを持って，そういう風になりたいなと思ってやるとか，そういうものは結構あるけれども，それがシス*

テムとして，こう積み上げて形にするというのは校長会でできるかというと難しいんじゃないですかね。やっぱり大学じゃないですか。

この語りからは，校長職の業務遂行や資質能力向上をシステムとして支えることの重要性を認識しつつも，校長会の組織活動の範囲として位置づけにくいＦ元会長の認識が読み取れる。Ｆ元会長は，上記語りに続いて，校長会の性格を「*校長としての資質をより磨くためのとか，あるいは「いろんな」問題に対応するためのお仲間の組織，一方で色んな行政的な要望を出す，その二本柱*」と表現していた。研修と問題解決のための「お仲間の組織」，加えて行政への要望活動を行う性格として校長会の組織活動を捉えていた。

7．G県

(1) 校長会の概要

Ｇ県小学校長会（以下，Ｇ県校長会）の概要は以下の通りである。

学校数が比較的多いＧ県では，県校長会の下に市校長会ないし各地区（市町村のかたまり）校長会が存在する。全連小の全国大会がＧ県で開催されたことを契機に発足した。政令指定都市の校長会は全連小に加入することができないため，県内の政令指定都市の校長会は県校長会に含めて全連小に加盟しており，県校長会と密接に連携を取りながら運営されている。Ｇ元会長の印象としては，Ｇ県校長会の中心は政令指定都市であるＹ市の校長会とされている。

県校長会への加入率はかなり高く，ほぼすべての小学校校長が県校長会に加入している。県校長会の運営を中心的に担っているのは，会長，事務局長を中心とした役員である。次期会長はこの役員の中から選出されるが，慣例的に事務局長が次の会長に就くことになっている。なお，県校長会の副会長は，Ｙ市校長会および５ブロックに分かれている県内の各地区校長会の会長の中から互選により選出されることになっている。

県校長会の本部と県教育委員会はＹ市にあることから，県校長会の会長や副会長をＹ市の校長が務めることが慣例化していた。だが，現在は，Ｙ市以外の校長も会長を務め，事務局長をY市の校長が務めるようにしており，県全域の校長が県校長会の運営に関わることができるように組織体制の見直しを行っている。G元会長によれば，県校長会は全連小の中でも，研究において一目置かれる存在であった。

なお，県校長会が活動方針として掲げていることが4つある。ひとつは，最新で有効な情報を収集し，全体で共有することである。2つ目は，校長会内で，また校長会として，意見の表明や要望を積極的に行うことである。G県では，小学校長会，中学校長会そして教頭会さらにPTA連合会が一丸となって，県教委に対する要望を行う政策懇談会が設けられており，その要望書の取りまとめを活動の柱の一つとしている。3つ目が県校長会として，他の教育団体（G県の中学校長会や教頭会，PTA連合など）との連携を図ることである。そして4つ目が，校長の力量を高める研修活動の充実である。県校長会では年に一回，10以上の分科会を設け，会員の約半数が参加する全県大会を開催しているが，大会内の分科会活動が充実するように，分科会担当者が集まる研修を開くなど入念な準備をしている。

近年，活動のための会費の値上げを行い，現在では年間5万円強の会費を徴収している。県教委からの補助などは一切なく，手弁当で活動を行う任意団体としての自負がある。なお県教委と県校長会は，教育長の意向に応じて関係が異なり，常に強い関係を結んでいるわけではない。

(2) 校長の支えと拠り所としての校長会

G県校長会として，校長の支えや拠り所となるように，特に力を入れている活動が年に一回開催される全県大会の運営である。全県大会で必ず行われる分科会やグループ討議の際，学校規模が同じようなグループを設定したり，逆に異なる学校規模の校長が集まったりして意見交換できるような工夫をしている。その中で，社会状況や時代背景を反映させた研究課題はもちろんのこと，各校長が抱えている悩みなどを話し合っている。G元会長が「*校長先生方はそういう時に，やっぱり色々聞きたいわけなんですよ。それは非常に必要な場なんで*

すよ。そういう意味では，その全県大会という校長だけが集まる大会で『そういう手もあるんだ』とか『PTA と協力すれば良かったんだ』とか『そういう時は弁護士に相談する方がいいんじゃないの』みたいなことも含めて」と述べるように，校長同士の対話の場を設けている意味は大きい。

さらにG県校長会が県レベルの校長会であるがゆえに，全国的な動向や最新の情報を得られる点を重視して，それらの情報を各校長が共有できるようにすることの意義もある。G元会長いわく「*リーダーシップという観点から見れば，やはり最新の情報を得られるということは勿論，教職員が知らないうちに，学校は次こうなるぞって，そういう意味での情報を把握する校長は，やっぱりそれを出していってもらえれば，それはもう，やっぱり大きなリーダーシップの1つですよね*」と述べるように，規模の大きな校長会であるがゆえに得られる情報とその共有にも校長会による支えの重要性を感じているようである。

その一方で，校長の日常的な意思決定や判断については，県校長会ではなく各地区の校長会が各校長の支えになっている。具体的には，天候によって左右される運動会の開催可否や宿泊行事に伴うトラブルに関する情報共有などについて，地区内の校長会がプラットフォームになることで，気軽に他校の校長と相談できるようにする機能を地区の校長会が有している。また，県校長会が有している最新の情報を共有したり，全県大会に参加した校長が，他の校長とその成果を共有するためにも，地区の校長会におけるコミュニケーションは重要である。

(3) 県校長会と地区校長会による役割分担

G県校長会の特徴は，県全体の面積の広さや学校数の多さに起因する規模の大きさにある。そのため，前述したように県校長会の活動は，直接的に各校長を支えているわけではなく，県内にある各地区の校長会におけるコミュニケーションを通じて各校長の学校経営に活かされている。県校長会の役割は，県下の各学校や校長を直接的に支援するというよりも，それらの意見や要望を取りまとめて，県教育委員会と折衝していく点に見いだされるし，G元会長も県校長会の活動を「でかい話」と形容していた。

僕の言っている話は県の話，G県校長会ってでかい話なので，校長先生達が本当に困った時なんかは，やっぱりさっき出た各地区の校長会。いわゆるざっくばらんな本音，協力，アドバイスを聞くことができる校長会であれば。僕が言っているG県校長会ってもうちょっとでかい話なんですよ。

その教育委員会との関係性は対等であることが望ましく，県教委は県校長会を通じて，各地区校長会への情報伝達を行ったりすることも多々ある。一方で，県校長会も各地区における校長会の活動状況を把握するために，県教委との連携を重視している。なお，県校長会として各学校に対して働きかけるのは，例えば大規模災害の時などがあげられる。G県でも以前，地震や台風で，ある地区の全学校が休校になって断水してしまうことがあったが，この時，県校長会がその他の民間団体に情報を提供した結果，教育公務員弘済会がペットボトルの水1000本をすぐ届けてくれたことや見舞い金を拠出する動きがあった。

なお，G県はY市を除いて，管理職のなり手不足が深刻化している。そのため，各地区の校長会では年に一度程度，校長会が教頭や主任，管理職を目指す教員を集めて勉強会などを開いている。例えばある地区では，夏季休業期間中に「*一緒に勉強しませんか*」と声をかけて，懇親を含んだ勉強会の場を設けている。

第4節　小括

本章では，各県校長会の役員や事務局員等を経験した退職校長を対象としたインタビュー調査の結果から，県校長会の概要として，組織の基本的な実像を明らかにしたうえで，そうした組織が，またそのネットワークとしての環境が，初任期校長にどのように影響するかについて確認してきた。ここでは小括として，まず，「各県校長会の有する組織としての特徴」の共通性について，インタビューから確認したうえで，「研究・研修の機能」「情報提供の機能」「助言・相談の機能」をそれぞれ検討し，初任期校長を含めた校長を支えるネットワーク環境の特徴について整理する。

1．各県校長会の有する組織としての特徴

各県の事例からも明らかなように，県校長会は，組織として様々な機能を有し，同時に全県的に県内すべての市町村をカバーするように組織されている。構成員としての校長については，社会一般には公的機関である学校の代表としての地位を有するという社会的な認知を得ていると指摘できるが，その基本は「子どもたちのためにいい学校を創りたい」という「教育者」としての強い「意志」や「使命感」，これを支える「信念」や「倫理観」（D県）が根底にあったうえでの，こうした一人一人の校長の集まりであるという点が指摘できる。また，校長会費は自費（E県）であり，「手弁当で活動を行う任意団体としての自負」（G県）によっても支えられている。また，「中堅教員時代に自らの意思で夜間大学院に通うなど研究志向的」な一面も垣間見える。他方で一部に管理職のなり手不足（G県）が見られる。

一様ではないが，各県校長会は各部を構成することで全県的な組織の機能を担保していることが指摘できる。例えば，A県では，行政への施策・環境整備等の要請，福利厚生，地位待遇向上等の「外向け」の活動を行う対策部と調査研究や自主研修等，「内向け」の活動を行う研修部がある。F県では対策部，研修部，福利部，広報部がある。

こうした県校長会のスケール感（「でかい話」（G県））や，国の教育政策に関わる要望を上げていくはたらき（「要望活動」（B県））は，任意団体ではあるが，校長という管理職で構成される組織の有する力を端的に表している。だが，こうした全県的な組織を前提としながらも，各県における市校長会の動きは，県から指示されるというよりは，日常的には自律的な動きを有している。それは市校長会と各校長個人の関係についても同様のことが指摘できる。すなわち，県校長会，市校長会，そして各学校の校長は，一定の組織的な関係にあって，そ

こでは支援・援助の機能を有しているが，しかし，そこには強制や命令といった関係はなく，むしろ相互に自律的に動き，自主的に判断するという主体性が，各県校長会のインタビューには程度の差はあるが，多く共通する側面として指摘できる。

もちろん，国－都道府県－市町村－学校という，いわゆる指導助言関係としての教育行政の関係構造がある。ただ，同時に「校長会開催の際，県教委が行政説明及び様々な協力要請を行い，それに対して校長会が受け入れ，対応しつつ，校長会としての依頼や要請を行うことなどから，両者はパートナーシップの関係性」（A県）にあることが指摘できる。公的機関同士の関係をフォーマル，任意団体の関係をインフォーマルと区別することも可能ではある。しかし，本章の趣旨でいえば，校長，とりわけ初任期校長にとって，フォーマル，インフォーマルという区分以上に，こうした両面がネットワークとしての影響のある環境としていかに検討される必要があるか，本章はその範囲内での県校長会の検討であることを指摘しておきたい。

2．研究・研修の機能

校長会は様々な機能を有する組織ではあるが，その存在意義を第一に表しているのが，組織として研究を行い，またそれをもとに研修を行うという点である。これは改正教育基本法や旧来から教育公務員特例法に見られる教員の義務としての，いわゆる「研究」と「修養」に当たるものといってよかろう。例えば，「校長の役割」に重きを置き，「*研究主任でもできるような発表ではなく，目指す教育の具現化に向けてどのようにリーダーシップを発揮したかについてお互い語りましょう*」（C県）といった語りは，県校長会が組織立って行われる校長としての「研究」と「修養」の場であり，教員の見本や手本でもあると指摘できよう。

研究・研修の内容面では，学習指導要領などの新しい課題など，市校長会レベルでは単独では支えることは難しいものについて対応する（D県）といった点が指摘できる。また，運営面でも，分科会やグループ討議，規模に応じた学校の集まり（G県）といった工夫が各県において様々に講じられている。さらに，例えば2年目校長を対象とした研修（A県）の事例は，初任期校長を継続的に支える視点であるとともに，学会との接点など，主体的な活動としてのダイナミクスがうかがえる。

また，市校長会では，管理職登用試験を見据えて，次期の管理職候補のための研修会を年間10回前後，行っているところが多い（E県）など，県校長会の研究・研修の組織と相互に，また間接的に影響関係を有しながらも，市校長会レベルにおいても，自主的・自律的に運営されている。

もちろん，「*校長としての資質能力の向上とか，どう結びついているのかというのはなかなか難しい*」「*システムとして，こう積み上げて形にするというのは校長会でできるかというと難しいんじゃないですかね*」といった指摘（F県）もあり，任意団体による，どちらかといえば，インフォーマルな動きの側面，つまり先の指摘にある「手弁当」として端的に表現されるような運営の側面もあり，当事者達の抱える課題や苦労は少なくないと推察される。

3. 情報提供の機能

上に述べたように，研究・研修の機能は，存在意義の第一と指摘できるが，その研究的な専門性については課題がないわけではない。しかし，そうした課題は，管理職登用までの間で大学に内留したり，個別の研修会等に有識者を講師に迎えたりすることで補完しているとも指摘できる。

だが，情報やその提供という側面でみれば，そうした学術・専門性に勝るとも劣らない価値が指摘されるところである。つまり，研究・研修を中心としながらも，県校長会という組織によってもたらされる情報提供の有用性であり，そしてその迅速さである。すなわち国（文部科学省など），全連小等の全国組織，あるいは県教育行政からなど，確かなルートからの情報がスピード感（「*早さ*」（B県））をもって，あるいは「*必ず先取りした話*」として，場合によっては「*大学より，もしかしたら早い*」（B県）とさえ，指摘されるという意味で，有用性の高い情報が提供されている。つまり，その情報の有用性とは，校長としての実践にすぐに効果の期待できるものという意味で実効性をもったものであったり，あるいは自身の経営実践において参照すべきものであったりするが，同時にそれは上記の様々な教育関係機関・組織のレベルにおいてオーソライズされた情報ともいえる。そして，これらの指摘からは，インターネット等の情報ツールがいっそう進展する今日にあっても，県校長会の組織を通じた情報提供が，学校現場の校長からのニーズとしては極めて高いことをうかがわせる。

4．助言・相談の機能

上記の1から3までに述べた県校長会の組織としての特徴，研究・研修の機能，情報提供の機能，これらが機能する中で，県校長会の新任校長を含めた構成員としての校長に対する助言・相談の機能としての役割は非常に大きいことが指摘できる。

まず，全県組織という意味での県校長会としての助言・相談の機能である。すなわち全県大会という校長だけが集まる会で「*そういう手もあるんだ*」とか，「*PTA と協力すれば良かったんだ*」とか「*そういう時は弁護士に相談する方がいいんじゃないの*」といった校長同士の対話の場を設ける意味の大きさ（G県）が指摘できる。また，「*大丈夫か*」と声をかけて相談に乗ることが非常に重要になるといえるし，「*校長へのアドバイスは気心知れた者でないと難しい*」（D県）とも指摘される。他方で，「*校長だけが突っ走って空回り*」するような場合には，先輩の校長が諭すこともある（D県）など，県校長会の組織としてのネットワークを前提にするからこそ，こうした助言・相談のコミュニケーション関係が成り立っていることが推察される。

さらに市校長会に目を転じれば，県校長会と常に関係しながら，さらに日常的な意味で助言・相談としての機能を有していることが指摘できる。つまり，「支部ごと」の支えが大きい（C県）わけであるが，特徴としては，それは「ボトムアップ」として，また，県で示されたものが降りてきて，さらにまた「良いもの」としての意見や考えが上に上がっていくという意味での「win-win の関係」でもある（C県）。こうした市と県の関係性を踏まえたうえでの助言・相談の機能が指摘できる。また，日常的には，「*顔の見える関係になっていれば，近隣の先輩に指導を受けることもできる*」と指摘され，近い関係として校長間で日常的なネットワークを作ることができる（F県）。

また，市校長会の多くは，必ず月１回会合を持ち，検討がなされたり，アドバイスがなされたりする。つまり，一方では「心理的サポート」としての「声掛け」であり，「自分の経験」の語りである（A県）。他方で「ケースバイケース」の場合もある（E県）。つまり，学校長として「教育委員会と普通にやり取り」する面もあり，他方で「同じブロック単位」で，「*すぐ身近にいつでも話し合えるような状況，ブロックの中に先輩の校長と若い先生（校長）が必ず入って*」「*連絡取り合ってアドバイス受ける*」ことがあるという（E県）。

最後に，今後の課題と本章の内容に関わって補足を提示する。

第一は，県校長会を取りあげる意義についてである。本章では，県校長会について，全国の７つの事例をあげて検討を行った。だが，恐らく，本章で明らかにした県校長会の特徴は，当事者（各県校長会に在籍する現役の校長）やそのOBやOG（退職校長等）からすれば，ごく知られた内容であろう。しかし，本書の目的，とりわけ第Ⅱ部の質的調査として実施する初任期校長のインタビュー調査（第６章）について，これを我々自身が実施するうえでは，一度直接に経験者から県校長会の組織に関する知見を提供いただくことは必須であった。同時に，本章で描ききれなかった県校長会の機能と役割，その取組には，もっと評価されてよいと感じられるものも少なくなかった。学術的・実践的にいかに関わりを持っていくべきかは，我々研究者自身の課題であるといえるだろう。

第二に，本章で取りあげた事例の位置づけ及びこれらの事例を整理する意義と限界についてである。先に述べたように，本章は次章（第６章）の初任期校長インタビューへと繋がっていく。よって，本章は，研究プロジェクト全体でいえば，校長を対象とした全国的な量的調査（第Ⅰ部）と，個別の初任期校長インタビューという質的調査（第６章）の両作業を繋げる，いわば「ブリッジ」的な役割を果たしている。その意味では，県校長会の実像に迫ることを目的とするにしても，固有名をあげてその組織の辿った出自や歴史を事細かに明らかにして，県校長会のすべての特徴を明らかにすることを目的としたわけではない点に，本章の内容に関する限界がある。いずれにせよ，初任期校長を含めた校長の認識がいかに形成されるかについて，その背景や文脈を可能な限りコンパクトかつ明確に整理することは欠かすことの出来ない作業であり，また得られた内容については明文化する意義も大きいと判断した。

[注]

1）本章のもととなった調査の結果とその分析内容の詳細については，加藤崇英，髙野貴大，諏訪英広，織田泰幸，朝倉雅史，佐古秀一，安藤知子，浜田博文，髙谷哲也，川上泰彦，北神正行（2022）「校長のリーダーシップ発揮を支えるネットワーク環境としての校長会の機能と役割―都道府県小学校長会に関するインタビュー調査を通して―」『茨城大学教育学部紀要（教育科学）』第72号，487-509頁。

2）インタビュー調査を実施した調査者は，朝倉雅史，安藤知子，織田泰幸，加藤崇英，佐古秀一，諏訪英広，髙谷哲也，髙野貴大である。

[引用・参考文献]

・牛渡淳，元兼正浩（2016）『専門職としての校長の力量形成』花書院。

・大竹晋吾，畑中大路（2017）「学校管理職の専門性論―2000年以降を中心として―」『日本教育経営学会紀要』第59号，176-186頁。

・大野裕己（2001）「日本における校長のリーダーシップ研究に関するレビュー」『日本教育経営学会紀要』第43号，230-239頁。

・小松茂久（2004）「教青ネットワーク支援のための教育行政システムの構築」『日本教育行政学会年報』第30号，2-16頁。

・浜田博文（2007）『「学校の自律性」と校長の新たな役割』一藝社。

・浜田博文編著（2012）『学校を変える新しい力―教師のエンパワーメントとスクールリーダーシップ』小学館。

・浜田博文他（2020）「校長のリーダーシップ発揮を促進する制度的・組織的条件の解明と日本の改革デザイン(1)―スクールリーダーの職務環境・職務状況に関する基礎的分析―」『筑波大学教育学系論集』第45巻第1号，43-68頁。

・水本徳明（2004）「学校経営の新しい考察枠組み（教育経営学の再構築(3)：新しい方法論の形成）」『日本教育経営学会紀要』第46号，146-150頁。

第6章 初任期校長による校長職イメージとリーダーシップの発揮
――小学校初任期校長の事例分析――

第1節 本章の目的と分析の視点

本章の目的は，初任期小学校校長（以下，初任期校長と略記）を対象としたインタビュー調査の結果から，校長職に対する初任期校長の具体的な認識の内実を描き出し，「校長のリーダーシップ発揮を支え・促すための制度的・組織的条件」として見いだされる要素を明らかにすることである。

前章までに，校長，副校長・教頭，ミドル教員を対象に実施した質問紙調査の結果から，校長のリーダーシップをとりまく制度的・組織的条件の実態について論考してきた。そこで得られた主な知見は，校長のリーダーシップ発揮には，校長が学校の組織的条件や課題状況を見定め，学校経営の外的諸条件を有効な資源として活用できるかどうかが大きく影響するということであった。一方で，質問紙調査の限界として，校長が実際に自身の職務やリーダーシップをどのようなものとして捉え，いかなるリーダーシップを発揮しようとしているのかについての詳細，そして，リーダーシップの発揮を支え・促す要因・条件は何なのかといった諸点について，具体的な状況・文脈に即して，その実相を明らかにすることは難しい点があげられる。

そこで，本章では，校長就任の前後で校長職に対するイメージや考えにどのような変化があったと初任期校長が認識しているかを，個々の具体的な状況・文脈において描き出すことを通して，「校長のリーダーシップ発揮を支え・促すための制度的・組織的条件」に該当するものとして何が見いだされるかを検討することを試みる。

第2節　調査の方法

1. 調査方法・調査対象

本調査[1)]では，全国7地区（九州・沖縄，四国，中国，近畿，北信越，関東，東北・北海道の各地区から一つの都道府県を選定）の初任期（原則2～3年目）の小学校校長計17名を対象とするインタビュー調査を実施した。対象者の概要は**表6-1**の通りである[2)]。対象者の年齢はいずれも50代である。

初任期校長を対象とした理由は，次の2点からである。1点目に，校長就任から比較的年数が経っていないため，校長の職務やリーダーシップに対する就任前後のイメージ・考えを語りやすいと想定されること。2点目に，初めて校長を経験する中で孤独感・困り感を持った時にそれらを低減させたり，リーダーシップを発揮したい（すべき）時に，それらを支え，促したりするものとして捉えている（期待している）もの・ことについて語りやすいと想定されたからである。また，調査対象者については，率直に感じていること・考えていること

表6-1　対象者の概要

番号	対象者	性別	校長通算経験年数(学校数)	行政経験有無	最終学歴	調査日	調査時間
1	A1校長	男性	2年目(1校目)	なし	4年制大学	2019年12月9日(月)	約55分
2	A2校長	女性	2年目(1校目)	あり	4年制大学	2019年12月9日(月)	約65分
3	A3校長	男性	2年目(1校目)	なし	大学院	2019年11月19日(火)	約60分
4	A4校長	男性	4年目(2校目)	なし	大学院	2019年11月19日(火)	約75分
5	B1校長	男性	2年目(1校目)	あり	大学院	2019年12月17日(火)	約70分
6	B2校長	男性	3年目(1校目)	あり	4年制大学	2019年12月16日(月)	約60分
7	C1校長	女性	2年目(1校目)	あり	4年制大学	2019年11月11日(月)	約60分
8	C2校長	男性	2年目(1校目)	なし	4年制大学	2019年11月26日(火)	約55分
9	C3校長	男性	3年目(1校目)	なし	4年制大学	2019年11月20日(水)	約60分
10	D1校長	女性	2年目(1校目)	あり	4年制大学	2019年11月27日(水)	約60分
11	D2校長	男性	3年目(2校目)	あり	4年制大学	2019年12月27日(金)	約60分
12	E1校長	男性	2年目(1校目)※1	あり	4年制大学	2019年12月10日(火)	約55分
13	E2校長	女性	1年目(1校目)	あり	大学院	2019年12月10日(火)	約65分
14	F1校長	男性	2年目(1校目)	あり	4年制大学	2020年1月8日(水)	約55分
15	F2校長	男性	1年目(1校目)	あり	4年制大学	2020年1月22日(水)	約60分
16	G1校長	男性	2年目(1校目)	なし	4年制大学	2019年12月28日(土)	約60分※2
17	G2校長	男性	2年目(2校目)	なし	4年制大学	2019年12月28日(土)	約60分※2

注：※1　調査時，行政在職
　　※2　2名同時の実施

を語ることができるよう，本書の執筆陣である調査者（共同研究者）のネットワークを生かした機縁法によって選定・依頼を行った。なお，調査結果は匿名で扱うことや，文書及び口頭にて調査目的・方法等の説明を行った後に調査への同意書に署名してもらうなど，倫理的配慮を行ったうえで実施した。

2. 調査時期・時間

調査は，2019年11月～2020年1月の期間に，各校長へのインタビューを調査者1～2名[3)]で実施した。各校長へのインタビューの実施時間は約1時間であった。

3. 主たる質問事項

インタビュー調査は，事前に質問の柱として以下の4点を設定し，それらの話題を中心としながら互いに自由にやりとりを行う半構造化法にて実施した。

① 校長の役割・職務・リーダーシップに対する考え（校長就任前後）
② 校長としての職務遂行・リーダーシップ発揮に際しての校長が有する裁量権限の有無とその程度に対する考え
③ 校長としての職務遂行・リーダーシップ発揮を支えている人・もの・ことに対する考え
④ ③に関わって，校長会（都道府県校長会や市町村校長会），教育委員会，所属する研究団体・組織，研究者等専門家との関わりや交流からの支えの有無・程度・内容

4. 分析手続き

分析の手続きは，以下の通りである。

(1) 質問事項（質問の柱）における特徴的な語りの抽出

はじめに，録音された音声データ（全対象者より録音許諾あり）の文字起こし

を行い，前記質問の柱ごとに，対象者における特徴的な語り（生データ）を抽出した（一次分析資料として整理）。

(2) 分析視点の析出と各視点に該当する語りの抽出及び分析・考察

次に，一次分析資料に基づく調査者間での共同討議によって，分析視点の析出を図った。その結果，以下の6つの分析視点が導出された。そして，全事例について，それら各分析視点に該当する語りの抽出とその分析・考察から成る資料を作成した（二次分析資料として整理）。

① 校長就任前後のイメージ・考えの変化・比較
② 初任期校長の孤独（リアリティショック）と責任
③ 校長の職務やリーダーシップ
④ リーダーシップを支えるもの
⑤ 校長職特有の大変さやリアリティショック
⑥ 校長としての「責任」

(3) 最終的な分析視点の析出と各視点に該当する語りの抽出及び分析・考察

最後に，二次分析資料に基づく調査者間での共同討議，特に，6つの分析視点の内容面での重複や相互関連等に焦点を当てた討議によって，以下の4点の最終的な分析視点の析出とそれら各分析視点に該当する語りの抽出及び分析・考察を行った。

① 校長就任前後のイメージ・考えの変化・比較
② 初任期校長の孤独と責任
③ リーダーシップの発揮とそれを支えるもの
④ 当該校長に特徴的な内容が見いだされた例

なお，**表6-2**は，一次分析資料作成時に「語りの生データ」と「17事例を担当した各調査者の報告」をもとに作成・整理したものである。

表6-2　対象者における語りの特徴

対象者	プロフィール*	1. 校長に就任する前のイメージと，実際に過ごした1年目の経験の中身にどのような特徴がみられるか？	2. 1人職としての「孤独」といったものがどのように表現されているか，また，それとどのように向き合っているか？	3. 校長の職務やリーダーシップの語られ方にどのような特徴があるか？	4. 校長会をはじめとするネットワークの活用にどのような特徴がみられるか？
A1 校長	・男性 ・2年目（1校目） ・行政経験なし ・4年制大学	・校長に就任する前は「本当に何を考えていいかも分からないぐらい緊張してました」と語られた。また，それまでの経験で見てきた校長の姿を思い出しイメージしようとするが，見ているようでみえていなかったことを自覚する状態だった。実際に過ごした1年目の経験は，未経験の人事の難しさを痛感した点と「緊張が解ける間がなかなかない」点が特徴的である。	・自身が判断・決断を下さなければならない立場との関係で，「もんもんと考えてる時間が長くて，得も言われん緊張感というか，精神的なプレッシャーというか，そういったものは常に感じている状況では，いまだにそういう部分はあります」と表現された。 ・「教頭，教務，ここからの情報が非常に大きい。」「やっぱり情報として一番頼りになるのは，教頭先生からの情報，教務主任からの情報。ここがやっぱり大きな材料というか，判断材料にはなりますね」との語りに表れている。	・職員との関係構築と情報の共有が強調して語られた。例えば，「最終的にやっぱり自分が，いかに責任を持って判断できるかっていうところなので，そこまでの情報収集とか，先生方との人間関係づくりとか，その辺がやっぱり，そのキーになってくるんだろうなと思います」「非常にいい先生ばかりなので，日常活動で，こうしなさい，ああしなさいと，がみがみ言う必要全くない，お任せしていいんだけれども，お任せする以上は，何かあったときには，こっちで責任取らないかんっていうところの覚悟っていうのは，やっぱりしとかないかんのやろうな」といった語りに代表される。	・情報交換の場としての側面が強く感じられた。
A2 校長	・女性 ・2年目（1校目） ・行政経験あり ・4年制大学	・就任する前と実際の1年目の経験との間で，「人とのつながりを大切にする」点は相違がない。また，それが教諭間のつながりを中心とした教諭時代とは異なり，校長になると地域も含めたより広い範囲でのつながりの必要性がイメージされている。	・対比として教頭時代は「まだ後ろに校長先生がいらっしゃるという安心感が，そのときは，きっとあったんだろう」と表現され，校長は「もう後がない。その後がない中で責任を持って，いろいろなことを判断していかないといけないっていうことに，怖いなとも思いましたし，大変だなとも思いました」と表現された。	・自身が引っ張っていくというニュアンスではなく，主任をはじめとした教員それぞれが自律的に動き，各々の強みが発揮されそれらが組み合わさっていくよう工夫するニュアンスで校長の役割やリーダーシップがイメージされている。	・悩みを交流したり共有したりできる場として校長会が活用されている。また，教育委員会や教育センターとは必要な時に学校を支援してもらえるよう，常につながりを持っておくことが意識されている。

			・校長同士のつながり，中学校ブロックとの関係，地域，PTA 役員との関係，PTA との関係などを支えとして向き合っている。		
A3 校長	・男性 ・2年目（1校目） ・行政経験なし ・大学院	・自校昇任であり，就任前後での校長イメージ（「こうしたい」ということ）に変化はない。 ・協働性・同僚性（特に学年のそれ）を重視。	・「孤独」を感じている様子は感じなかった。校内では教頭，主幹と情報交換・共有ができており，校長としての「判断，意思決定」の根拠となっている。区の校長会，特に，教科の研究会の先輩校長との情報交換，アドバイスに支えられている。	・校内外のリソース，特に人的リソース（援助者，協力者という面）を最大限活用することを重視している。そして，教頭，主幹，教職員に対しても期待し，それが実現され得る組織体制（組織づくり）を目指している。	・区の校長会，特に，教科の研究会の先輩校長との情報交換，アドバイスに対する期待が高い。全国にいる大学院時代の同窓生は，全国の教育事情・状況などの情報源という位置づけである。
A4 校長	・男性 ・4年目（2校目） ・行政経験なし ・大学院	・マネージャーとリーダーの両面を重視する。就任後は，教頭と教務に対する信任が厚いため，二人に任せる部分が大きくリーダーという側面が強い。しかし，もし，おぼつかなくなったらマネージャーという側面が強くなると捉えている。	・教諭時代から教科の研究会・大学院・学会等で教育課程の研究を行い，専門に関する情報の重要性を認識してきた。孤独を感じるというよりは，新たなことを始める，問題解決を図るために，自ら情報を収集するという意味において，「強い個」が確立されているという印象である。	・「学び続ける校長像」というイメージである。それも，学会，専門家団体，専門書が提供する新しく専門的な知識・情報を重視している（根拠にしている）。校内組織においては，教頭，教務に対する役割期待が高く，実際に期待以上の役割を遂行するための支援や育成を行っている。	・自身が研究者タイプであるためか，校長会に対する期待はさほど高くない。個人として，学会，専門家団体，専門書が提供する新しく専門的な知識・情報を重視している。
B1 校長	・男性 ・2年目（1校目） ・行政経験あり ・大学院	・マネジメント力や企画力が大事だというのは，就任前から考えており，就任後の現在でも大事にしている。加えて，就任後には，教職員に意欲ややる気を持って行動してもらうようにすることが校長としてより大事であると感じている。	・「孤独」という言葉は語られなかった（学級担任の経験と重ね合わせているからであろうか？）。	・校長就任までは中学校籍で教職キャリアを歩んできたが，小学校の校長に求められるのは，学級担任のような働きだと感じている。つまり，小学校の場合，ピラミッドで教員組織が形成されるというよりも，ダイレクトに校長が対応する機会が多いため，学級担任としてクラスの子どもたちに目配りをする対応に似ているという。 ・校長になると責任が重い分だけ判断することは広いが，窮屈ではないと語り，逆に市教委等と相談しながら，よりダイナミックに動けるという感覚を語っていた。校長には重い	・市や地区の校長会は日常的に相談する相手であり，あたたかく迎えてくれる存在として位置づけている一方で，県の校長会は国・県の方向性を知ったり，研究発表を行ったりするものとして位置づけている。

				責任があるものの，市教委などと相談した上で，判断をして，裁量の中で目いっぱいできるという意味では，校長のほうがやりやすいとも語っていた。ただし，それが独善的にならず，教職員のやる気を引き出しながら行動することを大事にしていると語っていた。	
B2 校長	・男性 ・3年目（1校目） ・行政経験あり ・4年制大学	・校長着任以前から，県教委職員として県校長会で校長の在り方を話すなど，校長の役割・職務のイメージをしている。しかし，実際に校長に着任すると，なかなか県教委のいうようにはうまくいかないということを痛感したという。そして，校長の仕事は，学校経営方針や学校目標をいかに教職員間で共通理解し一つの方向に向けていくかであると認識したと語られた。	・校長の悩みは部下に相談しにくく，最終責任を負わなければならないため，「孤独」を感じたり，「病む」校長もいたりすることが課題として語られた。実際に，自身も孤独を感じていた。それに対しては，退職校長などの本音が話せる相手に相談に乗ってもらい，向き合っている。また，校長の悩みは，校長経験者にしか話せない部分があることが語られた。	・自身の教員経験や統合新校立ち上げの経験に基づき，地域住民とのかかわりが学校経営上鍵となることが随所に語られたが，それとともに働き方改革が求められる難しさも合わせて語られた。 ・県教委時代に人事評価制度システムを構築した経験から，教員評価と表彰制度で教職員のやる気を引き出す志向性が語られた。 ・職員から教頭へ，教頭から校長へというプロセスの学校経営を「阿吽の呼吸」「スムーズにいく」と表現していた。	・市の校長会において，教科外の事務，教科で複数の係を務めている。 ・職務遂行上の情報交換，収集のために校長会を位置づけていたものの，「本音」の相談は，校長会を通じてというよりも，「一緒に働いたことがある」校長経験者にしていることが語られた。
C1 校長	・女性 ・2年目（1校目） ・行政経験あり ・4年制大学	・長期間（18年），学校現場から離れていたことによる分からなさ，不安はある程度あったものの，校内外の様々な人に対する情報収集によって，不安等の解消に努めた。	・一人職として判断 ・意思決定の根拠として校長同士，校長会において様々情報収集をする。	・マネージャーという意識が強い。	・市，区，中学校区とそれぞれのレベル感に合わせて活用している。主たる目的は情報収集であるが，中学校区については，細々とした取り決めや中学校区としての方向性等のすり合わせのために，特に重視している。
C2 校長	・男性 ・2年目（1校目） ・行政経験なし ・4年制大学	・就任前後とも，「協力，支え合う」という価値観を重視しており，イメージの変化やギャップは感じていない。	・「学校内のことは，他の職員といろいろな話をすればいいんだけど，校長としてということになると」ということで，教職員からの援助を受けつつも，特に，中学校区校長同士との情報	・自身が被援助志向を有することから，教頭をはじめ教職員からのサポートを受けることに抵抗がない。	・地方の校長研究大会では県や地域の特性を知ることができ，有意義さを感じている。 ・県校長会は他市校長との研修・交流に意義を見いだ

			交換や支え合いから安心感を得ている。		し，市の校長会は前記内容に加え，市の校長としての情報交換や困り感の共有に意義を見いだしている。 ・中学校区校長会は，初任が多いということもあり情報交換に加え，心理的安心感を得ている。
C3校長	・男性 ・3年目（1校目） ・行政経験なし ・4年制大学	・子どもを軸に，トップダウンよりはボトムアップ，下支えのイメージでの校長像を有していることに変わりはない。	・就任時は特に，学校にとって「校長室が最後の部屋（砦）」という緊張感，不安感，責任の大きさを感じた。それらを少しでも和らげてくれたのは，町内他校同士のつながりであり，町教委（小規模自治体であるため，教育長と直接という場面も多い）の支えである。	・子どもを軸に，トップダウンよりはボトムアップ，下支えのイメージ。教職員のモチベーションや協働意識をいかに醸成するかが最大のポイントと捉えている。	・就任時は特に，学校にとって「校長室が最後の部屋（砦）」という緊張感，不安感，責任の大きさをを感じた。それらを少しでも和らげてくれたのは，町内他校同士のつながりであり，町教委（小規模自治体であるため，教育長と直接という場面も多い）の支えである。7小1中であり，全校長が一つのチームという感覚を有している。
D1校長	・女性 ・2年目（1校目） ・行政経験あり ・4年制大学	・就任前は強いリーダーとしての校長像を抱いていたように思うが，自身は調整型（調整役）としての役割を自覚的に実践している。	・校長としての責任の重さゆえの「孤独」。だからこそ独断にならないように様々な人から話を聞き，場合によっては教育関連の「雑誌」からも情報を集めている。	・よりよい学校運営のために様々な情報の収集を大切にする。そのためには，普段からの教職員との「対話」，場合によっては学校外部の人や教育関連の「雑誌」や校長会の大会からも情報を収集することを重視している。	・人脈と情報収集を重視している印象を受けた。
D2校長	・男性 ・3年目（2校目） ・行政経験あり ・4年制大学	・行政経験が長かったため，教頭時代の校長の存在が大きい。校長として，人や地域とのつながりを密にすること，歴史や伝統を継承することを大切にしている。	・校長は責任が重くエネルギーが必要。やりがいと「孤独」は表裏一体。孤独で立ち止まってはいけない。孤独を支えるのはまずは職場だと考えているが，次に教育委員会，最後に校長会の存在がある。	・最終的に責任を持って「決断すること」が重要である。校長の職務は，職員との対話，共通理解の形成，学校としてのビジョン（目指す方向）を模索すること。もう一つの職務は，「地域とつながっていく」「つながりを作っていく」「関係を密にしていく」こと。	・外部との人脈の構築を重視，困ったときには教育委員会からの情報を重視している。

E1 校長	・男性 ・2年（1校）※調査時，行政在職 ・行政経験あり ・4年制大学	・校長は孤独感を感じるというのは聞いていたが，実際に校長になると，最終的な判断をしなければならない存在として孤独感を感じ，悩みを感じた。 ・経験上，一番学校を動かす実感を持てたのは，教務主任や教頭時代。校長は意外とできない。ただ，それは，校長になる前から，ロールモデルとなった校長の学校の動かし方から理解していたし，就任時にも，教務主任時に仕えた校長から念を押された。	・校長は最終決定を自身の判断でしなければならないという意味で孤独感があるが，それを当然と捉えている。そのうえで，様々な情報や事例を集めて，どのように教職員のモチベーションを上げ，決定した方向性で進んでもらうかを考える存在として校長を位置づけている。	・他国（ドイツ）と比較し，日本における校長の裁量のなさを認識しつつ，裁量が与えられたところで，日本の校長が実際にうまく経営できるのかには，疑問を持っている。 ・校長は，教職員を信頼し，学校を動かす実働を教務主任や研究主任，教頭に任せ，俯瞰して学校の動きを見とる存在。学校の動きを「渦」に例え，主任や教頭が渦の動きを作っている中，校長は渦を俯瞰して捉える立場（＝学校の成長を客観的に見られる立場）としている。そして，教頭や教務主任などとは異なるチャンネルから学校の動きにアプローチする存在として校長を位置づけている。	・校長会は事例や情報を集めるためのネットワーク。そこで得られた情報はあくまで事例で，参考にはなるが，それに全て頼るという志向性ではない。また，校長会の単位（市町村，県など）は情報収集する先としてそれぞれ重要で，並列の存在としていた（「ここで情報を現実に照らす力をつける」といったメモあり）。
E2 校長	・女性 ・1年目（1校目） ・行政経験あり ・大学院	・就任以前から，校長は様々なことを最終的に判断しなければならないことを理解していたが，就任後，その判断のスピード感が求められることを身をもって知った。そのため，悠長に考えるのではなく，自身がこれまで培ってきた価値観で判断している部分もあることが語られた。 ・スピード感に加えて「わかりやすさ」についても，道路工事の際の誘導の旗を例にとって語られていたことが印象に残っている（「判断のために必要な情報についても即座に指示をしなければいけない」とのメモ）。	・「孤独」という言葉はインタビュー中，発言されなかった。その背景には，ネットワークを活用し，孤独を縮減している可能性が示唆される。何か困ったことがあればすぐに電話したり，定期的に面識のある退職校長からアドバイスを受けたりなど，様々なネットワークを構築しているため，孤独は語られなかったとも推察される。ただし，直接，「孤独」に関して問わなかったため，語られなかった可能性も大いにある。 ・ネットワークの活用に加えて勤務校が小さな学校であることも関係しているかもしれない。職員集団自体が小さいので，「一人の孤独」を実感するような環境がないのではないか。	・市教委勤務の経験を生かし，市教委の人・カネの動きを把握し，自校の学校経営に活用している。なおかつ，市教委勤務の経験が法規や予算などに明るくなる機会だったとプラスに考えている。 ・様々なネットワークやつながりに依拠して，職務に当たっていることが随所に語られる。 ・対外的なアピールとロビー活動を様々な場所で行い，「種を蒔いておく」のが校長の仕事と語っていた。	・管理職試験対策の研修団体やこれまでに仕えた校長，地区の校長会など，これまでの経験で得た様々なネットワークを生かしている。そのネットワークは，事柄に応じて相手を選択し，相談している。

F1 校長	・男性 ・2年目（1校目） ・行政経験あり ・4年制大学	・謙虚に話されてはいたが，教頭経験や行政経験から得た校長イメージは，かなりはっきりとしたものをもっていることがわかる。同校を教頭として経験したこともあって，地域理解があったことは大きな強みになっている。	・特別支援の関係，校長会の関係など，非常にネットワークを良好に活かしている。一人職として判断・意思決定の根拠としてそうしたネットワークを活用している。	・特別支援教育や生徒指導の在り方や保護者との関係など，人間関係づくりをとても大切にしている。	・全国的なものから，県，県の地区，市と，特別支援教育，校長会，教科の教育の部会というように，それぞれの分野，それぞれのレベルで自ら役員等を担いながら，ネットワークも活用している。情報収集はその活動のなかで自然に得られている印象。
F2 校長	・男性 ・1年目（1校目） ・行政経験あり ・4年制大学	・校長になってみて実感したことを指摘してもらえたが，行政の立場の経験から戸惑うとか，驚くというようなものではなく，やはりこうなんだな，という意味での実感を語っているようだった。	・この地域の校長会の影響力の強さを指摘しているが，行政としては別の市のため，そうではない環境で校長がどうあるべきか，ということについても特に疑念はなく，また教科の教育でのつながり，大学の同窓，研修の仲間など，ネットワークを有していることで様々な解決の手立てをもっている。ただ行政経験から個としての強さを感じるし，むしろ周りを立てたり，配慮するぐらいのスタンスを感じる。	・行政経験とネットワークの豊富さから，校長職に対する向上心や新鮮味の一方で，力量や自信そのものを感じている。	・この市そのものが校長会の動きが活発である。
G1 校長	・男性 ・2年目（1校目） ・行政経験なし ・4年制大学	・役割や職務の内容については，大きな違いや変化はないと感じている。ただ，初期の頃は学校の最終意思決定者としての責任が精神的な負担になっている。	・「後ろになにもいない」という言葉で1人職としての孤独に近いものが表現されている。しかしその一方では，職場の一体感や協同的な雰囲気が，対比的に語られており，孤独と協同が並立している。	・市教委や市内の他校のことを意識しており，勤務校のリーダーであると同時に，教育委員会の方針や他校との兼ね合いを意識している語りがあり，「○○学校の校長」であると同時に「○○市の校長」という意識が見られる。 ・勤務校や市内における他の教師との関係性を重視しており，師弟関係を重視する。	・校長会を頼るという意識はなく，教諭の時から築いてきた教科のネットワークを活用している。初任の頃から続く他教員との関係の方を積極的に活動している。

G2 校長	・男性 ・2年目（2校目） ・行政経験なし ・4年制大学	・学級担任をしていたことに比べれば大きく変わったと感じている反面，次第に学校運営に関わっていく中で，校長としてのイメージが徐々に築かれていった。	・その頻度は決して多くないが，重大な意思決定が迫られる際（変革期）の自身の役割の大きさが「決断」という言葉に表れている。	・校長のリーダーシップや決断の重要性は，常に発揮されているものというよりも，大きな変化が起こる際に発揮されるもの，という認識がある。 ・個別学校として判断しない方がよい事案というものがあり，その際には市の意向を重視して，全市としての判断が優先されるという認識を有している。	・校長会は情報源としての意義があるため，情報共有と意思決定のために活用されている。 ・力量形成やスキルを磨くという点では，教諭の時から長い時間をかけて築いてきたネットワークが活かされている。 ・特に教科のネットワークが，校長になってからも活かされており，教科の研究をしていた他教師の管理職としての側面から学ぶことがある。

注：※性別，校長通算経験年数（勤務校数），行政経験有無，最終学歴。

第3節　分析結果

本調査では，「校長のリーダーシップ発揮を支え・促すための制度的・組織的条件を明らかにする」うえで，校長就任の前後で校長職に対するイメージや考えにどのような変化があったと初任期校長が認識しているかに着目した。各調査者から集まったデータは5名の共同研究者で分析を行い，全校長の語りを横断的に確認した。その中で，校長就任前後でのイメージの変化の中に，校長が一人職であるという特徴から生じている感情や役割意識，それとの向き合い方に，「校長の意識しているリーダーシップの特徴」やそれを「支えている要素」が表出している可能性が見いだされた。

そこで，本節では，「1. 校長就任前後のイメージ・考えの変化・比較」として，実際に校長から語られた具体的な語りの内容とそこから何が見いだされたかを述べる。次に，「2. 初任期校長が経験する孤独と責任」として，一人職であるという特徴から生じている感情や役割意識としてどのような認識が存在していたかを述べる。そして，その中で本調査が対象とした校長には「校長としてのリーダーシップ」がどのようなものとしてイメージされており，それが何によって支えられていると推定されるかについて分析する。それらの結果を，「3. リーダーシップの発揮とそれを支えるもの」として述べる。

1. 校長就任前後のイメージ・考えの変化・比較

校長就任前後のイメージ・考えの変化としては，イメージできていたことを語る校長と，イメージはしていたが実際の違いを実感したことに力点を置いて語る校長とが確認された。多くの校長が，「マネジメント」という役割イメージを就任前から有していたことが確認された。そこでイメージされている「マネジメント」とは，校長として，子どもの成長や学びといった教育の成果を生み出すために，個々の教職員や組織としての教職員集団に焦点を当て，教職員の職務意欲の向上や教職員組織における人間関係を含む組織力の向上に注力するといった意味合いで語られていた。

例えば，C3校長の語りは，このような校長の役割イメージの典型的な内容だと考えられる。C3校長は，校長就任前の校長モデルについて，これまで出会った校長に影響を受け，トップダウンというよりもボトムアップ，教職員を支える存在としての校長イメージを有しており，就任後は，このイメージに基づき，「子どもの姿・実態」を前提とした学校づくりやリーダーシップの発揮を意図していることが確認された。

C3校長：

出会った校長で，「ああ，こんな校長いいなあ」と思ったのが，職員をよく見てくれている校長。だから職員が何をして，何をがんばっているかというのを，そのまま認めてくれる校長っていうのが，一番自分が勤めた中では，自分の中でもモチベーションも上がったし，ああいう校長になりたいなっていうのはありました。

教頭の時から，自分自身が子どもと近い関係にあったので。そこは校長になっても，子どもの様子から離れない距離にありたいなということは思っていました。だから子どもの話を教員とできるのがベースかなというふうに思ってます。

先生方に対しては，トップダウンではなくて，今の子どもの実態がこうあって，だからこういうふうにしていこうというところから始まって，やっていって，子どもがどうなったかという。子どもを軸にリーダーシップを発揮できていけるようにしたいなと思います。

また，B1 校長は，校長の役割・職務・リーダーシップについて，「多分マネジメント力が必要かなっていうふうには考えていました」と語り，「これまでのように管理型の校長では厳しいし，いろんな課題があるので組織的な対応をしていかないといろんな課題には対応できないので。マネジメント力とか企画力っていうのが組織的な対応ができるような，そういう力がいるんだろうなっていうふうには考えて」いたという。そして，「なる前はやっぱりリーダーシップを発揮して，重点目標を決めて絞り込んで」，「指針を示してその共通理解を図って進めていけば進むだろうっていう予測はあった」と語った。校長着任後にも「マネジメント力や企画力が大事だ」という認識に変化はないが，リーダーシップに関しては，校長が先頭に立って経営方針を示し，重点目標を示すことも大事だが，「いかにこの先生方に意欲とかやる気を持ってもらって」「行動してもらえるかっていうとこがもっと大事だな」と「つくづく感じて」いるという。

C2 校長は，初任教員時代に赴任した「田舎の学校」での経験や当時の校長の「学校だけでなく地域と協力しながら，子どもを育て，学校を楽しいもの（場）にしていく」という考えに影響を受けたという。そして，具体的には，「自分のタイプとして，グイグイ引っ張って行くというタイプでは全くないので。校長として行ったら，1 校任せられるから，そこの職員と協力して，楽しい学校を作っていければいいかなというふうなことは思っていました」と語り，就任前後とも，自身が先頭に立ち教職員を引っ張るというよりは，「協力，支え合い」を通して，学校を楽しい場所にしていく存在としての校長イメージを有していた。

一方で，校長就任前のイメージからの変化や視点の広がりを語る校長もいた。例えば，D1 校長は，就任前に有していたイメージとして，「校長先生が代わると学校が変わることを目の当たりにした」「校内研修や学校運営についての一定の方向を明確に打ち出すことで，職員の士気も上がったり下がったりする。

学校自体が変わる。それが子どもの姿となって表れる」「校長の役割としては，進む道をビジョンというような形で明確に示すことが大切」という考えをもっていたことを語った。そして就任後は，「教頭は『調整役』の仕事が主で，職員室を教室に見立てると，先生方の担任のような役割。校長は，学校だけでなく外部（保護者・地域・関係機関）との関わりが非常に大きい」とイメージしている旨を語っている。つまり，就任前は強いリーダーとしての校長像を抱いていたが，就任後は調整型（調整役）としての役割イメージに変容し，その自覚のもと実践していることが語られている。

さらに，校長イメージの変化が見られた事例として，E2校長がいる。E2校長は，「校長は決断する仕事だっていうのは，なる前もなってからも変わりはないんだけれども，そこにはスピード感が要るんだっていうのがすごく実感」したと語っている。そして，現在は，培ってきた価値観に基づく判断と「迷ったときにはいろんな人に聞きながら職員にも聞きながら，判断をなるべく早くする」という「スピード感をすごく大事にしたい」という。その背景には，「そうしないと職員が路頭に迷うというか，どうしたらいいか分からないし不安になる」という思いがあり，「わかりやすさ」も大事にしている。その例として，道路工事の誘導の旗を振る人があげられた。

以上，就任前後の校長イメージの内容と変化の有無の実相について主に語られた内容を確認してきた。得られた具体的な語りの基盤ないし背後には，「責任」という概念があることが特徴として見いだされた。何名かの校長の語りに特徴的にみられた事柄は，就任前のイメージに比して大きな「責任」を実感したことや，一人職としての校長という立場の特徴への言及であった。この「責任」への言及については，例えば，次のような語りが特徴的にみられた。

A1校長：
「俺は，どう動いたらいいんだろう」っていうところをもんもんと考えてる時間が長くて，得も言われん緊張感というか，精神的なプレッシャーというか，そういったものは常に感じている状況では，いまだにそういう部分はあります。

C1校長：
責任者。何に責任を持つのかといいましたら，日々感じているのは，子どもの命を守ることだなと。それが一番大事だと思っていますね。あとは，学校教育目標の達成。学校にかかわるあらゆること。(中略) 学校として何がミッションなのかとか，何をすべきなのかという方向性を。実態を見つつ。方角はだいたい決まっているので，そこに向かってかじ取りをするのかなということと。それがソフトだとしたら，あとはやはり，ハード面の施設の管理とか，それが大きいなと。やはり，子どもの命を守ること。私がなった年がいろんな災害が起こった年だったので，余計ひしひしと。(中略) ソフトとハードの責任者という。
あとは，人事管理というか，先生方と子どもたちの両方，みなが来てよかった学校と思ってもらえるように，勤めてよかったと思える学校というイメージ。人事管理といいながら，そういう学校を目指すための責任者かなとは理解をしています。

D2校長：
（人事や学校行事の変更に関する）最後の責任は校長にある。職員から希望が2つも3つも出てきた場合は，どれを今年は優先するというあたり，最後は希望の叶わなかった人に説明をして，「今年は我慢して」という形で，そういう調整は最終的には校長の権限です。大枠は増やすとか，そこまではお願いするが，市の配当予算は決まっているので，決められた中での裁量権は校長に，最終的に判断するのは校長です。

これらの語りに代表されるように，得られた語りの全体を通して，校長職に就くという文脈上の鍵概念として「責任」に着目する必要性と意義が見いだされた。よって，次にその点に焦点を当てて論考を進める。

2. 初任期校長が経験する孤独と責任

上記の校長への就任前後のイメージの違いとして経験されている内容からは，「責任」の重さや中身とそれをひとりで負う感覚が強く認識されていることが見いだされた。そこで，後者のひとりで負う感覚の強さをここでは「孤独」と表現する。

「責任」に関する認識の内実には，例えばA1校長の場合，「人事」に関わる職務の難しさと「判断」や「決断」の重さが実感されていた。また，自身の「責任」については，「最終責任者」「もう後がない」（A2校長），「自分が最後の部屋」（C3校長），「自分が一番の責任者」（D1校長），「私自身が学校の顔」「地域の顔」「C小学校っていうと○○（自分の名前）っていう，なんかシンボル的な」（F2校長），「後ろになにもいない」（G1校長）といった形で表現され，あわせてその責任の重さや精神的なプレッシャーの大きさが体感されていることも確認された。

例えば，A2校長からは，教頭時代には「まだ後ろに校長先生がいらっしゃるという安心感が，そのときは，きっとあったんだろう」と語られ，「もう後がない。その後がない中で責任を持って，いろいろなことを判断していかないといけないっていうことに，怖いなとも思いましたし，大変だなとも思いました」と語られた。以下，C3校長，D1校長，D2校長，F1校長からも同様に「ひとりで決断する」側面が強調して語られている。

> C3校長：
> 　ふと気がついたら，もう4月1日に放り出されて，ここへ来たっていう感じで。どういうんですか，最初の1カ月は，この部屋の向こうに部屋がない。自分が最後の部屋じゃないですか。そこにすごく，なんか不安感がありまして。もう学校経営というよりも，自分は今，今日，何をすべきなんだろうかという，その辺でもう頭がいっぱいだったのを覚えています。（中略）一人職で，本当にこの先にドアがない最終判断する所じゃないですか。いろんなところで責任があって，重責があると思うんですけど。

> D1校長：
> 　教頭のときは校長先生がバックに控えていて，頼るすべがあった。校長になると自分が一番の責任者で，ある意味孤独だと思う。自分はスパッと素早く判断することが得意ではないので，いろんな人の意見を聞きながら，判断していくことが多い。そういう意味では責任も重い。一人職種はみんなそうかもしれないが，孤独な部分もある。

D2 校長：
教頭時代と校長時代の大きな違いは，最後，決断をしなくてはいけないこと。教頭の時には，まずは何が起こっているのかを正確につかまないといけないので，地域の人や保護者と話したり，時には子どもとも話して，それを校長に伝えたり相談したりする。最終的にこういうふうにしてその問題を解決しようとか，このような学校の体制を組もうとか，最後の決断をしていたのは校長だった。それは校長の仕事のやりがいであるし，孤独も感じるし，本当にこれでいいのかと自問自答もある。決断して何かの方向を動かすというのは，すごいエネルギーがいることだなと。責任も重いし，大変なことだなと。

F1 校長：
もう自分が最終的に何でも決断をして，責任の重さというか，それはすごく感じるようになったっていうこと。

D1 校長，D2 校長の語りに確認されるように，「ひとりで決断する」側面の強調は，教頭時代との比較に基づいている。A1 校長の場合，その「責任」の重さが教頭職までの経験との比較で強く認識されていることが確認された。校長職特有の大変さに該当するものとして，実務的に行うことは減っているが，判断やものごとを考えることが続く大変さとそれに伴う精神的なプレッシャーが，教頭時代との比較で強調して表現された。その正確なニュアンスについてもインタビュー時に確認した。以下は，そのやりとりに該当する部分である。

A1 校長：
どんな 1 年間でもやっぱり，もう緊張が解ける間がなかなかないというかですね。実際に事務的な仕事とか動きの部分でいうと，多分，教頭時代より，だいぶ楽になってるんですよ。そこはやっぱり，あるんだと思うんですけれども，それをしてない時間に楽ができるかっていうと決してそうではなくて，次，「俺は，どう動いたらいいんだろう」っていうところをもんもんと考えてる時間が長くて，得も言われん緊張感というか，精神的なプレッシャーというか，そういったものは常に感じている状況では，いまだにそういう部分はあります。

調査者：
当たり前の質問になるかもしれないんで申し訳ないんですけど，やっぱり教頭時代は実務的にやることが非常にたくさんあって，ということから比べると，校長職っていうのは，物理的な仕事量としては，それよりは減るというか，言い方はちょっと正確じゃないかもしれませんが，軽くなるんだけれども，逆に心理的な緊張感みたいな，常に考えることがたくさんあるっていうニュアンスで受け取ってよろしいですか。もし，違っていれば正確な表現にしたいので。

A1校長：
多分，その通りだと思います。だからやっぱり，いっても，いろいろ仕事を忙しくこなしている教頭時代でも，責任とか判断とか決断とかいう部分に関しては，やっぱり校長先生にお任せする部分があって。そこの決断を聞いて，こちらはその実現に向けて精一杯，動かしていくという形を取っていたので，その判断するとか決断するとかいう部分に関して，今まで自分が，そういう立場で物事を真剣に考えきれてなかったというのは，もう，大きな反省点なんですが。校長先生は，こういうお気持ちでお話ししてたんだなっていうのが，なってみて初めて考えたって，お恥ずかしながらですね。もう，そのきつさは，かなり。

また，B2校長からは，校長の悩みは教員に相談しづらく，最終責任を負わなければならないため，孤独を感じたり，「病む」校長もいたりすることが課題として語られた。実際に，自身も孤独を感じていたという。それについては，退職校長などの本音が話せる相手に相談に乗ってもらい，向き合っているという。また，校長の悩みは校長経験者にしか話せない部分があることが語られた。職務遂行上の情報交換，収集のための機会や場として校長会が位置づけられていたが，「本音」の相談は，校長会を通じてというよりも，「一緒に働いたことがある」校長経験者にしていることが語られた。

一方で，一人職としての「孤独」は当然のものとして捉えられている語りや，「責任」の重さがやりがいでもあると捉えられている語りも確認された。

例えば，E1校長は，「校長って孤独だってよく話もすると思うんですけど，それは私もなってみて，やはりこれは本当に孤独なんだな」と感じたという。学校をどうつくっていくかを考える際に相談する相手がおらず，教頭と相談し，「学校の情報はたくさんくれる」ものの答えを持っているわけではなく，「最終的に答えはやっぱり自分の中にしかなくて，それをどうやってまとめていくのかっていうのは悩んだ」という。他方で「先生方は先生方で，こんなふうな状況をつくりたいとか，こんなふうな学校をつくりたいっていう，薄らぼんやりしたイメージを持って」おり，「その薄らぼんやりしたイメージと全く違うことを言うと，それはまたそれで反発につながったり，先生方のモチベーションが上がらなかったりする」といい，「その辺はどうやっていこうかなっていうのは悩んだ」という。また，近隣の学校長と情報交換をすることはあるものの，「そこに答えがあるわけではない。職務が違いますのでね」「直接的な相談相手というか，スーパーバイザー的なものをほかの校長先生方に望むのは，それは無理なことです，正直に言うと」という。つまり，どれだけ情報を集めても正解が得られるわけではなく，最後は自分で判断するしかないという認識がなされている。

一方で，孤独な状態は「それが当たり前だと思っている」といい，「それが校長の仕事だと思って」いるとも語られた。そのため，孤独を「どうかしようっていうことじゃなくて，いろんな人の情報とか事例は集める」が，「最終的には自分の学校の教職員集団をどうやってモチベーションを上げてって，つけた方向性にどう走ってもらうかっていうのを考えていくしかない」と語られた。その際，「今まで経験してきた学校の校長先生方の振る舞いとか，立ち居振る舞いがそのときそのときに出てきて，やっぱりロールモデルになるんだろう」と語られた。

C1 校長は，「一人で校長がやり切る仕事というものが，そんなにはない。意思決定はしますが，一人で決めて一人で実務をするということはあまりないのではないかと思うので。だから，学校組織の体制が整わなければならないですし」と語り，校長を一人職として強くは捉えていない。

D2 校長は，「『孤独』なままでいたら前へ進まない」とも語っており，「孤独」と「大変さ」，「やりがい」が一体となっているという趣旨の認識があることを語っている。

G2 校長の場合，大きな意思決定が迫られる際の自身の役割の大きさが「決断」という言葉に表れており，その責任の重さに一人職としての特徴が表出していたが，それらは常に感じられたり，意識されたりしているわけではなく，決断が求められる対象や時期によって異なっている旨が語られた。特に「変革期」と当人に意識されている時期に強く認識されることが語りの中から確認された。具体的には，「普通のルーティンワーク上の決定であれば，別にどうってことないんですが，例えば，最近あったやつでは，運動会を1日でやる流れからだんだん今，半日とかというふうな形になってきてて，それを最後どうするかで決めなきゃいけないんですよね。これはちょっと重いですよね。言ったら消せませんので。変革期における決断という意味では，結構責任を感じますね」と，責任の重い決断を自らが行わなければならない時に，責任の重さと孤独に似た状況が生じると語られていた。

3. リーダーシップの発揮とそれを支えるもの

次に，リーダーシップやリーダーシップを発揮することがどのようにイメージされているか，そして，それを支えていると認識されているものにどのような特徴が見いだされたかについて確認していく。

1点目に，インタビュー調査における各校長の語りから見いだされる「校長のリーダーシップ」は，教職員集団づくりやその活性化との関係でイメージされていることが多くの校長に共通する特徴として確認された。

例えば，E1校長は，教職員を信頼し，学校を動かす実働を教務主任や研究主任，教頭に任せ，俯瞰して学校の動きを見とる存在として校長職を捉えている。学校の動きを「渦」に例え，主任や教頭が渦の動きを作っている中，校長は渦を俯瞰して捉える立場，学校の成長を客観的に見られる立場としていた。そして，教頭や教務主任などとは異なるチャンネルから学校の動きにアプローチする存在として校長を位置づけていた。

A2校長は，自身が引っ張っていくというニュアンスではなく，主任をはじめとした教員それぞれが自律的に動き，各々の強みが発揮されそれらが組み合わさっていくよう工夫するニュアンスで校長の役割やリーダーシップがイメージされていた。それは次のような語りに特徴的にみられる。

A2校長：
　いろんな考え方があっていいから，狭めないで。だけど目標である学校教育目標とか，本校で決めている，「この目標に近づくようにお願いしますよ」っていう，この目標をみんなで共有してやっていきましょうという大きな柱は絶対に要ると思うんです。「何でも自由にどうぞ」じゃ，絶対に学校は同じ方向を向けないからですね。「子どもたちをこう育てたいので，一緒にやっていきましょう」って，4月に先生たちに伝えます，毎年。
　いろんなやり方，それぞれの個性があるので，やり方は違ったりもするけれども，あいさつが元気にできて，子どもたちが楽しいと思える。そして学力は向上できる学校でありましょうっていう大きな幅の道は一緒に行きましょうという感じですかね。

　また，D2校長も，最終的に責任を持って「決断すること」が重要であるとしたうえで，校長の職務は，第一に，職員との対話，共通理解の形成，学校としてのビジョン（目指す方向）を模索すること，第二に，「地域とつながっていく」「つながりを作っていく」「関係を密にしていく」ことであると語っている。その語りは以下の通りである。

D2校長：
　校長の学校運営に対する考えを職員に示しつつ，職員の思いや意見を聞く。その中で共通理解を図りながら，学校の目指す方向を探す，あるべき学校の姿を作り上げていく，そういうリーダーシップが必要だと思う。
　子どもが発表する内容を含めて，子どもに指導するのは担任です。でも，今年はこんな枠でやろう，子どもの発表の機会を作ろうっていう，外部を巻き込んでやろう，と大枠を作るのは管理職の責任です。そういう棲み分けをちゃんと考えてやることで，職員の負担感も減るし，管理職も自分のやるべきことがはっきりしていて，任せるところは任せる，ここは自分が責任を持ってやらないといけない，という仕事の棲み分けを作っていくのが，大事なのかなと思います。特に外部とつながる時には。

以上のように，多くの校長から「校長のリーダーシップ」として語られたことは，教職員集団づくりやその活性化との関係でイメージされていた。そして，このリーダーシップは，教諭や教頭時代の教職員集団づくりの役割とは異なり，校長職として，組織の長として，「責任」を果たしていくという側面での重要性が実感されていた。

加えて，その「責任」を認識しつつも，「改革を実現していく」ことが「校長のリーダーシップ」として捉えられている事例もみられた。

例えば，B1校長は，校長になると責任が重い分だけ判断することは広いが，窮屈ではないと語り，逆に市教委等と相談しながら，よりダイナミックに動けるという感覚を有していた。校長には重い責任があるものの，市教委などと相談したうえで判断をし，裁量の中で目いっぱいできるという意味では，校長のほうがやりやすいとも語られた。ただし，それが独善的にならないようにし，教職員のやる気を引き出しながら行動することを大事にしているとも語られた。

この，校長は教頭職と比べ「ダイナミックにやれる」という感覚が語られた点について，その具体例としてあげられた事柄は「体操服の変更」「運動会の種目減」であった。そこで，学校教育の中核にあたる教育課程編成・実施の側面でも「ダイナミックにやれること」があるかどうかを掘り下げて尋ねたが，新学習指導要領の実施が次年度以降ということもあり，校長の責任として教育課程をダイナミックに動かすという側面については語られなかった。

E2校長は，校長は「スピード感」と「わかりやすい」決断をする仕事と認識している。改革の実現という点では，市教委の事業を学校経営に活用している。市教委での勤務経験のあるE2校長は，「自分でつくってきたものを自分で今使っているという形」だという。市教委のキャリア教育に関する事業で修学旅行のバス代を補填したり，ダンスの全国大会へ出場するための財政的援助をお願いしたりしている。さらに，対外的なアピールとロビー活動を様々な場所で行い，「種を蒔いておく」ことが校長の仕事だとも語られた。その例として，市長に対して宴席で学校のアピール（具体的にはダンスの全国大会への出場）を行い，学校へ訪問してもらうようお願いしたという。このお願いの背景には，市長に学校へ直接来てもらうことで，当該小学校の校舎が古いことを少しでも印象に残すことができればというねらいもあるという。校舎が古いことについては，校舎管理をしている課の係長と課長に，「会うたびにささやく」という。

2点目に，校長としての「責任」を果たしていくうえで，また，自身がリーダーシップを発揮していくうえでの支えについて認識されているものについては，次のようないくつかのパターンが見られた。

まず，職員集団との関係が支えのひとつとして認識されている。例えば，A1校長の次の語りはその代表例である。

> A1校長：
> 　教頭，教務，ここからの情報が非常に大きい。ある程度，やっぱり自分でも足で稼いで担任から直に情報を得たりとか，そういうことも，子どもの様子を自分で見たりとかいうこともあるんでしょうけれども，やっぱり情報として一番頼りになるのは，教頭先生からの情報，教務主任からの情報。ここがやっぱり大きな材料というか，判断材料にはなりますね。

加えて，教職員だけでなく，保護者，地域，同じ中学校ブロックの他校の校長や校長会，教育委員会など，広範な人的なネットワークを大切にしていることも多くの校長の語りから見いだされた。何か困ったことがあればすぐに電話したり，定期的に面識のある退職校長からアドバイスを受けたりなど，様々なネットワークを構築・活用している。多くの校長が，様々なネットワークやつながりに依拠して，職務に当たっていることが確認された。

例えばB1校長からは，「職務遂行やリーダーシップの発揮を支えているものは何か」という質問に対し，「これはもう間違いなくこの組織」とまずは学校の教員組織があげられた。ただし，それに続けて，「支えるもの」が列挙され（県教委や市教委からのアドバイス，PTA，学校評議員，ボランティアの方，地域の支援，警察，先輩の先生，近隣の校長），「すべてが支えてくれている」と語られた。その背景には，「盲目的に独りよがりでやってしまうと，これは先生方も大変だし危険」という思いがあり，周囲の様々な支えがリーダーシップ発揮の背景にあるとの認識がなされていた。また，校長会については，同校長の場合は，市や地区の校長会は日常的に相談する相手であり，あたたかく迎えてくれる存在として位置づけている一方で，県の校長会は国・県の方向性を知ったり，研究発表を行ったりするものとして位置づけていた。そこからは，「支えるもの」として認識されているものが多岐にわたるということに加え，同じ言葉で表現されていても，その「支え」の具体的な中身は個々の校長やそれらとの関係性，文脈や状況によって異なる意味が多様に存在していることが見いだされる。

E2校長は，研修団体，大学院派遣，市教委，お世話になった校長など，様々なチャンネルのネットワークを活用し，状況に応じて支えとなるものを選択し，職務にあたったり，リーダーシップを発揮したりしている。そのチャンネルの豊富さと，フットワークの軽さ（あらゆる宴席を断らない，すぐに電話をかけるなど）が特徴的にみられた。また，語りから特徴的に見いだされたこととして，古い地域コミュニティの文化として飲み会の席でのコミュニケーションが生きていることと，その地域コミュニティ文化に適応するふるまいが許容される自身の家庭環境（家族の理解）があることも，自身の校長としてのリーダーシップ発揮を支える重要な要因であると認識されていた。

C3校長からは，リーダーシップを支えるものとして，校長同士のつながり，町教委，校内組織（特に教頭）の他に，教育長，教育委員，学校運営協議会，子どもの支えについて語られた。例えば，学校運営協議会については，自分の知識不足やものの見方を補ってくれ，大変助かっていること，予算（申請）の後ろ盾になっていること，校長がエネルギーをもらうことで，教員や学校へのエネルギーになることが語られた。また，学校支援ボランティアや地域住民の学校への関わりは，環境整備といった直接の支援も大変助かるが，子どもや孫のいない住民（特に高齢者）が学芸会に来てくれることなどによって，学校を応援してくれているという精神的な支えとなっていることが語られた。総じて，C3校長は，校内外の様々な人からの支援を肯定的に受け止め，自らも積極的に支援を求める被援助志向性を有していると推測された。つまり，校長としての孤独や責任の重さを引き受けつつも，あらゆる資源を活用して，問題解決を図っているという特徴がある。

このように，広範な人的ネットワークを大切にしているとの趣旨の語りの中からは，校長として物事を判断したり意思決定したりしていく際に「自分一人の考えで誤った判断を下さないため」といった認識が基盤にあることや，教育や学校経営は「自分一人では実現できない」といった捉え方がなされていることが見いだされた。

また，各校長自身から直接リーダーシップの発揮を支えているものとして語られたわけではないが，各調査者によるインタビューで語られた内容の分析からは，教職経験上出会ってきた校長が相談相手やモデルとなっている側面が特徴的に確認された。

例えば，E1 校長は，自身が教務主任や教頭だった当時の校長の「学校の動かし方」が，校長としての職務遂行のロールモデルとなっている。そのロールモデルは，校長が自ら旗を振り学校を動かすのではなく，実働は教頭や教務主任，研究主任に任せ，校長は異なるチャンネルからのアドバイスや客観的・俯瞰的にその動きを見とる立場にいるべきだというものである。また，「昔は OJT モデルがきちんとできていたんだと思いますし，私は幸いなことに研究主任，教務主任，教頭，校長ってステップを踏んできた」と語っており，校長として俯瞰して学校を捉える視点を得るためには，渦の中で学校を実際に動かす経験が必要であることにも言及していた。

他には，ネットワークとは異なるもの，行政の指針などを拠り所にしている校長も確認された。

G1 校長は，校長としての判断や意思決定は市教委をはじめとした教育行政の指針を前提にしている認識が強く「私たちは○○市の校長でもあるから，○○市の教育をいかに，○○市の教育の方針をいかに，それぞれの学校で，そこに近づけていくかっていうことだと思うんで」と語った。その方向性を踏まえたうえで「どんどん時代の流れるときでもあるので，恐れずに改善するものは改善して，変えていきましょうと。そういうことができるのを，そういうことを，自分わがままに何でもやるわけではないけども，そういう風土を生み出して，そういうことをしてもいいんだって先生方に思わせるのが自分の仕事なのかな」と語っており，教職員が行政指針をベースとしつつも主体的に改善・変化していく風土を創っていこうとする点に校長の職務やリーダーシップの役割があると認識されていた。

最後に，ほぼ全ての校長において，リーダーシップを支える身近な存在として，同じ中学校ブロックの他校の校長や校長会が語られる中，A4校長やG1校長からは少し異なる語りがなされた。

例えばA4校長からはそれらへの期待は語られなかった。A4校長は，若手教員時代から，研究者・学会，研究団体（体育科），専門書が提供する新しい専門的な知識・情報を重視している。そして，自身が考えるリーダー像を実現するためにも，それらを重視している点に特徴があった。例えば，次のような語りにそれが表れている。

> A4校長：
> 学校ね，学校組織って，校長を頂点としてヒエラルヒーみたいに一応書かれるじゃないですか。これを逆にしたい。目の前に立っているのは教師だから。担任だから。その最前線の部隊にどう補給していくかという情報を与えて，そして，技量を育てて，戦えるようにしていくかという後方支援部隊が，学年主任であり，教務主任であり，最終的に校長であるかなと。逆のピラミッドと思うんですよね。
> でも，先生たちにぽーんと「こうなんですよ」と出しづらいですよ。学校組織をこう逆に示すと，どう捉えられるか分からない。でも学問でちゃんと理論づけてくれると，学校はそういうもんですよと。一人ひとりの先生たちが成長するためには，逆ピラミッドの形で，校長がいろんな形で後方から支援していかないといけないですよ，と。どこどこの誰かがきちんと書いてたら，私はそれを見て，やっぱりそうやなと思って，先生たちに，「今からこうですよ」と言えるわけですよね。

一方で，A4校長は，他の校長と同様，校内組織では，教頭と教務主任に対する信頼が厚く，校長を含めた三者のバランスが良いことで安心感を得ている。また，クレーム対応や市独自の教育方針の策定などにより，教育委員会に対する信頼感も強い。

G1 校長の場合，「支え」として認識しているわけではないが，行政の指針や方針にしたがって意思決定を行おうとする意識が強く，それらの方針や指針を「理論的なもの」と表現している。しかし，教諭時代から関わっていた教科の研究集団への憧れやそこで出会った「憧れている先生」の管理職像を有しており，比較的，行政に近いと捉えられている校長会の仲間にはあまり相談をしない。教科研究のネットワークでつながっている先輩校長に相談する機会があるという。さらに，これまで勤めてきた学校で出会った同僚教員や新卒採用時の同世代教員などとのつながりが支えになっており「深い話ができる」と語っている。加えて，自ら購入した書籍や紹介してもらった書籍からの情報も頼りにしている。その意味では，学校の管理に関わる側面については，行政方針を頼りにしつつ，学校の教育的リーダーシップに関わるものについては，インフォーマルなネットワークを頼りにしていると考えられる。

第 4 節　小括

本章では，初任期校長を対象としたインタビュー調査の結果から，初任期にどのような経験をし，その文脈の中で校長が自身の職務やリーダーシップをどのようなものとして捉えているか，その内実の詳細を確認してきた。そこで，初任期校長が発揮しようとしているリーダーシップとはどのようなものか，そしてそのリーダーシップの発揮を支え・促す要因・条件として何が見いだされるかを論考していく。

1．初任期校長がイメージするリーダーシップの実態

校長職就任前後を振り返って語られたリーダーシップイメージの多くは，おそらく校長就任以前にも意識していたと思われる教職員の良好な関係づくりを中心として，校長職の責任を自らの判断と決断によって果たそうとするものであった。一方で，学校の教育活動の根幹となるカリキュラムや自らの改革ビジ

ョンに基づいて学校を経営しようとするイメージは，あまり語られなかった。もちろん，マネジメントの第一義的な機能として，教職員相互の関係を良好に保ち，個々の教職員の力量が存分に発揮されるよう影響力を発揮していくことは当然重視されるべきである。しかし同時に，学校の教育活動を核として，学校が目指すべき姿やコアとなる価値を実現するため，校長としての改革ビジョンを打ち出しその共有と実現を図っていく，いわば攻めの経営イメージというようなものについても語られるかと思われたが，明確な特徴としては確認されなかった。

その意味で，本調査で得られた知見に限っていえば，初任期校長の捉えるリーダーシップは，必ずしも学校独自の課題や固有性を踏まえた，長期的な展望に基づくものとはいえない。理論的な対比でいえば，学校の自律性を前提として打ち出された進むべき方向性に基づく「変革型」や「戦略的」と表現されるリーダーシップ（小島 2010）のイメージは見られなかったことになる。ただし興味深いのは，そのようなリーダーシップの存在は否定せずに留保し，あくまで教職員を支えることや自身を調整役として位置づけようとする現実的な姿であった。これは初任期校長を対象とした本調査に特徴的な結果といえるかもしれない。もとより，校長としての2年前後の経験をもとに，改革志向の学校経営のビジョンを明確に描ける方が珍しいという見方をすれば，初任期校長が有する典型的なリーダーシップのイメージであるといえるだろう。

2.「責任」と「孤独」から導かれるリーダーシップの発揮

校長就任後に抱くイメージの変化に注目するならば，教頭時代には校内教職員・組織のみに焦点を当ててその内容が構築されていたものが，校長になると，その範囲・対象が保護者，地域，関係機関・組織・団体，各種関係者まで拡張してイメージされ，様々な立場の考え・意見と自分（校長）のそれとを交流させることの重要性に基づき構築されることが推察された。そして，分析結果で取りあげた校長としての判断や意思決定に伴う「責任」の重さと「孤独」にそのことが象徴されていた。これらは，新たな職務や思いもよらなかった職務に携わることにより生じる「リアリティショック」とは異なるものであり，すでにイメージされていた職務に直接触れることで生じる質的な実感という特質が含意された「リアリティショック」だといえる。同時に，そこには初任期校長の職務との向き合い方が表れている。

前述のように初任期校長にとってのリーダーシップは，教育内容の根幹に直接かかわることよりも，学校内外で調整が必要な事柄においてイメージされていた。例えば調査対象者から語られた「体操服の変更」や「運動会の種目数削減」は，その意味で一見すると些細なことに見える。だが，実際にはそこでは業者や地域住民，教職員といった学校内外のアクターとの価値対立を含む調整・決断が求められ，このような調整・決断を要する場面において生じる責任の重さや精神的なプレッシャーが多くの校長に自覚されていたと解釈すべきだろう。

その決断に伴う責任は，表現の違いはあれ「自分でするしかない」という孤独を伴うものであり，校長に不安や重圧をもたらすものであるといえる。一方で注目すべきことは，これらを積極的に引き受け「やりがい」に転換している事例がみられたことである。校長の責任において決断しなければならないが，その決断が独善的にならないよう調整する中に，孤独と対峙し克服する初任期校長の職務の実像がみえてくる。このような視点に立てば，初任期校長としての孤独と責任への向き合い方は，初任期校長が抱く校長職の意義・誇りと表裏の関係にあるといえ，そこにこそ初任期校長としての「リーダーシップの発揮」の実際の形が生じていると考えられる。

3. リーダーシップの発揮を支えるネットワーク

そのような初任期校長の「リーダーシップの発揮」の支えの中心になっていたのは，「人」と「情報」からなるネットワークであった。そこには，校内の教職員はもちろん，学校外の地域住民や保護者，他校の先輩（退職）校長や教科の研究仲間，同世代の教員，教育委員会や校長会，その他の職種へと多様な広がりがみられた。また，インタビュー調査だからこそ確認された，同じ言葉で表現されていても，その「支え」の具体的な中身は個々の校長とそれらとの関係性，文脈や状況によって異なる意味が多様に存在しているというその内実の広がりは，今後の研究の基盤・前提として確認しておく必要のある知見だといえる。

その前提のうえで，ここでは，多様なネットワークが有する支えとしての機能を2つの視点から検討しておきたい。

1点目は，初任期校長が対峙する責任や孤独を伴う判断を支え，精神的負担や重圧，不安を縮減する機能である。2点目は，学校の独自性や固有性を踏まえた校長自身の意思決定と判断に根拠を与え，ひいては校長／学校独自のビジョン形成を促す機能である。前者は初任期校長としての「自立」を支え，後者は学校長としての「自律」を促す点で，次元の異なる機能が想定される。

分析結果を踏まえると，前者については孤独と対峙しながら責任を果たしていくうえで独善的な判断にならないよう，あるいは誤った判断を下さないように，教職員集団や学校外で形成されるネットワークがその役割を果たしていた。また，一人職の孤独や重責について相談できる他校の校長や先輩・退職校長は，不安や孤独を和らげる役割を果たしている。「情報」という視点でいえば，以上の人々を介して得られる判断材料はもちろん，教育委員会や校長会を通じて得られる指針や交換される情報も校長を支えていると考えられる。これらは，校長の自立を支えるうえで「助け」や「頼り」になるものとして機能していると考えられる。

判断を迫られた際に根拠や自信を与え不安を取り除くことは，校長，とりわけ初任期校長にとって重要な支えであることに違いないが，そのことが即，校長の創造的で自律的なリーダーシップを促すわけではない。自律的な学校経営を実現する校長のリーダーシップ発揮を促すうえでは，校長の「自律」を促す要因についての検討が必要になると考えられる。本調査においては，学校の独自性や固有性を踏まえた改革を進める類いのリーダーシップについては語られなかったこともあり，「自律」を支える要素についての詳細な分析と知見を導き出すことは難しい。言い換えれば，そのこと自体が初任期校長のリーダーシップの発揮に関わる問題を浮き彫りにしているとも考えられる。

以上を踏まえて事例の個別性から見いだされることに着目してみると，学校を『渦』に例えて俯瞰するメタ的な視点を持ったE1校長や，退職校長が来校した際に「中長期的な相談」をするE2校長が，世代は異なるものの校長同士の対話を支えにしていたことは示唆的である。さらに，A4校長が，研究者や学会の「専門的な知識や情報」を重視していたことも興味深い。ここには，校長に固有の専門的見識が存在し，それらが学術的な知見と交流されることにどのような意義があるかを追究する研究の可能性が見いだされる。自主的・自律的な学校改革や学校経営を進める「変革型」や「戦略的」と表現される類いのリーダーシップの側面を支える要素との関係で，それらがどのように機能し得るのかについて明らかにする調査研究の蓄積が求められよう。

その際には，本調査結果が，初任期校長に特徴的なものと言い得るのかを検証するとともに，経験を重ねてきた「ベテラン校長」を対象とした調査の実施が求められる。また，学校段階による異同についても丁寧な調査と分析が必要となる。自主的・自律的学校経営を実現し得るリーダーシップ発揮を支え，促すための制度的・組織的条件について直接的に明らかにするにあたり，仮に「変革型」や「戦略的」と表現される類いのリーダーシップがイメージされづらい現実があるとするならば，その要因をつきとめる調査も必要となるだろう。

いずれにしても，校長のリーダーシップ発揮を支え促す具体的な制度的・組織的条件は，校長が実際に置かれている状況・文脈の特徴と校長自身の有している学校経営やリーダーシップの具体的なイメージの内実が詳細な調査の蓄積によって明らかにされ，それらと整合するかたちで／またはそれらを変容し得るものとして追究される必要があることを，本調査結果は示唆している。校長が生きている世界とそこで認識されている学校経営やリーダーシップの現実の内実とその特質が詳細に描き出されるからこそ，それらを支える制度的・組織的条件も真に具体性と実効性をもったものとして議論が可能となるからである。

[注]

1）本章のもととなった調査の結果とその分析内容の詳細については，浜田博文，諏訪英広，髙谷哲也，朝倉雅史，髙野貴大，加藤崇英，織田泰幸，安藤知子，佐古秀一，北神正行，川上泰彦（2021）「校長のリーダーシップ発揮を促進する制度的・組織的条件の解明と日本の改革デザイン(3) ―初任期小学校校長インタビュー調査の分析―」『筑波大学教育学系論集』第45巻第2号，1-20頁にて報告している。

2) 本章における調査対象者の表記について，同一アルファベットは同一自治体の校長であることを意味している。なお，全国7地区を対象としたことがわかるよう自治体名はアルファベットを使用して区別したが，調査対象者の匿名性確保のため具体的な地区名・自治体名は表記しないこととした。

3) インタビュー調査を実施した調査者は，朝倉雅史，安藤知子，織田泰幸，加藤崇英，諏訪英広，髙谷哲也，髙野貴大（50音順）である。

[引用・参考文献]

- 牛渡淳，元兼正浩（2016）『専門職としての校長の力量形成』花書院。
- 大竹晋吾，畑中大路（2017）「学校管理職の専門性論―2000年以降を中心として―」『日本教育経営学会紀要』第59号，176-186頁。
- 大野裕己（2001）「日本における校長のリーダーシップ研究に関するレビュー」『日本教育経営学会紀要』第43号，230-239頁。
- 大脇康弘他編著（2017）『スクールリーダー教育の開発』大阪教育大学。
- 小島弘道（2010）「学校経営の思想とリーダーシップ論」小島弘道，淵上克義，露口健司『スクールリーダーシップ』学文社，7-44頁。
- 小島弘道，北神正行，阿久津浩，浜田博文，柳澤良明，熊谷真子（1989）「現代教育改革における学校の自己革新と校長のリーダーシップに関する基礎的研究（その2）」『筑波大学教育学系論集』第14巻第1号，29-66頁。
- 小島弘道，浜田博文，片桐隆嗣（1991）「現代教育改革における学校の自己革新と校長のリーダーシップに関する基礎的研究（その3）―校長・教員の意識に見る学校運営と校長の経営行動―」『筑波大学教育学系論集』第16巻第1号，17-46頁。
- 北神正行，水本徳明，阿久津浩，浜田博文（1988）「現代教育改革における学校の自己革新と校長のリーダーシップに関する基礎的研究」『筑波大学教育学系論集』第13巻第1号，83-117頁。
- 露口健司（2008）『学校組織のリーダーシップ』大学教育出版。
- 浜田博文（2007）『「学校の自律性」と校長の新たな役割』一藝社。
- 浜田博文編著（2012）『学校を変える新しい力―教師のエンパワーメントとスクールリーダーシップ』小学館。
- 浜田博文他（2020）「校長のリーダーシップ発揮を促進する制度的・組織的条件の解明と日本の改革デザイン(1) ―スクールリーダーの職務環境・職務状況に関する基礎的分析―」『筑波大学教育学系論集』第45巻第1号，43-68頁。

結論部

終章 校長のリーダーシップの実態と課題

第1節 本章の目的と分析の視点

学校の自律性確立が従来以上に重要になっている。その中で，校長のリーダーシップ発揮は政策と研究の両方において関心の焦点になっている。ただし，近年の政策を振り返ると，学校の組織運営に関わるあらゆる課題の解決を校長のリーダーシップによって予定調和的に解決しようとする傾向が強い。加えて，教員免許更新制度の発展的解消の後にデザインされている「新たな教師の学びの姿」に示された教員研修の促進についても，校長による管理・監督責任を強化する傾向が高まっている。校長をとりまくこのような環境変化のもとで，研究においては校長に必要とされる固有の資質能力や力量に関心が向けられてきた。それが重要であることに間違いは無いが，校長個人の能力・力量や個人的な特性に議論が収束することは，個人に過重な負荷をかける恐れがある。むしろ，校長が存分にリーダーシップを発揮できるようにするためには，「職」としての校長をとりまく制度的・組織的条件に関心を向け，校長によるリーダーシップの発揮を支え促す仕組みを追究するべきである。

本書では，こうした研究視座・視角を《システムアプローチ》と名付けて量的調査および質的調査を実施し，その結果について分析してきた。終章では，各章で論じてきた分析内容を踏まえながら，日本における校長のリーダーシップの実態と課題について考察を行う。そのうえで，最後に今後の研究課題についても論じる。

今回実施した質問紙調査では，校長の役割と職務をできるだけ網羅的に把握できるようにリーダーシップ実践の項目を作成した。その際，日本教育経営学会が2009年に策定し2012年に修正した7つの「校長の専門職基準2009（2012年一部修正版）」を参考にした。すなわち，「基準1　学校の共有ビジョンの形成と具現化」「基準2　教育活動の質を高めるための協力体制と風土づくり」「基準3　教職員の職能開発を支える協力体制と風土づくり」「基準4　諸資源の効果的な活用」「基準5　家庭・地域社会との協働・連携」「基準6　倫理規範とリーダーシップ」「基準7　学校をとりまく社会的・文化的要因の理解」である。第3章で論じたように，校長が実践しているリーダーシップの内容はこれらのうち基準2と基準3が一体性をもつ性質と捉えられたものの，他の5つはほぼ独立性をもつ項目と捉えられた。なお，基準2と基準3はそもそも相即不離の関係にあることは容易に理解できる。つまり，校長のリーダーシップ実践の全容を把握しようとする際に，上記「校長の専門職基準」において想定されていた基準間の関係構造に一定の妥当性があることが示唆された。

第2節　校長のリーダーシップの実態

1．教頭・ミドル教員からみた校長のリーダーシップの実態

質問紙調査の結果によれば，校長は自分自身がリーダーシップを発揮しなければならないという意識を強く抱いている。このことは，初任期校長への聞き取り調査の結果にみられた「責任」の重さに対する意識にも示されたといえよう。過去20余年にわたって展開されてきた「学校の自律性確立」を謳う諸施策のもとで，学校経営の全般にわたって，その意識は広く浸透している。

ただし，質問紙調査に回答した校長，教頭，ミドル教員の三者の意識関係に注目すると，校長のリーダーシップ発揮の実態に対する評価の高さは，教頭＞ミドル＞校長の順になっている。つまり，在籍する学校の校長のリーダーシップの実態に対して，三者のうち教頭が最も強く肯定的な見方をしている。ミドル教員は校長よりも肯定的に認識している。一方，校長自身はこれら二者に比して自分のリーダーシップ実践の状況をあまり肯定的にはみていない。

これは，約30年前に小学校・中学校・高等学校の校長・教員を対象として実施された質問紙調査の結果を論じた小島他（1991）と異なっている。小島他の調査では，在籍する学校の経営実態について，校長は教員よりも肯定的に評価する傾向が見いだされた。校長の自己評価よりも教頭・ミドル教員による評価の方が高いという今回の調査結果は，過去20余年の間に実施された学校経営関連施策や制度改革の影響を映し出している。学校の自律性確立が掲げられ，校長のリーダーシップの重要性が唱導されて実施された制度改革として，校内組織においては副校長・主幹教諭等の職の新設や職員会議の法制化（校長の補助機関化）などがある。これらの施策実施の過程で，教頭・ミドル教員の意識に，校長の方針や考え方を十分にくみ取り，教員の間にそれを深く浸透させるという指向性が強くなった可能性がある。つまり，学校構成員の意識構造は，上意下達の意思伝達と意識の一体性を高める方向で変化してきたと推察できよう。

2. 校長自身の意思と実態認識のズレ

他方で，校長自身の認識に着目すると，自身のリーダーシップ実践に対して，「意思はあっても，実際にはそのとおりにいかない」という意識が見いだされた。前項で述べたように，学校の自律性確立と校長のリーダーシップを掲げる政策が進行したこの20余年間に，校長の自己評価が相対的に低い（校長が自信をもっているわけではない）状況を招来したのだとすると，ここには見過ごすことのできない問題が伏在している。

はたして，校内教職員の意識の一体性は校長のリーダーシップの発揮によって創られているといえるのか。それとも教育委員会―学校―校内組織の縦に連なる権限構造の強化によるのか。もし後者だとすれば，それは校長のリーダーシップの発揮や学校の自律性確立とはむしろ逆の機能をもたらしていると考えられる。学校の自律性の根底を成すべき教職員の意欲や主体性の高揚につながっているとは言い難い。

リーダーシップ実践に対する校長自身の認識を少し詳しく見ていくと，《意思》と《実際》との間に明瞭なズレが見いだされた。校長は学校経営のあらゆる領域について，自らがリーダーシップを発揮したいと望んでいる。ただし，ある程度リーダーシップが発揮できていると自己評価している内容は，自分自身が率先垂範して動けば実現できる事柄に限定される。一方，一人ひとりの教職員が主体的な行動をとることによって初めて実行可能になる事柄については，思い通りに実践できていないと認識しているのである。「リーダーシップ」という概念が権限に基づく指揮命令とは異なり，組織メンバー自身の主体的な行動を引き出す影響力だと理解すると，本来的なリーダーシップ発揮といえる内容について，校長は自信をもって実践できていないことになる。

また，リーダーシップを発揮できているという認識が，校長を経験した学校数と有意な関連を見いだせないという点は，校長のリーダーシップ発揮を促進する条件を考えるうえで重要である。校長を経験した学校数の単純な多寡よりも，各学校に固有の諸条件と校長自身の判断や意思決定などの関連性に注目する必要がある。例えば，教職員の相互作用によって醸成される組織風土・組織文化，組織的条件，児童生徒・地域の課題状況，当該学校に関係する独自の外的諸条件である。それらの諸条件を勘案しながら校長のリーダーシップ発揮のための要因を検討する必要がある。

3. 校長のリーダーシップ実践を支える要因の現状と期待

校長のリーダーシップ発揮を支える要因は何か。この問いに答えるためには当事者である校長が何を求めているかを明らかにすればよい，と考えがちだが，必ずしもそうとは言えない。このことも，今回の質問紙調査から見いだされた重要な知見である。つまり，校長自身がそれほど必要性を感じていない要因の中に，校長のリーダーシップ発揮を支え促す条件が潜在している可能性がある。

例えば，今回の調査では，自分のリーダーシップ実践を支えている要素だと校長が考えている事柄として，「専門職的交流」と「教育行政指針」が見いだされた。現状と今後への期待の両方で，この2つの要素は重視されている。他方で，「学問的交流」と「情報メディア」は現状と期待の両方で，校長からはあまり意識されていない。また，「教育行政指針」と「学問的交流」については現状と期待の差違が顕著に大きく，かつこれらの間にはほとんど相関がない。加えて，「学問的交流」と「情報メディア」との間には一定程度相関が認められる。

前述した校内組織の上意下達構造と意識の一体性は，「教育行政指針」に依拠した学校経営への指向性が強くなっていることと親和性が高い。教頭・ミドル教員が校長のリーダーシップ発揮の実態に肯定的な認識を抱いているにもかかわらず，校長自身は必ずしも強い自信を抱いていないという結果は，そのことと関係する。ここで留意すべきことは，校長自身が現状においても期待としてもあまり意識していない「学問的交流」と「情報メディア」は，校長が自ら獲りに行こうとしない限り身近な存在にはなりにくいという点である。それに対して，校長会や校長同士の交流関係から成る「専門職的交流」と「教育行政指針」は，本人の意思にかかわらず校長職に就くと同時に密接に結びつく存在である。このように考えると，「専門職的交流」と「教育行政指針」が高い支持を集め，「学問的交流」と「情報メディア」への関心は高くないという状況は，校長自身の自律的な判断と行動によって発揮されるべきリーダーシップが抑制されていることを暗示しているのではないだろうか。

今回の調査結果によれば，校長のリーダーシップは個人的な学校経営経験や客観的な学校特性に規定されるというよりも，個別学校における校長自身の課題認識を基点にして発揮されるものだといえる。学校経営は各学校固有の条件のもとで，学校組織内外の諸条件を踏まえて経営資源を有効活用する営みとして捉える必要がある。よって，校長自身が現任校の課題をいかに捉えているかという視点をもってリーダーシップ実践を捉える必要がある。それを支え促す諸要因は，校長にとって所与の条件である「専門職的交流」と「教育行政指針」にとどまらず，多くの校長が未だ強く意識していない条件をも含めて検討する必要がある。

第3節　校長の課題認識とリーダーシップ発揮の支援要因

1．校長の課題認識とリーダーシップ実践

在籍校に対する校長の課題認識はどのような要素と関連性をもつのか。今回の調査結果では，大学院で学んだ経験，指導主事としての職務経験，校長としての経験学校数，そして学校規模という要素がそれに該当していた。このうち校長経験学校数の多さは，在籍校の課題をより多く認識できる力と関連性が高いが，大学院で学んだ経験を有する者の場合，認識している学校課題は少ない傾向にあるという結果であった。このことは，校長自身の課題認識と関連する要因を単純には措定できないことを示していよう。

だとすると，校長の課題認識は，学校経営事象に対する校長自身の主体的な意味づけや解釈のありようと関連する可能性が高い。第4章で紹介したように，校長のリーダーシップ開発に関する認知科学的研究に基づくなら，初心者は多くの問題に関心を向けがちなのに対して，熟達した校長は一定の枠組みをもって問題を的確に解釈するため，個々の問題に気をとられすぎることがない。

こうした視座に立つと，認識する課題の数が少ない校長は，問題を捉える枠組みを保持しながら主体的に意味づけと解釈を行い，個別問題を整理して把握できていると考えられる。大学院を経験した者の中に課題認識が少ないケースが多いという結果は，修士論文執筆など大学院での研究経験の影響ではないかと推察される。研究という行為は，先行研究を整理して自身の研究課題を明確化し，独自のデータ収集を実施して客観的に分析するプロセスである。そうした経験を通じて，論理的な思考方法を習得することは，学校の固有文脈のもとで生じている諸問題を学校経営上の課題として整理して把握する力量に結びついているのではないか。それに対して，指導主事及び校長としての経験は，課題認識の基盤となる枠組みの習得という点では，大学院での経験ほどの効果をもたない可能性がある。

2. 校長のリーダーシップ発揮を支援する要因

自身が在籍している学校について課題が少ないと認識し，かつ，望んだ通りにリーダーシップを発揮できる傾向にある校長は，どのような要因によって自分は支えられていると考えているのか。今回の調査結果によると，「成長・挑戦」や「相互支援」を促す組織風土・組織文化と地域の関係組織に支えられていると，校長は考えている。第4章で指摘したように，先行研究では学校内部の組織的要因に注目する必要性が指摘されており，本調査もそれを裏付けている。

他方で，学校外部の要因に注目する必要性も今回の調査から示唆される。校長のリーダーシップを支える要因として，学校外部の「学問的交流」と「情報メディア」が学校内部条件と同等またはそれ以上に，「地域との協働・連携」「倫理規範の遵守」「社会的状況の理解」を規定しているのである。校長のリーダーシップ実践の一角を成すこれらの項目は，学校外部に存在する多様な関係者と，国や社会全体に関わる新しい情報等に自らアプローチする行為を多く含むものである。それらに関して「専門職的交流」や「教育行政指針」が重要な意味をもつことは論を俟たない。しかし同時に，それらはあらゆる校長にとっての所与の共通条件だといえよう。

それに対して「学問的交流」と「情報メディア」は，個々の校長自身が主体的に動くことによってアクセス可能になるという性質をもつ。校長が在籍校の独自の課題を的確に捉え，意図するリーダーシップが発揮できるケースでは，所与ではない条件が重要な意味を有している。すなわち，学校や近隣地域の外側にある知識や情報を自ら獲りに行って得ることのできる状況が，リーダーシップ実践の支えとなっていると考えられよう。

3. 2つの校長像とそれらの支援要因

前項のように考えると，校長のリーダーシップを支える学校外部の支援要因は，①同じ自治体内での同業者間の日常的なネットワークや教育委員会による上意下達の通達等によって自動的に得られる知識や情報，②学問的な活動に根ざしたつながりを基盤とする自己研修やインターネット・書籍等を活用した異業種との交流等を通じて自ら獲得する知識や情報，という異なる2つの性質で捉えることができよう。

そして，それらは異なる2つの校長像に繋がると解釈できる。第一は，校長会と教育行政指針を重要な支えとして学校経営を行う校長である。校長職は教育行政と自律的学校経営の結節点に位置し，公教育における平等性や共通性，所属職員の服務監督，教育課程および児童生徒の管理を担う責務を負う。それを踏まえると，これらの条件に依拠するのはある意味で当然のことである。

これに対して，第二は学問的交流や情報メディアを支えとして意識し，自ら開拓したネットワークから得られる知識や情報を活かして学校経営を行う校長像である。この校長像は，第一の校長像と対立するとは言えない。しかし，学校ガバナンス改革が進行して学校の自律性が一層必要とされる環境のもとで，この校長像は重要な意義を有する。

かつて，1990年代はじめの研究では，校長自身の主体性や自律性の脆弱さが行政に対する学校の自律性を阻んでいると指摘された（小島他 1992）。1990年代末以降の学校裁量権限拡大施策の進行下においても，校長自身の意識において，学術的・専門的知識に対する校長のニーズはほとんどないことが明らかにされ，校長の力量形成の機会としては「学校の実務経験」「先輩からの指導や影響」「教育行政経験」「行政研修」の範囲に限定されて意識されていた（小島 2004, pp.182-187）。

今回の調査では，こうした過去の調査結果を踏まえつつ，校長が望むリーダーシップとそれを支えている条件を結び合わせた分析を試みた。その結果，前掲②の支援要因を求める校長は少数派ではあるが存在しており，それらの校長は前掲第二の校長像をより強く意識していることが見いだされた。特に，大学院で学んだ経験をもつ校長は，自校の課題を整理して捉える思考枠組みをもち，学問的交流や情報メディアを介して進んで新規情報にアクセスする校長像と親和性をもつと考えられる。

ここで留意しておくべきことは，前掲の2つの支援要因および校長像は互いに対立関係にあるわけではないという点である。常にダイナミックに動き続ける学校経営の態様は，各局面で様々な性質の校長のリーダーシップを必要とする。校長自身の課題認識とリーダーシップ発揮の様態は絶えず変化すべきものであり，したがってリーダーシップはその連続体と理解されるべきである。そのように考えると，校長は「専門職的交流」「教育行政指針」「学問的交流」「情報メディア」さらにはその他の様々な要因を，学校の置かれた状況を踏まえて適切に活用することを必要とする。今回の調査で見いだされた実態は，校長のリーダーシップを発揮するための必要条件ともいえる「学問的交流」と「情報メディア」に対する認識が依然として十分とはいえない状況である。より多くの校長がそれらの条件にアクセス可能になる手立てが必要だといえよう。

第4節　校長のリーダーシップを支える校長会の役割実態

1．初任期校長のリアリティショックとそれを解消するネットワーク要因

本書では，校長がリーダーシップを発揮する際に重要な制度的・組織的条件の代表的要素として校長会を位置づけてきた。量的調査の結果から，校長会という組織よりも広い範囲を包摂する校長間のつながりともいえる「専門職的交流」が確かに校長自身の重要な支えとして意識されていることが明らかになった。それを踏まえて，校長会は校長にとって具体的にどのような機能や意義をもつと認識されているかを明らかにするため，初任期校長に焦点を絞って聞き取り調査を行った。

まず，初任期校長は校長としてのリーダーシップをどのようなイメージで捉えているのか。今回の調査によると，革新性をもつ学校ビジョンの構築や学校独自のカリキュラムづくりにつながる指向性は見いだせなかった。むしろ，教職員を支えることや自身を調整役として位置づけようとする現実的な指向性が濃厚である。

そのことよりも強く印象づけられたことは，校長としての責任の重さとそれに伴う孤独感の強さである。学校内の教職員にとどまらず，保護者，地域の住民や関係機関・組織・団体等にまで範囲を拡張して学校のステークホルダーを

捉え直し，様々な立場の考えや意見と自分自身のそれを交流させ，ときには最終的な意思決定を自身が下さなければならないという「責任」は，校長就任以前に想定していた以上の重責として受けとめられ，「リアリティショック」を抱えていた。その責任を全うする際に，身近に相談相手がいない「孤独」を実感する。

ただし，そうした責任と孤独に対峙する過程を乗り越えていくことによって，校長職ならではの「やりがい」も生まれてくる。そのことが校長のリーダーシップへの積極的な姿勢を生み出していく。したがって，その過程を支えるための条件は重要である。様々な人々とのネットワークはそこで重要な役割を担っていることも明らかになった。

ネットワークには，校内教職員，学校外の地域住民や保護者，他校の先輩校長や退職校長，教員時代から続く教科の研究仲間，同世代の教員，教育委員会や校長会，その他の職種などなど，個人によって多様な広がりがみられる。こうした様々なネットワークやつながりは，2つの重要な機能を果たしている。第一は，校長としての意思決定に関わる重い責任や孤独感をやわらげ，不安を縮減する機能である。第二は，校長の独自の意思決定に明確な根拠を与え，学校のビジョン形成を促す機能である。これら，異なる2つの機能を有するネットワークは，校長のリーダーシップ発揮に不可欠の条件である。そこには公式・非公式の条件が混在しているが，制度的・組織的条件を考えるうえで重要な機能だといえよう。

2. 地方における校長会の役割

校長職を一定の独立性をもつ専門職と捉えた場合，校長会は専門職団体としての性質を有する。日本における校長会の組織は，市区町村―都道府県―全国という3つのレベルで形成されている。今回の調査では，市区町村と都道府県という地方レベルの校長会が担っている役割と機能について，校長会組織の役員経験者を中心にして聞き取りを行った。その結果，校長会組織は都道府県レベルにおいて校長自身の会費による任意組織として独自性を有していることが明らかになった。その具体的な組織構成や機能には独自性がみられるものの，都道府県教育委員会の政策形成・実施過程でパートナーシップを作っている点では共通性を有すると理解できる。全国組織は，それらの連合体として作られている。

都道府県校長会は全国組織を通じて国レベルの教育政策形成に関与するという点で重要な役割を担っている。校長会は任意団体ではあるが，学校経営の専門家集団としての意思を政策形成過程に反映させるうえで欠かすことができない。市区町村の校長会は，都道府県校長会と階層的関係にあるのではない。個々の校長の立場からみると，自身のリーダーシップ実践を最も近いところで日常的に支える機能を担っており，それ故にその活動は自律的な性質が強い。

地方の校長会は校長のリーダーシップ実践を支えるという側面でどのような機能を果たしているのか。

その第一は，研究・研修の機会・場の保障である。急速な社会変化や教育政策の展開に伴い，学校経営は新規の課題に絶えず向き合わなければならない。都道府県・市区町村の校長会では新たなテーマに基づく研究活動を続け，分科会や支部会組織を設けて校長どうしが研究と修養に努める機会や場を保障している。その際，主任や教頭・副校長としての経験・視点から抜け出て校長という立場でのリーダーシップ実践を共有し語り合う場などは，個々の校長にとって重要な意義をもつと受けとめられている。また，管理職候補者を対象にした研修の機会を確保していることも重要な機能だといえよう。

第二は，校長が必要とする情報の迅速な提供である。市区町村―都道府県―全国という3つのレベルの校長会組織と，全国組織と国の教育政策形成との連関は，国の教育政策動向に関する情報の迅速な提供の機能を果たすと受けとめられている。都道府県校長会と都道府県教育委員会とのパートナーシップ関係はそこにおいて重要な意味を有していると理解できる。校長会を通じて獲得できる情報は個々の校長が学校経営に取り組むうえで必須の情報であり，しかも教育行政機関からオーソライズされた正当性をもつ実効性のある情報だと受けとめられている。目まぐるしい速度で新規の施策が打ち出される中にあって，こうした機能は欠かすことのできないものといえよう。

そして第三は，学校経営に関する助言・相談の場の日常的な保障である。既述のように，初任期校長の多くは「リアリティショック」を経験する。前職までとは大きな違いをもつ責任の重さや孤独感を抱きながら職務を遂行しなければならない。市区町村の校長会では身近なところで相互に助言・相談しあうネットワークが形成されている。都道府県校長会は日常的なネットワーク関係にはないものの，年次大会での研究発表や対話の機会を通じて，市区町村の地域を越えた実践に出会い，自身を振り返る機会を得ることが可能になる。いずれにしても，校長職の内部で自律的に相互支援するネットワーク機能が見いだされる。

第5節　今後の研究課題

校長のリーダーシップが強く要請される環境のもとで，校長は自身のリーダーシップ発揮の重要性を強く意識している。そして教頭・ミドル教員もまた，校長をトップとする学校の協力体制を，もしかすると校長以上に強く意識している実態がみられた。このようにして，従来以上に上意下達の一体化された意識構造が教職員の間には形成されている可能性が示唆された。これは，各学校の児童生徒や地域の実態に根ざした自律的学校経営，それを導く校長のリーダーシップの重要性という点からみると，むしろ逆行した現実をうかがわせる。

そうだとすると，校長に求められるリーダーシップは政策文書が述べる以上に重要性をもつ。既存の政策や学校経営の現実をより相対化し，児童生徒の実態を踏まえて教職員が自律的に考え行動することのできる学校組織づくりが必要だからである。このような認識に即して考えると，校長のリーダーシップを学校外部で支え促す要因はきわめて重要である。

本書では，その要因として「専門職的交流」「教育行政指針」「学問的交流」「情報メディア」という4つのカテゴリーが浮かび上がってきた。そして，前二者は相互に強く結びつきながら，校長によって重要性が強く意識されている。

それに対して後二者は，校長自身からはあまり意識されていない。「専門職的交流」の中でも最も重要と見なされる校長会の組織と役割は，校長のリーダーシップ実践を多面的に支える重要性を有していることが明らかになった。

しかし，今回の調査で見いだされた校長会の役割は，教育行政指針と相互影響関係にあり，同業者内部の関係性の範囲にとどまっているように受けとめられる。校長のリーダーシップにとって欠かすことのできない条件であることは間違いないものの，自律的学校経営を進めるのに有効な支援条件として十分かと言えば，そうとは言い切れない。既存の教育政策や学校経営を相対化し，普遍的な教育価値の基盤となる価値――社会正義，平等，社会的公正，well-being など――をもって多様な現実問題を捉えつつ意思決定をするうえでは，別の支援要因について積極的な検討が必要だと思われる。

今後は，校長をとりまく社会ネットワークという視野をもって校長のリーダーシップ発揮を支え促す制度的・組織的条件を考究することが重要な研究課題だと考える。校長は，校長という職に就く以前から就いた後にわたって，多種多様な集団・組織に所属しながらフォーマル・インフォーマルな社会ネットワークを形成しているに違いない。校長会は，校長職に就いた後に誰もが所属する重要な社会ネットワークの一つである。

こうした視点を携えることによって，本書で見いだされた「学問的交流」や「情報メディア」も含めた多様な社会ネットワークに関心を向け，それぞれの性質や機能の解明に取り組みたい。

第6節　校長のリーダーシップ研究の展望―社会ネットワーク研究へ―

本書は校長のリーダーシップを研究対象としてきた。学校組織においてリーダーシップを分析の対象とするということは，組織が「構造」として保持するような，活動や力に関する意識的な調整方法を完全に安定的とはしないことを含意している（田尾・佐々木・若林 2005）。公式・非公式を問わず，組織の構造が極めて強固で安定的であれば，組織内外での「人間関係」などとは関係なく，組織内において特定の立場であることを根拠に調整は完結するはずであり[1]，リーダーシップのような（社会心理学的な）現象を通じた活動の調整は起きえない。校長のリーダーシップが研究対象になりえている時点で，学校は組織構造が目的の合理的な遂行・実現のための手段あるいは道具とされる「合理システムモデル」や，環境との相互作用を前提としないクローズドな組織（閉鎖システムモデル）をとらず（渡辺 2007），環境からの影響を受け，自らも環境に何らかの影響を及ぼすオープンな組織であることを前提としている。

実際，日本の学校組織の管理・経営はクローズドな「真空状態」にはない。ルールの厳格な適用をもって運営ができるわけではなく，上司－同僚関係，児童生徒，関係者（保護者や地域住民，行政）との関係の中でルールが解釈され，実際の行動に落とし込まれることで学校運営が進む。そして管理・経営の各場面ではコミュニケーションや人間関係が存在している。すなわち，お互いの意向の解釈やコミュニケーションの中で学校組織の経営が行われるため，リーダーシップ（行動）についても「出し手」と「受け手」の存在や関係性が前提となる。

換言すれば，リーダーシップとはリーダーとフォロワーの関係性の発露であり，本書が前提とする「システムアプローチ」としての校長のリーダーシップの捉えは，このような組織観を反映している。そのため，フォロワーとリーダーの関係性が異なる組織では，同じリーダーシップ行動をとっても，その受容の程度や効果が一様ではないことになる。地域ごと，学校ごとに学校文化や教員文化が異なるために，よく機能するリーダーシップのスタイルにも違いが出る（同じ校長が勤務しても，リーダーシップが「はまる」学校と「はまらない」学校が出てくる）といった現象は，こうして説明される。

あわせて日本における公立学校の「設置者管理主義」のもとでは，校長のリーダーシップ発揮に際しても設置者（教育委員会）との関係性は無視できない。学校と教育委員会の関係が地域ごとに異なれば，また校長同士の情報交換や相談などについて地域性が異なれば，リーダーシップを発揮する条件にも違いが出てくると考えられよう。これまでの研究においても，学校管理職は学校外部と幅広く情報交換や相談を行って，学校経営の参考にしていることが明らかになったが（川上 2005），人事のあり方や校長組織のあり方は，その「学校外部」との接触可能性を規定すると考えられるのである。

教員や校長の組織や相互交流に関する地域性の違いは，校長が「校長になるまで」のプロセスや「校長になってから」の場面で，どのような経験・関係性のもとに身を置いてきたのか（どのようにして，どのようなリーダーシップを身につけてきたのか，どのようなリーダーシップ発揮ができる／求められる場に身を置いているか）にも影響する。本書で取り扱った，リーダーシップ発揮に際しての知識・情報基盤や価値・規範について，それぞれの校長がどういったタイミングでそれらに接し，どのような判断のもとで取捨選択し，身につけてきたのか，またオープンな組織観の中で，どういった知識・情報を活用しようとしているのかを説明することにつながると考えられる（安田 2011）。

このようにして，本書が採用したシステムアプローチを拡張して考えると，校長が「いかにして校長になったのか」（いかにして校長としての立ち居振る舞いや規範，知識体系を構築したのか）そして「周囲とどのような関係のもとで校長職が成立しているか」に着目する必要が浮上する。この際に参考になるのが，いわゆる社会ネットワーク研究と，その中で採用される「社会的埋め込み（social embeddedness）」の議論である（Granovetter 1995〔渡辺訳 1998〕）。

「社会的埋め込み」の議論では，個人の特性は，周囲との関係性のつみ重ねによる影響力の集積結果として受け止められる（渡辺 2015）。本書の校長研究の文脈でいえば，どういった人間関係の中で校長までのキャリアを歩み，どういった選抜を経て校長になり，学校がどのような文脈（周囲の環境との関係性）の中に置かれているか，といった点が校長としての価値や規範，情報参照を規定するだろうという考え方である。

この際，「つながり」を介した影響力の軸としては，2つが考えられる。

一つは地域性の軸（空間軸）であり，学校文化や教員文化のような形で「あるべき姿」や「あたりまえ」は地域性をもって共有される。異なる地域に勤務する教員間の会話などで，文化や規範の違いに気づかされるケースは稀でないが，これは地域によって「あたりまえ」の捉えに違いがあることを示唆している。これは校長についても，どのような「あたりまえ」すなわち価値観・規範や慣習に身を置いているかで，リーダーシップの内容にも違いが出るであろうことを想起させる。

そしてもう一つはキャリアの軸（時間軸）である。先に指摘した地域性（職場）によるそれぞれの「あたりまえ」を，どのように体験して価値観や規範を身につけてきたのかも，リーダーシップのあり方を規定すると考えられる。例えば広域的な異動や，性質の異なる職場の経験などを通じて，新たな価値・規範を身につけた，といった振り返りの語りは，キャリアを介した自身の変容を示唆するものである。ただし，そのようにして接する新たな価値・規範を自分のものとするか・しないかは個々の判断となる。かつての研究でも，勤務校ごとに構築される同僚とのネットワークを雪だるま式に積み増す管理職と，勤務地の変化に伴って精算し，切り替える管理職がいたが，これは価値観の問題ともいえる個別性であった（川上 2005）。

あわせて，社会ネットワーク研究におけるネットワークの「密度」に関する知見も，リーダーシップをどう身につけ，どのように発揮するかを考えるうえで参考になる。

すなわち，よく繋がった（互いの参照頻度が高く，価値観や規範の共有が高い）ネットワーク，つまり密度の高いネットワークに身を置く（置いてきた）者は，所属の安心感がある一方で，特異性ある知識を得るようなチャンスは巡ってきにくいとされる（増田 2007）。校長のリーダーシップでいえば，地域で足並みを揃えた，規範を共有した学校運営が行われる一方で，イノベーティブな動きや周りと違う動きは抑制されやすくなろう。逆に低い密度のネットワークに身を置く者は，そうした所属の安心感を得にくい一方で，多様な交流先から様々な知恵が得られることになる。イノベーティブな動きや，学校の特性や校長の価値判断に応じた学校経営が行いやすい一方で，その価値観については常に正当性が問われることになる。

「よくつながっていること」は，それをポジティブに「絆」と捉えることもできれば，「しがらみ」としてネガティブな作用を及ぼすこともある（稲葉

2015)。ここで重要なのは，ネットワークの密度の高い・低い自体には「どちらが望ましい」という価値が発生する訳ではない，ということである。密度の高い／低いがどのような価値や意義を生むかについても，どの環境で，どういった場面でそれを問われるかによって変わり，環境に依存することになるのである（安田 2011)。

このように，「システムアプローチ」の先にあるリーダーシップ理解・分析のツールとして，社会ネットワークや社会的埋め込みの議論は注目に値すると考えられる。異動の制度が地域ごとに整備され，他職からの流入・参入が少ない（＝いわゆる教育職員としてのキャリアの積み重ねで校長職に至る）日本の校長養成の状況を考えると，校長が空間軸と時間軸の双方で，どのような文脈に埋め込まれながら校長になったのか／校長職にあるのかを分析することは，特に日本における校長のリーダーシップ理解を進めることにつながると考えられるのである。本書の研究の「先」にある分析・考察の方向性として，これらを指摘しておきたい。

[注]

1）純粋な官僚制組織が想定するような非人格的な調整方法（規則・文書・前例に倣う決定方法）などが完全に機能する場合，リーダーシップの介在する余地はないと考えられる。

[引用・参考文献]

・稲葉陽二（2015)『ソーシャル・キャピタル入門―孤立から絆へ』中公新書。
・小島弘道編著（2004)『校長の資格・養成と大学院の役割』東信堂。
・小島弘道，北神正行，水本徳明他（1992)「現代教育改革における学校の自己革新と校長のリーダーシップに関する基礎的研究（その4)―校長職のキャリア・プロセスとキャリア形成」『筑波大学教育学系論集』第16巻第2号，47-77頁。
・小島弘道，浜田博文，片桐隆嗣（1991)「現代教育改革における学校の自己革新と校長のリーダーシップに関する基礎的研究（その3)―校長・教員の意識に見る学校運営と校長の経営行動―」『筑波大学教育学系論集』第16巻第1号，17-46頁。
・川上泰彦（2005)「学校管理職による情報交換と相談―校長・教頭のネットワークに着目して」『日本教育経営学会紀要』第47号，80-95頁。

・田尾雅夫，佐々木利廣，若林直樹（2005）『はじめて経営学を学ぶ』ナカニシヤ出版。
・増田直樹（2007）『私たちはどうつながっているのか―ネットワークの科学を応用する』中公新書。
・安田雪（2011）『ワードマップ　パーソナルネットワーク―人のつながりがもたらすもの』新曜社。
・渡辺深（2007）『組織社会学』ミネルヴァ書房。
・渡辺深（2015）「『埋め込み』概念と組織」『組織科学』Vol.49，No.2，29-39頁。
・Mark S. Granovetter (1995) *Getting a Job: A Study of Contacts and Careers*, 2nd ed., University of Chicago Press.（渡辺深訳（1998）『転職―ネットワークとキャリアの研究』ミネルヴァ書房。）

資料編

目 次

1　校長調査の結果

(1) 回答者の基本属性

1) 回答者及び現任校の基本属性（度数分布）

表Ⅰ-1は，回答者及び現任校の基本属性に関する度数分布を示したものである。

表Ⅰ-1　回答者及び現任校の基本属性（度数分布）

		小学校 (235)		中学校 (241)		特別支援学校 (264)		高等学校 (288)		全体 (1028)	
		n	%	*n*	%	*n*	%	*n*	%	*n*	%
教諭経験	あり	232	99.1	238	99.6	256	98.5	281	98.9	1,007	99.0
	なし	2	0.9	1	0.4	4	1.5	3	1.1	10	1.0
	合計	234	100	239	100	260	100	284	100	1,017	100
校長経験学校数	1校目	130	55.6	114	47.5	166	62.9	53	18.5	463	45.2
	2校目	66	28.2	79	32.9	69	26.1	64	22.3	278	27.1
	3校目	31	13.2	38	15.8	22	8.3	55	19.2	146	14.2
	4校目	6	2.6	8	3.3	6	2.3	43	15.0	63	6.1
	5校目	1	0.4	1	0.4	1	0.4	30	10.5	33	3.2
	6校目以上	0	0.0	0	0.0	0	0.0	42	14.6	42	4.1
	合計	234	100.0	240	100.0	264	100.0	287	100.0	1,025	100.0
現任校種の教諭勤務経験	あり	161	69.1	195	80.9	166	63.6	214	74.8	736	72.1
	なし	72	30.9	46	19.1	95	36.4	72	25.2	285	27.9
	合計	233	100.0	241	100.0	261	100.0	286	100.0	1,021	100.0
性別	男性	194	82.6	219	90.9	208	78.8	268	93.1	889	86.5
	女性	41	17.4	22	9.1	56	21.2	20	6.9	139	13.5
	合計	235	100.0	241	100.0	264	100.0	288	100.0	1,028	100.0
学歴	短期大学	6	2.6	1	0.4	4	1.5	0	0.0	11	1.1
	4年制大学	198	84.3	215	89.2	190	72.2	233	80.9	836	81.4
	大学院修士課程	24	10.2	15	6.2	56	21.3	46	16.0	141	13.7
	教職大学院	6	2.6	7	2.9	11	4.2	3	1.0	27	2.6
	大学院博士課程	0	0.0	2	0.8	1	0.4	2	0.7	5	0.5
	その他	1	0.4	1	0.4	1	0.4	4	1.4	7	0.7
	合計	235	100.0	241	100.0	263	100.0	288	100.0	1,027	100.0
所在自治体の人口規模	1万人未満	27	11.5	33	13.9	16	6.2	20	7.0	96	9.4
	1万人～5万人未満	58	24.7	62	26.2	33	12.7	72	25.2	225	22.1
	5万人～10万人未満	37	15.7	32	13.5	37	14.3	46	16.1	152	14.9
	10万人～20万人未満	41	17.4	44	18.6	45	17.4	50	17.5	180	17.7
	20万人～50万人未満	39	16.6	36	15.2	68	26.3	53	18.5	196	19.3
	50万人以上	33	14.0	30	12.7	60	23.2	45	15.7	168	16.5
	合計	235	100.0	237	100.0	259	100.0	286	100.0	1,017	100.0
通常学級数 ※高等学校でクラス制度なし（2校）は除外	10クラス以下	131	56.0	154	63.9	31	14.2	91	31.9	407	41.6
	11～20クラス	83	35.5	79	32.8	72	32.9	107	37.5	341	34.8
	21～30クラス	19	8.1	8	3.3	30	13.7	78	27.4	135	13.8
	31～40クラス	1	0.4	0	0.0	32	14.6	7	2.5	40	4.1
	41クラス以上	0	0.0	0	0.0	54	24.7	2	0.7	56	5.7
	合計	234	100.0	241	100.0	219	100.0	285	100.0	979	100.0
特別支援学級数	なし	16	7.5	16	6.9					32	7.2
	1クラス	44	20.7	47	20.3					91	20.5
	2クラス	77	36.2	107	46.3					184	41.4
	3クラス	35	16.4	36	15.6					71	16.0
	4クラス	19	8.9	17	7.4					36	8.1
	5クラス	11	5.2	5	2.2					16	3.6

	6クラス以上	11	5.2	3	1.3					14	3.2
	合計	213	100.0	231	100.0					444	100.0
児童生徒数	200名以下	107	46.1	99	41.6	212	80.6	30	10.6	448	44.1
	201～400名	65	28.0	69	29.0	48	18.3	42	14.8	224	22.0
	401～600名	33	14.2	51	21.4	3	1.1	62	21.8	149	14.7
	601～800名	20	8.6	13	5.5	0	0.0	60	21.1	93	9.1
	801～1000名	5	2.2	6	2.5	0	0.0	63	22.2	74	7.3
	1001名以上	2	0.9	0	0.0	0	0.0	27	9.5	29	2.9
	合計	232	100.0	238	100.0	263	100.0	284	100.0	1,017	100.0
教員数	10名以下	36	15.7	9	3.8	1	0.4	1	0.4	47	4.7
	11～20名	96	41.7	91	38.6	5	2.0	10	3.6	202	20.2
	21～30名	53	23.0	73	30.9	12	4.7	18	6.4	156	15.6
	31～40名	31	13.5	43	18.2	33	12.9	21	7.5	128	12.8
	41～50名	10	4.3	12	5.1	28	11.0	42	14.9	92	9.2
	51～60名	3	1.3	6	2.5	22	8.6	52	18.5	83	8.3
	61～70名	1	0.4	1	0.4	34	13.3	54	19.2	90	9.0
	71名以上	0	0.0	1	0.4	120	47.1	83	29.5	204	20.4
	合計	230	100.0	236	100.0	255	100.0	281	100.0	1,002	100.0
職員数	10名以下	135	60.3	148	63.8	60	23.8	154	56.0	497	50.6
	11～20名	49	21.9	30	12.9	56	22.2	62	22.5	197	20.0
	21～30名	22	9.8	19	8.2	42	16.7	9	3.3	92	9.4
	31～40名	8	3.6	17	7.3	15	6.0	7	2.5	47	4.8
	41～50名	4	1.0	10	1.0	11	[illegible]	[illegible]	1.0	[illegible]	0.1
	51～60名	4	1.8	4	1.7	13	5.2	5	1.8	26	2.6
	61～70名	2	0.9	0	0.0	13	5.2	10	3.6	25	2.5
	71名以上	0	0.0	4	1.7	39	15.5	23	8.4	66	6.7
	合計	224	100.0	232	100.0	252	100.0	275	100.0	983	100.0
高等学校の課程	全日制							247	86.1	247	86.1
	定時制							12	4.2	12	4.2
	通信制							0	0.0	0	0.0
	併置							28	9.8	28	9.8
	合計							287	100.0	287	100.0
副校長数	0名	81	74.3	107	83.6	100	66.7	88	54.7	376	68.6
	1名	27	24.8	21	16.4	39	26.0	65	40.4	152	27.7
	2名	1	0.9	0	0.0	6	4.0	7	4.3	14	2.6
	3名	0	0.0	0	0.0	5	3.3	0	0.0	5	0.9
	4名	0	0.0	0	0.0	0	0.0	1	0.6	1	0.2
	合計	109	100.0	128	100.0	150	100.0	161	100.0	548	100.0
教頭数	0名	15	6.7	9	4.0	12	4.8	7	2.6	43	4.4
	1名	199	88.8	209	92.9	153	61.2	196	71.8	757	77.9
	2名	8	3.6	7	3.1	75	30.0	65	23.8	155	15.9
	3名	2	0.9	0	0.0	9	3.6	5	1.8	16	1.6
	4名	0	0.0	0	0.0	1	0.4	0	0.0	1	0.1
	合計	224	100.0	225	100.0	250	100.0	273	100.0	972	100.0
主幹教諭数	0名	70	54.7	84	59.2	68	43.3	76	49.0	298	51.2
	1名	41	32.0	37	26.1	39	24.8	47	30.3	164	28.2
	2名	11	8.6	8	5.6	19	12.1	18	11.6	56	9.6
	3名	4	3.1	9	6.3	19	12.1	11	7.1	43	7.4
	4名	2	1.6	4	2.8	12	7.6	3	1.9	21	3.6
	合計	128	100.0	142	100.0	157	100.0	155	100.0	582	100.0
指導教諭数	0名	93	86.9	108	90.8	103	77.4	104	78.2	408	82.9
	1名	14	13.1	11	9.2	27	20.3	24	18.0	76	15.4
	2名	0	0.0	0	0.0	2	1.5	3	2.3	5	1.0
	3名	0	0.0	0	0.0	1	0.8	2	1.5	3	0.6
	合計	107	100.0	119	100.0	133	100.0	133	100.0	492	100.0
進路状況	4年制大学進学者が多い							134	50.8	134	50.8

	短期大学・専門学校進学者が多い							43	16.3	43	16.3
	就職者が多い							87	33.0	87	33.0
	合計							264	100.0	264	100.0
学力テストの状況	全国平均より低い	75	32.5	72	30.9	55	64.7			202	36.8
	全国平均なみ	72	31.2	77	33.0	23	27.1			172	31.3
	全国平均より高い	84	36.4	84	36.1	7	8.2			175	31.9
	合計	231	100.0	233	100.0	85	100.0			549	100.0
学校以外の職歴（複数回答） ※比率はケース数に対する割合	(1) 管理主事	14	6.0	21	8.7	17	6.4	124	43.1	176	17.1
	(2) 指導主事	92	39.1	106	44.0	133	50.4	5	1.7	336	32.7
	(3) 社会教育主事	17	7.2	15	6.2	7	2.7	18	6.3	57	5.5
	(4) 公務員	6	2.6	8	3.3	15	5.7	23	8.0	52	5.1
	(5) 民間企業	9	3.8	9	3.7	15	5.7	49	17.0	82	8.0
	(6) その他	26	11.1	26	10.8	29	11.0	0	0.0	81	7.9
	合計（学校以外の職歴経験者）	164	69.8	185	76.8	216	81.8	219	76.0	784	76.3
高等学校の設置学科（複数回答） ※比率はケース数に対する割合	(1) 普通科							209	72.6	209	72.6
	(2) 農業科							34	11.8	34	11.8
	(3) 工業科							36	12.5	36	12.5
	(4) 商業科							31	10.8	31	10.8
	(5) 水産科							4	1.4	4	1.4
	(6) 家庭科							18	6.3	18	6.3
	(7) 看護科							0	0.0	0	0.0
	(8) 情報科							3	1.0	3	1.0
	(9) 福祉科							5	1.7	5	1.7
	(10) 総合学科							20	6.9	20	6.9
	(11) その他							37	12.8	37	12.8
	合計（高等学校の設置学科数）							397	137.8	397	137.8

2）回答者及び現任校の基本属性（平均値）

表1-2は，回答者及び現任校の基本属性に関する平均値（全体及び校種別）を示したものである。

表1-2　回答者及び現任校の基本属性（平均値）

	小学校			中学校			特別支援学校			高等学校			全体		
	Mean	*SD*	*n*	*Mean*	*SD*	*n*	*Mean*	*SD*	*n*	*Mean*	*SD*	*n*	*Mean*	*SD*	*n*
教諭通算経験年数	24.01	6.07	232	23.91	6.69	238	24.88	5.50	256	24.00	6.25	281	24.21	6.14	1007
校長経験年数	3.60	2.51	232	3.94	2.50	239	3.02	2.13	264	2.20	1.80	284	3.14	2.33	1019
通常学級数※	10.56	6.27	234	9.00	5.45	241	21.72	11.69	179	15.45	8.41	285	13.77	9.25	939
特別支援学級数	2.38	1.58	213	2.09	1.21	231							2.23	1.40	444
児童生徒数	278.72	237.08	232	290.67	214.01	238	124.02	97.28	263	630.67	311.45	284	339.80	300.07	1017
教員数	20.91	11.56	230	24.49	11.01	235	77.27	40.89	251	60.73	24.74	280	47.15	34.82	996
職員数	12.79	12.24	224	13.97	15.39	232	38.20	40.58	250	20.59	25.70	275	21.73	28.20	981

注：学級制度なし（高等学校）：2校。

(2) 現任校の課題状況

表Ⅰ-3は，現任校の課題状況に対する校長の意識（全体及び校種別）を示したものである。設問文は，「現任校の課題状況について，校長先生のお考えをお聞きします。」，選択肢は，「1. 課題は多い　2. どちらかといえば課題は多い　3. どちらかといえば課題は少ない　4. 課題は少ない」である。

表中の表示等については，①各項目とも，全体において，平均値の高い順に並べ，最も平均値の高い校種を太字で示している，②項目左の番号は調査票の番号である，③統計的検定結果（「標本グループ間に差がない」という「帰無仮説」を棄却する確率が高いという意味である。p 値が小さいほど，棄却する確率が高い，すなわち，「統計的有意差が認められる」と解釈する。）は，＊＊＊：p<0.001，＊＊：p<0.01，＊：p<0.05で示している。原則として，以下，①〜③は同様である。

表Ⅰ-3　現任校の課題状況：校種別比較

	全体			小学校			中学校			特別支援学校			高等学校			F値
	Mean	*SD*	*n*	*Mean*	*SD*	*n*	*Mean*	*SD*	*n*	*Mean*	*SD*	*n*	*Mean*	*SD*	*n*	
(3) 教職員に対する児童生徒の信頼感	3.16	0.64	1024	**3.25**	0.59	235	3.08	0.62	241	3.23	0.60	262	3.06	0.69	286	7.86 ***
(9) 教職員に対する地域（学区）の住民の信頼感	3.13	0.58	1023	**3.23**	0.53	235	3.12	0.53	241	3.03	0.63	261	3.14	0.61	286	4.73 **
(10) 学校に対する地域（学区）の住民の協力意識	3.12	0.66	1023	**3.34**	0.62	235	3.16	0.59	241	2.89	0.69	262	3.12	0.65	285	21.69 ***
(6) 学校に対する保護者の協力意識	3.07	0.68	1026	**3.15**	0.71	235	3.10	0.60	241	2.97	0.68	263	3.08	0.69	287	3.10 *
(7) 学校の実態や実情に対する保護者の理解	3.05	0.64	1022	**3.11**	0.64	234	3.03	0.59	240	3.00	0.63	261	3.06	0.67	287	1.25
(4) 児童生徒同士で助け合い，協力し合う関係	3.04	0.66	1023	**3.17**	0.59	235	3.07	0.58	241	2.92	0.72	261	3.01	0.71	286	6.12 ***
(11) 学校の実態や実情に対する地域（学区）の住民の理解	3.03	0.67	1024	**3.19**	0.64	235	3.03	0.53	241	2.85	0.73	262	3.06	0.70	286	11.16 ***
(5) 教職員に対する保護者の信頼感	3.02	0.59	1026	**3.11**	0.55	235	2.93	0.56	241	3.01	0.63	263	3.02	0.61	287	3.99 **
(12) 地域（学区）の住民同士で助け合い，協力し合う関係	2.92	0.64	1001	**2.98**	0.71	234	2.90	0.59	241	2.87	0.63	253	2.95	0.62	273	1.58
(8) 保護者同士で助け合い，協力し合う関係	2.77	0.72	1024	**2.84**	0.74	235	2.76	0.67	240	2.67	0.71	263	2.83	0.73	286	3.13 *
(2) 児童生徒の基本的な生活習慣	2.75	0.86	1021	2.66	0.79	235	2.92	0.81	241	2.45	0.80	260	**2.94**	0.91	285	20.36 ***
(15) 教職員の危機管理体制	2.68	0.63	1021	**2.82**	0.57	234	2.75	0.59	240	2.54	0.67	260	2.63	0.64	287	9.73 ***
(13) 個別的な対応が必要な児童生徒に対する支援体制	2.57	0.82	1024	2.48	0.87	235	2.39	0.78	240	**2.74**	0.85	262	2.63	0.73	287	9.32 ***
(1) 児童生徒の学習意欲	2.54	0.87	1021	2.68	0.74	235	2.47	0.84	241	**2.79**	0.79	260	2.27	0.97	285	20.16 ***
(14) 新学習指導要領への対応	2.45	0.68	1023	**2.57**	0.62	235	2.56	0.62	241	2.40	0.73	260	2.30	0.71	287	10.11 ***

注1：選択肢は，「1. 課題は多い　2. どちらかといえば課題は多い　3. どちらかといえば課題は少ない　4. 課題は少ない」である。
注2：各項目とも，全体において，平均値の高い順に並べ，最も平均値の高い校種を**太字**で示している。なお，項目左の番号は調査票の番号である，以下の表においても同様である。
注3：統計的検定結果は，＊＊＊：p<0.001，＊＊：p<0.01，＊：p<0.05で示す。以下の表においても同様である。

(3) 地域等に関係する組織の学校に対する有益度

表Ⅰ-4は，地域等に関係する組織の学校に対する有益度についての校長の意識（全体及び校種別）を示したものである。設問文は，「現任校の地域等に関係する組織は，学校にとって有益なものになっていると思われますか。校長先生ご自身のお考えをお聞かせください。」，選択肢は，「0. 設置されていない　1. 全くそう思わない　2. そう思わない　3. そう思う　4. とてもそう思う」であり，高等学校については，(2) 地域学校協働本部，(3) 学校支援地域本部の項目は設定されていない。

表Ⅰ-4　地域等に関係する組織の学校に対する有益度：校種別比較

	全体		小学校		中学校		特別支援学校		高等学校		F 値
	Mean	*SD*	*Mean*	*SD*	*Mean*	*SD*	*Mean*	*SD*	*Mean*	*SD*	
	n		*n*		*n*		*n*		*n*		
(4) PTA	3.35	0.58	**3.40**	0.59	3.27	0.58	3.37	0.54	3.37	0.60	2.39
	1013		231		239		259		284		
(1) 学校運営協議会	3.13	0.63	3.04	0.71	3.17	0.55	**3.22**	0.66	3.13	0.61	1.53
	451		109		115		91		136		
(3) 学校支援地域本部	2.96	0.78	**3.06**	0.76	3.03	0.72	2.48	0.87			5.90 **
	167		67		75		25				
(5) 同窓会	2.96	0.77	2.28	0.81	2.62	0.86	**3.06**	0.63	3.18	0.69	36.83 ***
	688		54		139		211		284		
(6) 地域（学区）の自治会	2.87	0.67	**3.11**	0.59	2.90	0.60	2.87	0.68	2.64	0.72	21.44 ***
	954		226		231		231		266		
(2) 地域学校協働本部	2.84	0.79	2.92	0.77	**2.94**	0.70	2.45	0.95			3.17 *
	116		48		48		20				

注1：選択肢は，「0. 設置されていない　1. 全くそう思わない　2. そう思わない　3. そう思う　4. とてもそう思う」であり，「0. 設置されていない」は，欠損値として処理した。高等学校については，(2) 地域学校協働本部，(3) 学校支援地域本部の項目は設定されていない。
注2：各項目とも，全体において，平均値の高い順に並べ，最も平均値の高い校種を**太字**で示している。

(4) 校長のリーダーシップ実践《実際》

表Ⅰ-5は，校長のリーダーシップ実践《実際》に対する校長の意識（全体及び校種別）を示したものである。設問文は，「現任校の状態や状況を踏まえて，現任校の校長として，実際に実行できていることについてお聞かせください。」，選択肢は，「1. 実行できていない　2. あまり実行できていない　3. 実行できている　4. とても実行できている」である。

表Ⅰ-5　校長のリーダーシップ実践《実際》：校種別比較

	全体		小学校		中学校		特別支援学校		高等学校		F 値
	Mean	*SD*	*Mean*	*SD*	*Mean*	*SD*	*Mean*	*SD*	*Mean*	*SD*	
	n		*n*		*n*		*n*		*n*		
基準6「倫理規範とリーダーシップ」	2.95	0.39	**2.99**	0.37	2.95	0.40	2.93	0.41	2.93	0.39	1.07
	946		211		226		241		268		
(20) 教職員の模範として，自身の言動やふるまいに問題がないか多様な視点から振り返る	2.89	0.54	2.88	0.51	2.89	0.56	**2.91**	0.53	2.88	0.55	0.15
	973		217		229		250		277		
(21) 教育の使命や倫理に背くような教職員の行為に対して，毅然として対応する	3.12	0.50	3.12	0.49	**3.18**	0.51	3.07	0.49	3.13	0.51	1.90
	993		221		236		254		282		
(22) 法令順守の研修やチェック体制などを学校全体で機能させる	2.96	0.57	**3.03**	0.54	2.94	0.59	2.96	0.60	2.92	0.53	1.85
	992		226		235		252		279		
(23) 多様な立場や価値観を尊重するような雰囲気を校内に作る	2.83	0.56	**2.93**	0.52	2.82	0.54	2.79	0.60	2.78	0.56	3.68 *
	978		223		234		247		274		
基準5「家庭・地域社会との協働・連携」	2.87	0.48	**3.00**	0.43	2.93	0.48	2.80	0.48	2.77	0.48	12.11 ***
	959		220		224		243		272		

(17) 校長自ら率先して保護者・地域住民との関係構築に取り組む	2.93	0.64	989	**3.15**	0.55	227	3.03	0.59	233	2.80	0.68	248	2.79	0.65	281	18.98 ***
(18) 教職員が保護者・地域住民と連携しやすくするための支援や工夫を行う	2.56	0.62	965	**2.66**	0.61	221	2.62	0.66	225	2.51	0.61	246	2.48	0.61	273	4.56 **
(19) 保護者・地域社会の多様な関係者に対して敬意をもって誠実に関わる	3.11	0.53	1001	**3.18**	0.50	229	3.14	0.53	236	3.09	0.53	255	3.05	0.55	281	2.87 *
基準1「学校の共有ビジョンの形成と具現化」	2.74	0.45	931	**2.85**	0.37	216	2.73	0.45	221	2.75	0.45	231	2.65	0.48	263	8.40 ***
(1) 児童生徒に関する様々な情報に基づいて，目指す学校像を描く	2.89	0.52	996	**2.98**	0.40	226	2.93	0.54	234	2.89	0.51	255	2.77	0.57	281	7.84 ***
(2) 自分自身の経験や教育理念に基づいて，目指す学校像を描く	2.81	0.59	989	**2.90**	0.51	226	2.85	0.61	235	2.83	0.57	248	2.68	0.65	280	6.99 ***
(3) 教職員の意見を聞きながら，目指す学校像を描く	2.77	0.56	984	**2.90**	0.48	227	2.69	0.59	233	2.78	0.56	245	2.71	0.56	279	6.88 ***
(4) 保護者，地域住民の意見を聞きながら，目指す学校像を描く	2.51	0.63	953	**2.61**	0.63	219	2.48	0.64	223	2.49	0.62	241	2.47	0.63	270	2.58
基準3「教職員の職能開発を支える協力体制と風土づくり」	2.72	0.42	931	**2.82**	0.37	215	2.74	0.45	225	2.70	0.44	231	2.63	0.40	260	9.09 ***
(9) 学校の教育課題を踏まえて，校内研修体制を整備する	2.69	0.62	985	**2.87**	0.58	224	2.73	0.63	235	2.73	0.65	253	2.49	0.58	273	17.07 ***
(10) 教職員一人ひとりの力量や成長課題を把握し，必要に応じて指導・助言する	2.68	0.57	976	**2.77**	0.53	222	2.76	0.58	233	2.60	0.59	246	2.61	0.57	275	6.20 ***
(11) 教職員がお互いに授業を見せ合うことを奨励する	2.71	0.69	985	**2.80**	0.65	227	2.71	0.69	235	2.65	0.69	247	2.68	0.71	276	1.95
(12) 教職員一人ひとりの心身の状況や私的な事情に配慮して必要な支援を行う	2.79	0.56	978	**2.85**	0.50	224	2.76	0.61	231	2.81	0.57	248	2.75	0.54	275	1.66
基準2「教育活動の質を高めるための協力体制と風土づくり」	2.70	0.46	923	**2.84**	0.42	213	2.72	0.48	222	2.71	0.48	231	2.56	0.44	257	14.53 ***
(5) 児童生徒の実態，特徴を踏まえた教育課程編成を行う	2.79	0.61	973	2.82	0.53	224	2.77	0.63	230	**2.88**	0.62	248	2.73	0.63	271	2.86 *
(6) 児童生徒の課題について教職員が意見交換をする時間を作る	2.75	0.66	987	**2.97**	0.62	229	2.84	0.67	238	2.69	0.65	246	2.56	0.64	274	18.83 ***
(7) 新たな教育方法や教材を用いた授業を奨励することで学校全体の授業改善を促す	2.53	0.65	957	**2.63**	0.61	217	2.46	0.67	229	2.61	0.65	241	2.44	0.65	270	5.27 **
(8) 各学級の児童生徒の様子を絶えず把握し，必要に応じて担任教師を支援する	2.75	0.62	992	**2.97**	0.54	229	2.82	0.64	233	2.70	0.66	252	2.56	0.58	278	20.29 ***
基準4「諸資源の効果的な活用と危機管理」	2.69	0.43	938	**2.77**	0.37	219	2.70	0.43	220	2.75	0.41	235	2.58	0.48	264	9.09 ***
(13) 目指す学校像を実現するために，外部の人材や情報などを活用する	2.73	0.65	972	**2.83**	0.57	224	2.65	0.67	226	2.77	0.65	247	2.70	0.68	275	3.37 *
(14) 目指す学校像を実現するために，予算獲得や施設・設備の改善について教育委員会や外部機関などに働きかける	2.59	0.69	969	2.59	0.66	222	2.61	0.67	227	**2.68**	0.64	246	2.51	0.75	274	2.79 *
(15) 教職員や児童生徒が安心して教育・学習活動に取り組める物的環境を整える	2.57	0.64	962	**2.70**	0.58	223	2.59	0.63	228	2.64	0.60	241	2.39	0.69	270	11.58 ***
(16) 学校の安全確保について教職員を意識づける働きかけを日常的に行う	2.90	0.51	988	**2.97**	0.46	229	2.96	0.49	233	2.91	0.53	250	2.78	0.54	276	7.67 ***
基準7「学校をとりまく社会的・文化的要因の理解」	2.58	0.48	941	**2.64**	0.39	210	2.57	0.48	225	2.58	0.51	237	2.55	0.50	269	1.54
(24) 最新の教育関係法規を理解し，その精神と意図を汲み取る	2.52	0.61	960	**2.53**	0.58	214	2.51	0.61	228	2.52	0.65	245	2.52	0.61	273	0.02
(25) 社会の関心を集める教育問題の情報や動向をつかみ，深く理解する	2.64	0.60	960	**2.73**	0.54	218	2.60	0.61	226	2.59	0.60	243	2.63	0.63	273	2.79 *
(26) 教育に近接する他領域（医療・福祉・文化等）の情報や動向をつかみ，理解する	2.49	0.61	963	2.48	0.55	217	2.43	0.62	227	**2.62**	0.63	246	2.44	0.62	273	5.22 **
(27) 自校が所在する地方自治体の教育課題や教育施策の動向について深く理解する	2.69	0.60	967	**2.81**	0.53	222	2.75	0.57	229	2.61	0.63	241	2.62	0.64	275	6.39 ***

注1：選択肢は，「1. 実行できていない　2. あまり実行できていない　3. 実行できている　4. とても実行できている」である。
注2：各項目とも，全体において，平均値の高い順に並べ，最も平均値の高い校種を**太字**で示している。

(5) 現任校の組織風土・組織文化

表Ⅰ-6は，現任校の組織風土・組織文化に対する校長の意識（全体及び校種別）を示したものである。設問文は，「現任校の教職員の様子等についてお聞かせください。」であり，選択肢は，「1. 全くそう思わない　2. そう思わない　3. そう思う　4. とてもそう思う」である。

表Ⅰ-6　現任校の組織風土・組織文化

	全体			小学校			中学校			特別支援学校			高等学校			F値
	Mean	*SD*	*n*	*Mean*	*SD*	*n*	*Mean*	*SD*	*n*	*Mean*	*SD*	*n*	*Mean*	*SD*	*n*	
(1) 副校長・教頭は，校長との意思疎通を大切にして行動している	3.47	0.63	1024	3.45	0.66	233	3.45	0.64	240	**3.53**	0.60	264	3.46	0.61	287	0.96
(2 主幹教諭・主任等は，校長との意思疎通を大切にして行動している	3.27	0.56	998	3.25	0.59	226	3.28	0.58	234	**3.32**	0.54	259	3.22	0.54	279	1.70
(3) 主幹教諭・主任等は，教諭のよきリーダーとしての役割を果たしている	3.11	0.60	995	3.16	0.63	225	3.12	0.61	234	**3.20**	0.60	259	2.97	0.56	277	7.52 ***
(4) 教職員は，校長の意図をよく理解して行動している	3.00	0.49	1022	**3.09**	0.49	235	3.02	0.45	241	2.96	0.49	264	2.94	0.50	282	4.73 **
(10) 教職員の間に，困ったときに気軽に支援を求められる雰囲気がある	3.00	0.58	1022	**3.21**	0.54	235	3.10	0.55	240	2.88	0.56	263	2.84	0.57	284	25.41 ***
(9) 教職員の間に，同僚の失敗を受け入れる寛容な雰囲気がある	2.99	0.57	1024	**3.21**	0.51	235	3.06	0.56	241	2.86	0.56	264	2.86	0.58	284	24.03 ***
(5) 教職員の間で教育活動の改善につながる会話がよく交わされる	2.93	0.56	1022	**3.12**	0.55	235	2.93	0.54	241	2.92	0.55	263	2.79	0.57	283	15.20 ***
(12) 教職員のメンタルヘルスが良好である	2.84	0.55	1021	**2.97**	0.52	235	2.88	0.56	240	2.76	0.58	262	2.79	0.54	284	7.22 ***
(6) 教職員の間に，新しいアイディアや創造的な取り組みを認め合う雰囲気がある	2.80	0.63	1024	**2.98**	0.60	235	2.83	0.60	241	2.76	0.62	264	2.66	0.65	284	11.89 ***
(11) 校内に教職員がリラックスして話ができる時間や空間がある	2.78	0.71	1023	**3.00**	0.70	235	2.86	0.70	240	2.59	0.66	264	2.70	0.70	284	16.28 ***
(7) 教職員の間に，新たな課題や問題に挑戦していこうとする雰囲気がある	2.71	0.63	1025	**2.85**	0.62	235	2.75	0.60	241	2.66	0.62	264	2.62	0.65	285	6.73 ***
(8) 教職員の間に，互いに授業を見せ合い，建設的に批判し合う雰囲気がある	2.67	0.67	1025	**2.89**	0.66	235	2.63	0.66	241	2.62	0.65	264	2.58	0.67	285	11.79 ***

注1：選択肢は，「1. 全くそう思わない　2. そう思わない　3. そう思う　4. とてもそう思う」である。
注2：各項目とも，全体において，平均値の高い順に並べ，最も平均値の高い校種を**太字**で示している。

2　副校長・教頭調査の結果

(1) 回答者の基本属性

1) 回答者及び現任校の基本属性（度数分布）

表Ⅱ-1 は，回答者及び現任校の基本属性に関する度数分布（全体及び校種別）を示したものである。

表Ⅱ-1　回答者及び現任校の基本属性（度数分布）

		小学校 (199)		中学校 (228)		特別支援学校 (295)		高等学校 (293)		全体 (1015)	
		n	%	*n*	%	*n*	%	*n*	%	*n*	%
教諭経験	あり	178	0.0	206	0.0	265	0.0	272	0.0	921	99.8
	なし	1	0.0	0	0.0	0	0.0	1	0.0	2	0.2
	合計	179	100.0	206	100.0	265	100.0	273	100.0	923	100.0
教頭経験学校数	1校目	111	57.5	121	55.5	154	53.7	116	40.7	502	51.1
	2校目	44	22.8	59	27.1	88	30.7	105	36.8	296	30.1
	3校目	20	10.4	27	12.4	27	9.4	49	17.2	123	12.5
	4校目	10	5.2	11	3.7	11	3.8	13	4.6	45	4.6
	5校目以上	8	1.6	3	0.5	7	1.7	2	0.7	20	2.0
	合計	193	100.0	218	100.0	287	100.0	285	100.0	983	100.0
現任校種の教諭勤務経験	あり	146	73.4	186	82.7	217	74.6	211	72.3	760	75.5
	なし	53	26.6	39	17.3	74	25.4	81	27.7	247	24.5
	合計	199	100.0	225	100.0	291	100.0	292	100.0	1007	100.0
性別	男性	140	70.7	198	86.8	216	73.7	262	89.4	816	80.6
	女性	58	29.3	30	13.2	77	26.3	31	10.6	196	19.4
	合計	198	100.0	228	100.0	293	100.0	293	100.0	1012	100.0
学歴	短期大学	9	4.5	3	1.3	2	0.7	1	0.3	15	1.5
	4年制大学	160	80.4	197	86.4	241	82.8	234	80.4	832	82.5
	大学院修士課程	23	11.6	22	9.6	35	12.0	47	16.2	127	12.6
	教職大学院	4	2.0	4	1.8	7	2.4	5	1.7	20	2.0
	大学院博士課程	0	0.0	1	0.4	2	0.7	2	0.7	5	0.5
	その他	3	1.5	1	0.4	4	1.4	2	0.7	10	1.0
	合計	199	100.0	228	100.0	291	100.0	291	100.0	1009	100.0
所在自治体の人口規模	1万人未満	24	12.3	28	12.3	15	5.4	18	6.2	85	8.6
	1万人～5万人未満	53	27.2	59	25.9	46	16.5	72	24.9	230	23.2
	5万人～10万人未満	30	15.4	35	15.4	41	14.7	51	17.6	157	15.9
	10人万～20万人未満	22	11.3	36	15.8	43	15.5	47	16.3	148	14.9
	20人万～50万人未満	38	19.5	31	13.6	77	27.7	56	19.4	202	20.4
	50万人以上	28	14.4	39	17.1	56	20.1	45	15.6	168	17.0
	合計	195	100.0	228	100.0	278	100.0	289	100.0	990	100.0
通常学級数 ※高等学校でクラス制度なし（1校）は除外	10クラス以下	112	56.6	136	59.9	41	14.3	86	29.6	375	37.4
	11～20クラス	67	33.8	80	35.2	89	31.0	122	41.9	358	35.7
	21～30クラス	16	8.1	10	4.4	57	19.9	79	27.1	162	16.2
	31～40クラス	2	1.0	0	0.0	35	12.2	4	1.4	41	4.1
	41クラス以上	1	0.5	1	0.4	65	22.6	0	0.0	67	6.7
	合計	198	100.0	227	100.0	287	100.0	291	100.0	1003	100.0
特別支援学級数	なし	18	9.8	11	5.1					29	7.3
	1クラス	36	19.7	46	21.4					82	20.6
	2クラス	69	37.7	96	44.7					165	41.5
	3クラス	25	13.7	31	14.4					56	14.1
	4クラス	18	9.8	22	10.2					40	10.1
	5クラス	11	6.0	7	3.3					18	4.5

	6クラス以上	6	3.3	2	0.9					8	2.0
	合計	183	100.0	215	100.0					398	100.0
児童生徒数	200名以下	95	47.7	90	40.2	234	80.1	40	13.8	459	45.7
	201～400名	56	28.1	67	29.9	53	18.2	41	14.1	217	21.6
	401～600名	28	14.1	44	19.6	5	1.7	70	24.1	147	14.6
	601～800名	11	5.5	15	6.7	0	0.0	65	22.4	91	9.1
	801～1000名	7	3.5	8	3.6	0	0.0	52	17.9	67	6.7
	1001名以上	2	1.0	0	0.0	0	0.0	22	7.6	24	2.4
	合計	199	100.0	224	100.0	292	100.0	290	100.0	1005	100.0
教員数	10名以下	32	16.7	11	5.0	1	0.3	3	1.1	47	4.8
	11～20名	80	41.7	81	36.7	8	2.8	16	5.7	185	18.9
	21～30名	45	23.4	65	29.4	18	6.3	17	6.0	145	14.8
	31～40名	22	11.5	47	21.3	25	8.7	21	7.4	115	11.7
	41～50名	11	5.7	10	4.5	33	11.5	42	14.9	96	9.8
	51～60名	2	1.0	5	2.3	31	10.8	50	17.7	88	9.0
	61～70名	0	0.0	1	0.5	32	11.2	67	23.8	100	10.2
	71名以上	0	0.0	1	0.5	138	48.3	66	23.4	205	20.9
	合計	192	100.0	221	100.0	286	100.0	282	100.0	981	100.0
職員数	10名以下	113	59.2	132	60.0	74	26.5	158	57.7	477	49.5
	11～20名	43	22.5	35	15.9	53	19.0	51	18.6	182	18.9
	21～30名	18	9.4	21	9.5	45	16.1	8	2.9	92	9.5
	31～40名	5	2.6	17	7.7	25	9.0	7	2.6	54	5.6
	41～50名	7	3.7	10	4.5	14	5.0	8	2.9	39	4.0
	51～60名	4	2.1	1	0.5	10	3.6	7	2.6	22	2.3
	61～70名	1	0.5	1	0.5	7	2.5	12	4.4	21	2.2
	71名以上	0	0.0	3	1.4	51	18.3	23	8.4	77	8.0
	合計	191	100.0	220	100.0	279	100.0	274	100.0	964	100.0
高等学校の課程	全日制							267	91.8	267	91.8
	定時制							18	6.2	18	6.2
	通信制							1	0.3	1	0.3
	併置							5	1.7	5	1.7
	合計							291	100.0	291	100.0
副校長数	0名	102	83.6	110	77.5	122	65.2	117	62.2	451	70.6
	1名	20	16.4	32	22.5	51	27.3	67	35.6	170	26.6
	2名	0	0.0	0	0.0	10	5.3	4	2.1	14	2.2
	3名	0	0.0	0	0.0	4	2.1	0	0.0	4	0.6
	4名	0	0.0	0	0.0	0	0.0	0	0.0	0	0.0
	合計	122	100.0	142	100.0	187	100.0	188	100.0	639	100.0
教頭数	0名	10	5.3	18	8.3	19	6.7	17	6.0	64	6.6
	1名	173	91.5	192	88.5	184	65.2	207	73.1	756	77.9
	2名	6	3.2	7	3.2	70	24.8	54	19.1	137	14.1
	3名	0	0.0	0	0.0	6	2.1	5	1.8	11	1.1
	4名	0	0.0	0	0.0	3	1.1	0	0.0	3	0.3
	合計	189	100.0	217	100.0	282	100.0	283	100.0	971	100.0
主幹教諭数	0名	82	64.1	90	60.0	93	49.2	104	55.0	369	56.3
	1名	36	28.1	34	22.7	39	20.6	49	25.9	158	24.1
	2名	4	3.1	8	5.3	20	10.6	17	9.0	49	7.5
	3名	5	3.9	13	8.7	26	13.8	16	8.5	60	9.1
	4名	1	0.8	5	3.3	11	5.8	3	1.6	20	3.0
	合計	128	100.0	150	100.0	189	100.0	189	100.0	656	100.0
指導教諭数	0名	100	86.2	115	86.5	135	78.9	144	82.3	494	83.0
	1名	15	12.9	14	10.5	33	19.3	22	12.6	84	14.1
	2名	0	0.0	3	2.3	3	1.8	6	3.4	12	2.0
	3名	1	0.9	1	0.8	0	0.0	3	1.7	5	0.8
	合計	116	100.0	133	100.0	171	100.0	175	100.0	595	100.0

進路状況	4年制大学進学者が多い							127	46.7	127	0.0
	短期大学・専門学校進学者が多い							47	17.3	47	17.3
	就職者が多い							98	36.0	98	36.0
	合計							272	100.0	272	100.0
学力テストの状況	全国平均より低い	79	40.7	79	36.4	74	73.3			232	45.3
	全国平均なみ	54	27.8	71	32.7	25	24.8			150	29.3
	全国平均より高い	61	31.4	67	30.9	2	2.0			130	25.4
	合計	194	100.0	217	100.0	101	100.0			512	100.0
学校以外の職歴(複数回答) ※比率はケース数に対する割合	(1) 管理主事	0	0.0	2.0	0.9	4	1.4	15	5.1	21	2.1
	(2) 指導主事	32	16.1	54.0	23.7	88	29.8	88	30.0	262	25.8
	(3) 社会教育主事	18	9.0	11.0	4.8	1	0.3	6	2.0	36	3.5
	(4) 公務員	6	3.0	4.0	1.8	8	2.7	18	6.1	36	3.5
	(5) 民間企業	12	6.0	13.0	5.7	22	7.5	22	7.5	69	6.8
	(6) その他	10	5.0	11.0	4.8	35	11.9	24	8.2	80	7.9
	合計（学校以外の職歴経験者）	78	39.2	95.0	41.7	158	53.6	173	59.0	504	49.7
高等学校の設置学科(複数回答) ※比率はケース数に対する割合	(1) 普通科							208	71.0	208	71.0
	(2) 農業科							29	9.9	29	9.9
	(3) 工業科							43	14.7	43	14.7
	(4) 商業科							25	8.5	25	8.5
	(5) 水産科							3	1.0	3	1.0
	(6) 家庭科							14	4.8	14	4.8
	(7) 看護科							1	0.3	1	0.3
	(8) 情報科							2	0.7	2	0.7
	(9) 福祉科							6	2.0	6	2.0
	(10) 総合学科							24	8.2	24	8.2
	(11) その他							34	11.6	34	11.6
	合計（高等学校の設置学科数）							389	132.8	389	132.8

2) 回答者及び現任校の基本属性（平均値）

表Ⅱ-2は，回答者及び現任校の基本属性に関する平均値（全体及び校種別）を示したものである。

表Ⅱ-2　回答者及び現任校の基本属性（平均値）

	小学校			中学校			特別支援学校			高等学校			全体		
	Mean	*SD*	*n*	*Mean*	*SD*	*n*	*Mean*	*SD*	*n*	*Mean*	*SD*	*n*	*Mean*	*SD*	*n*
教諭通算経験年数	25.65	6.05	178	26.36	6.10	206	25.62	5.78	265	26.33	5.63	272	26.00	5.86	921
教頭経験年数	3.80	3.15	192	3.70	2.88	218	3.32	2.22	286	3.76	2.13	285	3.63	2.56	981
通常学級数	10.32	6.52	197	9.54	6.12	227	21.59	11.48	244	15.07	7.82	292	14.45	9.58	960
特別支援学級数	2.27	1.52	183	2.20	1.33	215							2.23	1.42	398
児童生徒数	273.30	235.83	199	301.84	223.10	224	125.84	97.40	292	590.81	304.02	290	328.43	289.76	1005
教員数	20.27	10.86	192	25.15	11.59	221	77.31	41.77	283	57.40	22.11	281	48.57	35.23	977
職員数	12.81	12.93	191	14.32	14.96	220	39.08	42.72	277	21.15	25.29	274	23.10	30.06	962

注：学級制度なし（高等学校）：1校

(2) 現任校の課題状況

表Ⅱ-3は，現任校の課題状況に対する副校長・教頭の意識（全体及び校種別）を示したものである。設問文及び選択肢は，校長調査と同様である。

表Ⅱ-3　現任校の課題状況：校種別比較

	全体 Mean	全体 SD	全体 n	小学校 Mean	小学校 SD	小学校 n	中学校 Mean	中学校 SD	中学校 n	特別支援学校 Mean	特別支援学校 SD	特別支援学校 n	高等学校 Mean	高等学校 SD	高等学校 n	*F* 値
(3) 教職員に対する児童生徒の信頼感	3.12	0.61	1012	3.20	0.55	199	3.07	0.58	228	**3.21**	0.57	292	3.01	0.68	293	7.18 ***
(9) 教職員に対する地域（学区）の住民の信頼感	3.07	0.58	1010	**3.16**	0.55	199	3.05	0.49	228	3.06	0.61	290	3.05	0.62	293	1.96
(10) 学校に対する地域（学区）の住民の協力意識	3.05	0.66	1008	**3.23**	0.63	199	3.06	0.64	228	2.98	0.66	290	2.98	0.69	291	7.44 ***
(11) 学校の実態や実情に対する地域（学区）の住民の理解	3.01	0.68	1011	**3.15**	0.62	198	3.00	0.59	228	2.94	0.75	292	3.00	0.71	293	3.81 **
(6) 学校に対する保護者の協力意識	2.97	0.66	1013	**3.09**	0.72	199	2.98	0.62	228	2.93	0.60	293	2.92	0.71	293	3.16 *
(7) 学校の実態や実情に対する保護者の理解	2.97	0.61	1013	**3.06**	0.61	199	2.93	0.59	228	2.98	0.60	293	2.94	0.65	293	1.96
(5) 教職員に対する保護者の信頼感	2.95	0.57	1013	**3.02**	0.55	199	2.86	0.54	228	2.92	0.58	293	3.00	0.59	293	3.82 **
(4) 児童生徒同士で助け合い，協力し合う関係	2.92	0.71	1011	3.01	0.67	198	**3.02**	0.67	228	2.80	0.71	292	2.91	0.73	293	5.34 **
(12) 地域(学区)の住民同士で助け合い，協力し合う関係	2.92	0.65	999	**3.02**	0.70	199	2.94	0.63	227	2.87	0.67	285	2.90	0.60	288	2.28
(8) 保護者同士で助け合い，協力し合う関係	2.73	0.70	1012	**2.77**	0.70	199	2.76	0.64	228	2.71	0.70	293	2.70	0.74	292	0.70
(2) 児童生徒の基本的な生活習慣	2.65	0.88	1010	2.61	0.74	199	**2.97**	0.78	227	2.30	0.77	291	2.77	1.01	293	29.99 ***
(13) 個別的な対応が必要な児童生徒に対する支援体制	2.61	0.80	1012	2.51	0.77	199	2.46	0.78	228	**2.81**	0.78	293	2.59	0.81	292	10.02 ***
(15) 教職員の危機管理体制	2.60	0.68	1010	2.69	0.68	198	**2.70**	0.63	227	2.50	0.72	292	2.56	0.68	293	5.21 **
(1) 児童生徒の学習意欲	2.51	0.84	1007	2.61	0.74	199	2.55	0.77	227	**2.71**	0.77	290	2.21	0.94	291	20.45 ***
(14) 新学習指導要領への対応	2.45	0.70	1012	**2.58**	0.68	199	2.52	0.65	227	2.44	0.73	293	2.31	0.69	293	7.55 ***

注1：選択肢は，「1. 課題は多い　2. どちらかといえば課題は多い　3. どちらかといえば課題は少ない　4. 課題は少ない」である。
注2：各項目とも，全体において，平均値の高い順に並べ，最も平均値の高い校種を**太字**で示している。

(3) 地域等に関係する組織の学校に対する有益度

表Ⅱ-4は，地域等に関係する組織の学校に対する有益度についての副校長・教頭の意識（全体及び校種別）を示したものである。設問文は，「現任校の地域等に関係する組織は，学校にとって有益なものになっていると思われますか。副校長・教頭先生ご自身のお考えをお聞かせください。」，選択肢は，「0. 設置されていない　1. 全くそう思わない　2. そう思わない　3. そう思う　4. とてもそう思う」であり，高等学校については，(2) 地域学校協働本部，(3) 学校支援地域本部の項目は設定されていない。

表Ⅱ-4　地域等に関係する組織の学校に対する有益度：校種別比較

	全体			小学校			中学校			特別支援学校			高等学校			F値
	Mean	*SD*	*n*	*Mean*	*SD*	*n*	*Mean*	*SD*	*n*	*Mean*	*SD*	*n*	*Mean*	*SD*	*n*	
(4) PTA	3.30	0.61	997	**3.39**	0.61	196	3.26	0.64	225	3.31	0.59	289	3.26	0.59	287	2.19
(1) 学校運営協議会	3.10	0.60	488	3.09	0.61	97	3.07	0.69	124	**3.21**	0.52	119	3.04	0.57	148	1.91
(3) 学校支援地域本部	2.99	0.81	150	**3.14**	0.72	51	2.91	0.88	68	2.90	0.79	31				1.34
(2) 地域学校協働本部	2.93	0.78	122	**3.05**	0.68	44	2.90	0.86	50	2.79	0.79	28				0.99
(5) 同窓会	2.91	0.76	700	2.48	0.89	42	2.56	0.80	133	2.98	0.67	239	**3.09**	0.70	286	22.18 ***
(6) 地域（学区）の自治会	2.82	0.75	937	**3.05**	0.67	193	2.88	0.68	211	2.92	0.75	259	2.53	0.75	274	23.18 ***

注1：選択肢は，「0. 設置されていない　1. 全くそう思わない　2. そう思わない　3. そう思う　4. とてもそう思う」であり，「0. 設置されていない」は，欠損値として処理した。高等学校については，(2) 地域学校協働本保，(3) 学校支援地域本部の項目は設定されていない。
注2：各項目とも，全体において，平均値の高い順に並べ，最も平均値の高い校種を**太字**で示している。

(4) 校長のリーダーシップ実践《実態》

表Ⅱ-5は，現任校の校長のリーダーシップ実践《実際》に対する副校長・教頭の意識（全体及び校種別）を示したものである。設問文は，「現任校の状態や状況を踏まえて，現任校の校長先生が実行していることについてお聞かせください。」，選択肢は，「1. 実行していない　2. あまり実行していない　3. 実行している　4. とても実行している」である。

表Ⅱ-5　校長のリーダーシップ実践《実際》：校種別比較

	全体			小学校			中学校			特別支援学校			高等学校			F値
	Mean	*SD*	*n*	*Mean*	*SD*	*n*	*Mean*	*SD*	*n*	*Mean*	*SD*	*n*	*Mean*	*SD*	*n*	
基準6「倫理規範とリーダーシップ」	3.32	0.50	998	3.31	0.48	196	3.33	0.53	223	**3.34**	0.49	289	3.31	0.51	290	0.22
(20) 教職員の模範として，自身の言動やふるまいに問題がないか多様な視点から振り返る	3.32	0.65	1,003	3.28	0.64	199	**3.38**	0.65	224	3.32	0.64	290	3.31	0.66	290	1.05
(21) 教育の使命や倫理に背くような教職員の行為に対して，毅然として対応する	3.45	0.59	999	3.43	0.56	196	3.44	0.60	224	3.46	0.58	289	**3.47**	0.60	290	0.24
(22) 法令順守の研修やチェック体制などを学校全体で機能させる	3.29	0.60	1,003	3.25	0.59	198	3.27	0.61	225	**3.33**	0.58	290	3.29	0.61	290	0.83
(23) 多様な立場や価値観を尊重するような雰囲気を校内に作る	3.23	0.63	1,003	**3.29**	0.60	199	3.26	0.61	225	3.24	0.60	289	3.16	0.68	290	1.99
基準1「学校の共有ビジョンの形成と具現化」	3.31	0.53	1,006	**3.36**	0.53	199	**3.36**	0.53	226	3.32	0.49	291	3.24	0.56	290	3.12 *
(1) 児童生徒に関する様々な情報に基づいて，目指す学校像を描く	3.38	0.59	1,008	**3.45**	0.59	199	3.43	0.60	226	3.37	0.54	292	3.31	0.63	291	2.79 *
(2) 自分自身の経験や教育理念に基づいて，目指す学校像を描く	3.41	0.60	1,007	**3.45**	0.58	199	**3.45**	0.61	226	3.42	0.54	292	3.32	0.64	290	2.90 *
(3) 教職員の意見を聞きながら，目指す学校像を描く	3.29	0.65	1,008	3.30	0.66	199	**3.35**	0.62	226	3.30	0.61	292	3.23	0.70	291	1.33
(4) 保護者，地域住民の意見を聞きながら，目指す学校像を描く	3.17	0.66	1,008	**3.24**	0.67	199	3.21	0.65	226	3.17	0.65	292	3.09	0.68	291	2.55

基準5「家庭・地域社会との協働・連携」	3.29	0.55	1,000	**3.36**	0.53	199	**3.36**	0.58	223	3.31	0.54	288	3.17	0.57	290	7.66 ***
(17) 校長自ら率先して保護者・地域住民との関係構築に取り組む	3.34	0.66	1,007	**3.43**	0.62	199	**3.43**	0.62	226	3.33	0.67	292	3.21	0.68	290	6.42 ***
(18) 教職員が保護者・地域住民と連携しやすくするための支援や工夫を行う	3.07	0.66	1,007	**3.14**	0.66	199	3.10	0.67	225	3.11	0.66	292	2.97	0.66	291	3.23 *
(19) 保護者・地域社会の多様な関係者に対して敬意をもって誠実に関わる	3.47	0.59	1,005	**3.53**	0.57	199	3.57	0.55	225	3.50	0.57	290	3.31	0.64	291	10.59 ***
基準7「学校をとりまく社会的・文化的要因の理解」	3.24	0.56	998	3.21	0.58	198	3.25	0.50	224	**3.26**	0.55	287	3.23	0.55	289	0.31
(24) 最新の教育関係法規を理解し，その精神と意図を汲み取る	3.21	0.66	1,004	3.13	0.70	199	3.22	0.66	225	**3.26**	0.62	290	3.20	0.66	290	1.66
(25) 社会の関心を集める教育問題の情報や動向をつかみ，深く理解する	3.30	0.63	1,002	3.26	0.63	198	3.31	0.66	225	3.31	0.62	290	**3.33**	0.61	289	0.48
(26) 教育に近接する他領域（医療・福祉・文化等）の情報や動向をつかみ，理解する	3.16	0.67	1,000	3.13	0.65	198	3.12	0.71	224	**3.27**	0.62	289	3.11	0.68	289	3.76 *
(27) 自校が所在する地方自治体の教育課題や教育施策の動向について深く理解する	3.30	0.65	1,000	3.34	0.63	198	**3.35**	0.62	225	3.22	0.66	288	3.30	0.66	289	2.39
基準3「教職員の職能開発を支える協力体制と風土づくり」	3.22	0.52	999	3.26	0.50	197	**3.27**	0.53	225	3.23	0.49	289	3.16	0.54	288	2.46
(9) 学校の教育課題を踏まえて，校内研修体制を整備する	3.09	0.67	1,003	**3.18**	0.60	197	3.13	0.63	226	3.11	0.65	291	2.98	0.74	289	4.33 **
(10) 教職員一人ひとりの力量や成長課題を把握し，必要に応じて指導・助言する	3.26	0.63	1,007	3.27	0.62	199	**3.34**	0.64	225	3.24	0.60	292	3.20	0.66	291	2.39
(11) 教職員がお互いに授業を見せ合うことを奨励する	3.23	0.70	1,009	3.20	0.69	199	**3.25**	0.75	226	3.23	0.69	293	3.23	0.68	291	0.20
(12) 教職員一人ひとりの心身の状況や私的な事情に配慮して必要な支援を行う	3.31	0.61	1,006	**3.37**	0.58	199	3.36	0.67	226	3.32	0.55	291	3.23	0.65	290	2.94 *
基準4「諸資源の効果的な活用と危機管理」	3.19	0.53	1,006	3.21	0.53	198	3.19	0.50	226	**3.24**	0.51	291	3.14	0.55	291	1.68
(13) 目指す学校像を実現するために，外部の人材や情報などを活用する	3.22	0.67	1,009	3.22	0.63	199	3.19	0.71	226	**3.25**	0.63	293	3.21	0.70	291	0.36
(14) 目指す学校像を実現するために，予算獲得や施設・設備の改善について教育委員会や外部機関などに働きかける	3.19	0.69	1,007	**3.21**	0.74	198	3.18	0.65	226	3.20	0.66	292	3.16	0.72	291	0.23
(15) 教職員や児童生徒が安心して教育・学習活動に取り組める物的環境を整える	3.14	0.63	1,009	3.16	0.62	199	3.11	0.66	226	**3.19**	0.60	293	3.09	0.63	291	1.58
(16) 学校の安全確保について教職員を意識づける働きかけを日常的に行う	3.22	0.62	1,008	3.26	0.58	199	3.28	0.63	226	**3.29**	0.58	292	3.09	0.66	291	6.33 ***
基準2「教育活動の質を高めるための協力体制と風土づくり」	3.19	0.51	1,004	**3.27**	0.50	199	3.23	0.58	226	3.18	0.51	290	3.09	0.53	289	5.43 **
(5) 児童生徒の実態，特徴を踏まえた教育課程編成を行う	3.22	0.60	1,006	3.24	0.63	199	3.21	0.62	226	**3.27**	0.57	291	3.17	0.61	290	1.60
(6) 児童生徒の課題について教職員が意見交換をする時間を作る	3.15	0.66	1,008	**3.27**	0.62	199	3.26	0.60	226	3.14	0.65	293	3.00	0.70	290	9.56 ***
(7) 新たな教育方法や教材を用いた授業を奨励することで学校全体の授業改善を促す	3.14	0.68	1,008	**3.19**	0.67	199	3.15	0.67	226	3.11	0.68	292	3.12	0.71	291	0.65
(8) 各学級の児童生徒の様子を絶えず把握し，必要に応じて担任教師を支援する	3.23	0.66	1,009	**3.36**	0.64	199	3.31	0.63	226	3.22	0.62	293	3.09	0.72	291	8.36 ***

注1：選択肢は，「1. 実行していない　2. あまり実行していない　3. 実行している　4. とても実行している」である。

注2：各項目とも，全体において，平均値の高い順に並べ，最も平均値の高い校種を**太字**で示している。

(5) 現任校の組織風土・組織文化

表Ⅱ-6は，現任校の組織風土・組織文化に対する副校長・教頭の意識（全体及び校種別）を示したものである。設問文及び選択肢は，校長調査と同様である。

表Ⅱ-6　現任校の組織風土・組織文化

	全体			小学校			中学校			特別支援学校			高等学校			F値
	Mean	*SD*	*n*	*Mean*	*SD*	*n*	*Mean*	*SD*	*n*	*Mean*	*SD*	*n*	*Mean*	*SD*	*n*	
(1) 私は，校長との意思疎通を大切にして行動している	3.52	0.56	1,005	3.50	0.55	199	3.50	0.56	224	3.51	0.54	292	**3.56**	0.59	290	0.61
(2) 主幹教諭・主任等は，校長との意思疎通を大切にして行動している	3.29	0.60	969	3.29	0.62	190	3.26	0.62	221	**3.34**	0.56	274	3.26	0.60	284	1.05
(3) 主幹教諭・主任等は，教諭のよきリーダーとしての役割を果たしている	3.12	0.65	969	3.07	0.64	189	3.07	0.68	222	**3.20**	0.64	274	3.12	0.64	284	2.24
(10) 教職員の間に，困ったときに気軽に支援を求められる雰囲気がある	3.08	0.58	1,006	**3.29**	0.54	198	3.14	0.57	226	3.00	0.57	292	2.98	0.60	290	14.02 ***
(5) 教職員の間で教育活動の改善につながる会話がよく交わされる	3.04	0.65	1,006	**3.18**	0.64	199	3.05	0.61	226	3.07	0.60	291	2.92	0.71	290	6.97 ***
(9) 教職員の間に，同僚の失敗を受け入れる寛容な雰囲気がある	3.04	0.61	1,005	**3.28**	0.52	199	3.07	0.62	225	2.96	0.61	291	2.95	0.62	290	14.68 ***
(4) 教職員は，校長の意図をよく理解して行動している	3.02	0.56	1,005	3.06	0.56	199	**3.10**	0.56	225	2.98	0.53	291	2.99	0.59	290	2.58
(6) 教職員の間に，新しいアイディアや創造的な取り組みを認め合う雰囲気がある	2.90	0.68	1,007	**3.07**	0.67	199	2.93	0.65	226	2.89	0.66	292	2.78	0.71	290	7.14 ***
(11) 校内に教職員がリラックスして話ができる時間や空間がある	2.89	0.72	1,007	**3.11**	0.75	199	2.95	0.70	226	2.71	0.70	292	2.87	0.68	290	13.27 ***
(12) 教職員のメンタルヘルスが良好である	2.88	0.58	1,004	2.97	0.57	198	**2.89**	0.62	225	2.83	0.59	292	2.87	0.55	289	2.69
(7) 教職員の間に，新たな課題や問題に挑戦していこうとする雰囲気がある	2.78	0.68	1,007	**2.86**	0.72	199	2.80	0.65	226	2.75	0.68	292	2.76	0.69	290	1.20
(8) 教職員の間に，互いに授業を見せ合い，建設的に批判し合う雰囲気がある	2.73	0.72	1,007	**2.80**	0.72	199	2.75	0.73	226	2.76	0.69	292	2.64	0.73	290	2.19

注1：選択肢は，「1. 全くそう思わない　2. そう思わない　3. そう思う　4. とてもそう思う」である。
注2：各項目とも，全体において，平均値の高い順に並べ，最も平均値の高い校種を**太字**で示している。

3　ミドル教員調査の結果

(1) 回答者の基本属性

1) 回答者及び現任校の基本属性（度数分布）

表III-1 は，回答者及び現任校の基本属性に関する度数分布（全体及び校種別）を示したものである。

表III-1　回答者及び現任校の基本属性（度数分布）

		小学校 (133)		中学校 (149)		特別支援学校 (234)		高等学校 (180)		全体 (696)	
		n	%	*n*	%	*n*	%	*n*	%	*n*	%
職員数	10名以下	87	66.9	75	52.8	53	23.7	90	52.0	305	45.6
	11～20名	24	18.5	28	19.7	41	18.3	38	22.0	131	19.6
	21～30名	9	6.9	13	9.2	36	16.1	5	2.9	63	9.4
	31～40名	5	3.8	16	11.3	15	6.7	2	1.2	38	5.7
	41～50名	4	3.1	9	6.3	17	7.6	5	2.9	35	5.2
	51～60名	1	0.8	0	0.0	9	4.0	10	5.8	20	3.0
	61～70名	0	0.0	0	0.0	10	4.5	9	5.2	19	2.8
	71名以上	0	0.0	1	0.7	43	19.2	14	8.1	58	8.7
	合計	130	100.0	142	100.0	224	100.0	173	100.0	669	100.0
高等学校の課程	全日制							164	91.1	164	91.1
	定時制							11	6.1	11	6.1
	通信制							0	0.0	0	0.0
	併置							5	2.8	5	2.8
	合計							180	100.0	180	100.0
副校長数	0名	56	77.8	75	83.3	98	64.9	73	62.9	302	70.4
	1名	16	22.2	15	16.7	41	27.2	40	34.5	112	26.1
	2名	0	0.0	0	0.0	8	5.3	3	2.6	11	2.6
	3名	0	0.0	0	0.0	3	2.0	0	0.0	3	0.7
	4名	0	0.0	0	0.0	1	0.7	0	0.0	1	0.2
	合計	72	100.0	90	100.0	151	100.0	116	100.0	429	100.0
教頭数	0名	10	7.9	7	4.9	13	5.9	8	4.7	38	5.7
	1名	115	90.6	130	91.5	143	64.7	129	75.0	517	78.1
	2名	2	1.6	5	3.5	58	26.2	30	17.4	95	14.4
	3名	0	0.0	0	0.0	4	1.8	5	2.9	9	1.4
	4名	0	0.0	0	0.0	3	1.4	0	0.0	3	0.5
	合計	127	100.0	142	100.0	221	100.0	172	100.0	662	100.0
主幹教諭数	0名	47	60.3	60	57.7	70	45.8	53	47.7	230	51.6
	1名	25	32.1	28	26.9	38	24.8	32	28.8	123	27.6
	2名	2	2.6	6	5.8	17	11.1	11	9.9	36	8.1
	3名	3	3.8	6	5.8	20	13.1	14	12.6	43	9.6
	4名	1	1.3	4	3.8	8	5.2	1	0.9	14	3.1
	合計	78	100.0	104	100.0	153	100.0	111	100.0	446	100.0
指導教諭数	0名	55	82.1	73	84.9	100	73.0	75	71.4	303	76.7
	1名	12	17.9	11	12.8	32	23.4	20	19.0	75	19.0
	2名	0	0.0	1	1.2	3	2.2	5	4.8	9	2.3
	3名	0	0.0	1	1.2	2	1.5	4	3.8	7	1.8
	4名	0	0.0	0	0.0	0	0.0	1	1.0	1	0.3
	合計	67	100.0	86	100.0	137	100.0	105	100.0	395	100.0

進路状況	4年制大学進学者が多い							72	44.7	72	44.7
	短期大学・専門学校進学者が多い							25	15.5	25	15.5
	就職者が多い							64	39.8	64	39.8
	合計							161	100.0	161	100.0
学力テストの状況	全国平均より低い	48	38.1	46	31.7	54	73.0			148	42.9
	全国平均なみ	39	31.0	52	35.9	18	24.3			109	31.6
	全国平均より高い	39	31.0	47	32.4	2	2.7			88	25.5
	合計	126	100.0	145	100.0	74	100.0			345	100.0
学校以外の職歴（複数回答） ※比率はケース数に対する割合	(1) 管理主事	1	0.8	1	0.7	0	0.0	0	0.0	2	0.3
	(2) 指導主事	5	3.8	4	2.7	14	6.0	13	7.2	36	5.2
	(3) 社会教育主事	3	2.3	2	1.3	0	0.0	0	0.0	5	0.7
	(4) 公務員	7	5.3	1	0.7	5	2.1	7	3.9	20	2.9
	(5) 民間企業	23	17.3	8	5.4	25	10.7	20	11.1	76	10.9
	(6) その他	11	8.3	11	7.4	28	12.0	6	3.3	56	8.0
	合計（学校以外の職歴経験者）	50	37.6	27	18.1	72	30.8	46	25.6	195	28.0
高等学校の設置学科（複数回答） ※比率はケース数に対する割合	(1) 普通科							126	70.0	126	70.0
	(2) 農業科							25	13.9	25	13.9
	(3) 工業科							22	12.2	22	12.2
	(4) 商業科							15	8.3	15	8.3
	(5) 水産科							2	1.1	2	1.1
	(6) 家庭科							10	5.6	10	5.6
	(7) 看護科							0	0.0	0	0.0
	(8) 情報科							0	0.0	0	0.0
	(9) 福祉科							2	1.1	2	1.1
	(10) 総合学科							12	6.7	12	6.7
	(11) その他							24	13.3	24	13.3
	合計（高等学校の設置学科数）							238	132.2	238	132.2

2) 回答者及び現任校の基本属性（平均値）

表Ⅲ-2は，回答者及び現任校の基本属性に関する平均値（全体，校種別）を示したものである。

表Ⅲ-2　回答者及び現任校の基本属性（平均値）

	小学校		中学校		特別支援学校		高等学校		全体	
	Mean	*SD*	*Mean*	*SD*	*Mean*	*SD*	*Mean*	*SD*	*Mean*	*SD*
	n		*n*		*n*		*n*		*n*	
教諭通算経験年数	22.23	10.31	23.68	8.83	23.17	9.33	23.83	9.36	23.27	9.42
	128		145		226		178		677	
通常学級数	10.17	6.23	9.82	5.73	21.60	11.92	14.75	8.04	14.57	9.82
	133		149		179		178		639	
特別支援学級数	2.29	1.55	2.33	1.45					2.31	1.49
	116		139						255	
児童生徒数	274.16	233.95	322.17	224.43	132.90	106.78	588.76	287.57	317.94	277.37
	133		149		231		177		690	
教員数	20.67	10.84	27.29	12.01	79.80	41.76	57.82	21.66	51.23	36.64
	132		146		224		171		673	
職員数	11.25	11.07	15.25	14.33	42.32	44.69	22.66	25.08	25.40	32.41
	130		142		222		173		667	

(2) 現任校の課題状況

表III-3 は，現任校の課題状況に対するミドル教員の意識（全体及び校種別）を示したものである。設問文及び選択肢は，校長調査と同様である。

表III-3　現任校の課題状況：校種別比較

	全体 *Mean*	全体 *SD*	全体 *n*	小学校 *Mean*	小学校 *SD*	小学校 *n*	中学校 *Mean*	中学校 *SD*	中学校 *n*	特別支援学校 *Mean*	特別支援学校 *SD*	特別支援学校 *n*	高等学校 *Mean*	高等学校 *SD*	高等学校 *n*	*F* 値
(3) 教職員に対する児童生徒の信頼感	3.06	0.62	695	**3.20**	0.57	133	3.03	0.62	149	3.09	0.57	233	2.97	0.69	180	3.87 **
(9) 教職員に対する地域（学区）の住民の信頼感	3.01	0.56	687	**3.19**	0.52	133	2.99	0.50	149	2.93	0.57	227	3.01	0.60	178	6.39 ***
(10) 学校に対する地域（学区）の住民の協力意識	2.99	0.64	688	**3.14**	0.64	133	2.99	0.58	149	2.91	0.67	228	2.99	0.62	178	3.73 *
(6) 学校に対する保護者の協力意識	2.95	0.70	694	**3.08**	0.73	133	2.87	0.70	149	2.92	0.59	232	2.95	0.78	180	2.50
(5) 教職員に対する保護者の信頼感	2.93	0.59	690	**3.05**	0.54	131	2.82	0.59	149	2.91	0.55	230	2.97	0.65	180	3.82 **
(11) 学校の実態や実情に対する地域（学区）の住民の理解	2.93	0.65	686	**3.07**	0.61	133	2.90	0.56	148	2.86	0.69	227	2.94	0.67	178	2.96 *
(7) 学校の実態や実情に対する保護者の理解	2.89	0.60	694	2.98	0.62	133	2.84	0.59	149	2.82	0.59	232	**2.96**	0.60	180	3.18 *
(12) 地域(学区)の住民同士で助け合い，協力し合う関係	2.89	0.63	671	**2.99**	0.65	133	2.87	0.61	147	2.81	0.64	219	2.94	0.62	172	2.61
(4) 児童生徒同士で助け合い，協力し合う関係	2.85	0.74	695	**2.98**	0.66	133	2.93	0.73	149	2.74	0.74	233	2.81	0.78	180	3.97 **
(8) 保護者同士で助け合い，協力し合う関係	2.68	0.71	693	**2.77**	0.68	133	2.71	0.73	148	2.58	0.65	232	2.70	0.79	180	2.38
(15) 教職員の危機管理体制	2.62	0.66	693	**2.86**	0.62	133	2.62	0.66	149	2.56	0.66	231	2.53	0.64	180	7.76 ***
(13) 個別的な対応が必要な児童生徒に対する支援体制	2.53	0.83	693	2.49	0.88	133	2.43	0.78	149	**2.69**	0.88	232	2.45	0.72	179	4.56 **
(2) 児童生徒の基本的な生活習慣	2.50	0.87	692	2.56	0.80	133	**2.77**	0.85	149	2.19	0.72	230	2.61	0.99	180	16.59 ***
(1) 児童生徒の学習意欲	2.44	0.87	691	2.60	0.81	133	2.56	0.86	149	**2.62**	0.79	229	2.01	0.87	180	22.40 ***
(14) 新学習指導要領への対応	2.38	0.73	691	**2.65**	0.68	133	2.54	0.62	149	2.31	0.72	229	2.14	0.76	180	16.66 ***

注1：選択肢は，「1. 課題は多い　2. どちらかといえば課題は多い　3. どちらかといえば課題は少ない　4. 課題は少ない」である。
注2：各項目とも，全体において，平均値の高い順に並べ，最も平均値の高い校種を**太字**で示している。

(3) 地域等に関係する組織の学校に対する有益度

表III-4 は，地域等に関係する組織の学校に対する有益度についてのミドル教員の意識（全体及び校種別）を示したものである。設問文及び選択肢は，校長調査と同様である。

表III-4　地域等に関係する組織の学校に対する有益度：校種別比較

	全体 *Mean*	全体 *SD*	全体 *n*	小学校 *Mean*	小学校 *SD*	小学校 *n*	中学校 *Mean*	中学校 *SD*	中学校 *n*	特別支援学校 *Mean*	特別支援学校 *SD*	特別支援学校 *n*	高等学校 *Mean*	高等学校 *SD*	高等学校 *n*	*F* 値
(4) PTA	3.23	0.60	684	**3.33**	0.59	132	3.22	0.65	147	3.22	0.62	227	3.17	0.55	178	1.85
(1) 学校運営協議会	3.06	0.59	465	3.00	0.58	89	3.07	0.60	111	3.15	0.55	129	2.99	0.63	136	1.85
(3) 学校支援地域本部	2.95	0.64	124	**3.10**	0.50	40	2.86	0.65	49	2.91	0.74	35				1.71
(2) 地域学校協働本部	2.90	0.66	118	**3.00**	0.59	41	2.86	0.68	43	2.82	0.72	34				0.78
(5) 同窓会	2.84	0.78	506	2.24	0.89	34	2.34	0.80	98	**3.03**	0.62	197	3.01	0.73	177	32.18 ***
(6) 地域（学区）の自治会	2.80	0.73	623	**3.06**	0.64	125	2.82	0.72	137	2.86	0.70	193	2.51	0.74	168	16.00 ***

注1：選択肢は，「0. 設置されていない　1. 全くそう思わない　2. そう思わない　3. そう思う　4. とてもそう思う」であり，「0. 設置されていない」は，欠損値として処理した。高等学校については，(2) 地域学校協働本部，(3) 学校支援地域本部の項目は設定されていない。

注2：各項目とも，全体において，平均値の高い順に並べ，最も平均値の高い校種を**太字**で示している。

(4) 校長のリーダーシップ実践《実態》

表III-5は，現任校の校長のリーダーシップ実践《実際》に対するミドル教員の意識（全体及び校種別）を示したものである。設問文は，「現任校の状態や状況を踏まえて，現任校の校長先生が実行していることについてお聞かせください。」，選択肢は，「1. 実行していない　2. あまり実行していない　3. 実行している　4. とても実行している」である。

表III-5　校長のリーダーシップ実践《実際》：校種別比較

	全体 *Mean*	全体 *SD*	全体 *n*	小学校 *Mean*	小学校 *SD*	小学校 *n*	中学校 *Mean*	中学校 *SD*	中学校 *n*	特別支援学校 *Mean*	特別支援学校 *SD*	特別支援学校 *n*	高等学校 *Mean*	高等学校 *SD*	高等学校 *n*	*F* 値
基準1「学校の共有ビジョンの形成と具現化」	3.24	0.54	692	**3.34**	0.53	133	3.27	0.53	149	3.21	0.54	232	3.19	0.54	178	
(1) 児童生徒に関する様々な情報に基づいて，目指す学校像を描く	3.31	0.61	692	**3.42**	0.59	133	3.37	0.61	149	3.28	0.61	232	3.22	0.63	178	3.27 *
(2) 自分自身の経験や教育理念に基づいて，目指す学校像を描く	3.34	0.63	693	**3.43**	0.58	133	3.38	0.62	149	3.32	0.65	233	3.28	0.63	178	1.68
(3) 教職員の意見を聞きながら，目指す学校像を描く	3.19	0.67	694	**3.27**	0.72	133	3.21	0.66	149	3.15	0.65	233	3.16	0.67	179	1.02
(4) 保護者，地域住民の意見を聞きながら，目指す学校像を描く	3.13	0.63	694	**3.23**	0.65	133	3.13	0.64	149	3.11	0.62	233	3.09	0.62	179	1.48
基準6「倫理規範とリーダーシップ」	3.20	0.55	680	**3.28**	0.57	128	3.22	0.52	148	3.21	0.56	228	3.13	0.53	176	
(20) 教職員の模範として，自身の言動やふるまいに問題がないか多様な視点から振り返る	3.22	0.69	684	3.21	0.74	131	**3.26**	0.62	148	3.24	0.69	229	3.16	0.72	176	0.72
(21) 教育の使命や倫理に背くような教職員の行為に対して，毅然として対応する	3.32	0.66	688	**3.36**	0.72	130	3.31	0.65	149	3.30	0.67	230	3.31	0.62	179	0.29
(22) 法令順守の研修やチェック体制などを学校全体で機能させる	3.19	0.62	690	**3.30**	0.59	131	3.20	0.67	149	3.22	0.59	231	3.08	0.61	179	3.28 *
(23) 多様な立場や価値観を尊重するような雰囲気を校内に作る	3.08	0.70	688	**3.20**	0.74	131	3.09	0.65	148	3.10	0.71	230	2.94	0.69	179	3.57 *

基準7「学校をとりまく社会的・文化的要因の理解」	3.19　0.55 682	**3.29**　0.53 131	3.18　0.55 147	3.17　0.56 227	3.14　0.56 177	
(24) 最新の教育関係法規を理解し，その精神と意図を汲み取る	3.18　0.65 687	**3.27**　0.60 131	3.18　0.64 148	3.16　0.68 231	3.13　0.66 177	1.36
(25) 社会の関心を集める教育問題の情報や動向をつかみ，深く理解する	3.24　0.60 688	**3.33**　0.55 132	3.23　0.63 148	3.21　0.62 230	3.23　0.60 178	1.07
(26) 教育に近接する他領域（医療・福祉・文化等）の情報や動向をつかみ，理解する	3.11　0.65 686	**3.18**　0.64 131	3.10　0.63 147	3.16　0.63 230	3.01　0.69 178	2.60
(27) 自校が所在する地方自治体の教育課題や教育施策の動向について深く理解する	3.22　0.67 953	**3.36**　0.64 219	3.23　0.65 223	3.14　0.68 241	3.20　0.70 270	2.90 *
基準5「家庭・地域社会との協働・連携」	3.19　0.56 688	**3.33**　0.56 131	3.19　0.54 149	3.16　0.58 230	3.10　0.55 178	
(17) 校長自ら率先して保護者・地域住民との関係構築に取り組む	3.28　0.69 693	**3.41**　0.69 133	3.35　0.63 149	3.23　0.73 233	3.18　0.66 178	3.75 *
(18) 教職員が保護者・地域住民と連携しやすくするための支援や工夫を行う	2.92　0.68 691	**3.14**　0.61 132	2.91　0.71 149	2.87　0.69 231	2.85　0.67 179	5.99 ***
(19) 保護者・地域社会の多様な関係者に対して敬意をもって誠実に関わる	3.35　0.59 691	**3.44**　0.62 132	3.33　0.59 149	3.39　0.60 231	3.27　0.56 179	2.55
基準4「諸資源の効果的な活用と危機管理」	3.12　0.55 691	**3.24**　0.54 131	3.11　0.54 148	3.14　0.54 233	3.02　0.58 179	
(13) 目指す学校像を実現するために，外部の人材や情報などを活用する	3.14　0.68 692	**3.23**　0.66 132	3.13　0.74 148	3.15　0.66 233	3.07　0.68 179	1.43
(14) 目指す学校像を実現するために，予算獲得や施設・設備の改善について教育委員会や外部機関などに働きかける	3.14　0.70 692	**3.22**　0.68 132	3.15　0.63 148	3.15　0.70 233	3.08　0.78 179	1.04
(15) 教職員や児童生徒が安心して教育・学習活動に取り組める物的環境を整える	3.05　0.64 693	**3.17**　0.61 133	3.01　0.60 148	3.06　0.65 233	2.99　0.69 179	2.39
(16) 学校の安全確保について教職員を意識づける働きかけを日常的に行う	3.15　0.65 694	**3.32**　0.62 133	3.17　0.63 149	3.19　0.62 233	2.93　0.66 179	10.71 ***
基準3「教職員の職能開発を支える協力体制と風土づくり」	3.07　0.56 688	**3.21**　0.55 133	3.12　0.50 148	3.02　0.58 228	2.99　0.56 179	
(9) 学校の教育課題を踏まえて，校内研修体制を整備する	2.97　0.68 691	**3.14**　0.64 133	3.07　0.65 148	2.90　0.67 231	2.83　0.71 179	7.28 ***
(10) 教職員一人ひとりの力量や成長課題を把握し，必要に応じて指導・助言する	3.07　0.70 691	**3.22**　0.69 133	3.15　0.63 149	2.97　0.75 230	3.00　0.69 179	4.67 **
(11) 教職員がお互いに授業を見せ合うことを奨励する	3.11　0.72 693	**3.23**　0.64 133	3.05　0.72 149	3.09　0.73 232	3.08　0.75 179	1.58
(12) 教職員一人ひとりの心身の状況や私的な事情に配慮して必要な支援を行う	3.15　0.67 694	**3.27**　0.69 133	3.21　0.64 149	3.13　0.67 233	3.04　0.65 179	3.70 *
基準2「教育活動の質を高めるための協力体制と風土づくり」	3.06　0.56 687	**3.22**　0.57 133	3.14　0.53 149	3.01　0.57 229	2.95　0.53 176	
(5) 児童生徒の実態，特徴を踏まえた教育課程編成を行う	3.11　0.65 691	**3.15**　0.67 133	3.13　0.68 149	3.12　0.65 232	3.04　0.62 177	0.95
(6) 児童生徒の課題について教職員が意見交換をする時間を作る	3.06　0.71 692	**3.25**　0.75 133	3.17　0.63 149	3.03　0.71 232	2.86　0.70 178	9.56 ***
(7) 新たな教育方法や教材を用いた授業を奨励することで学校全体の授業改善を促す	3.03　0.71 693	**3.16**　0.70 133	3.05　0.70 149	2.96　0.68 232	3.00　0.75 179	2.42
(8) 各学級の児童生徒の様子を絶えず把握し，必要に応じて担任教師を支援する	3.06　0.76 693	**3.32**　0.73 133	3.19　0.73 149	2.95　0.78 232	2.89　0.70 179	12.16 ***

注1：選択肢は，「1．実行していない　2．あまり実行していない　3．実行している　4．とても実行している」である。
注2：各項目とも，全体において，平均値の高い順に並べ，最も平均値の高い校種を**太字**で示している。

(5) 現任校の組織風土・組織文化

表Ⅲ-6は，現任校の組織風土・組織文化に対するミドル教員の意識（全体及び校種別）を示したものである。設問文及び選択肢は，校長調査と同様である。

表Ⅲ-6　現任校の組織風土・組織文化：校種別比較

	全体		小学校		中学校		特別支援学校		高等学校		*F* 値
	Mean	*SD*	*Mean*	*SD*	*Mean*	*SD*	*Mean*	*SD*	*Mean*	*SD*	
	n		*n*		*n*		*n*		*n*		
(1) 副校長・教頭は，校長との意思疎通を大切にして行動している	3.44	0.64	3.38	0.71	3.44	0.68	3.44	0.63	**3.49**	0.55	0.76
	691		132		147		232		180		
(2) 主幹教諭・主任等は，校長との意思疎通を大切にして行動している	3.25	0.62	3.25	0.65	**3.31**	0.62	3.26	0.61	3.20	0.60	0.95
	674		129		143		225		177		
(5) 教職員の間で教育活動の改善につながる会話がよく交わされる	3.06	0.66	**3.22**	0.68	3.09	0.65	3.11	0.61	2.87	0.67	8.53 ***
	693		132		149		232		180		
(10) 教職員の間に，困ったときに気軽に支援を求められる雰囲気がある	3.05	0.64	**3.26**	0.66	3.13	0.63	2.99	0.58	2.92	0.64	9.63 ***
	694		133		149		232		180		
(9) 教職員の間に，同僚の失敗を受け入れる寛容な雰囲気がある	3.04	0.62	**3.25**	0.60	3.12	0.56	2.92	0.59	2.97	0.66	9.99 ***
	693		133		148		232		180		
(3) 主幹教諭・主任等は，教諭のよきリーダーとしての役割を果たしている	3.00	0.61	**3.08**	0.54	3.00	0.65	3.00	0.60	2.93	0.63	1.59
	672		130		143		223		176		
(6) 教職員の間に，新しい[illegible]創造的な取り組みを認め合う雰囲気がある	[illegible]	0.70	**3.10**	0.70	[illegible]	0.71	[illegible]	0.70	2.81	0.73	7.55 ***
	695		133		149		233		180		
(4) 教職員は，校長の意図をよく理解して行動している	2.91	0.62	**3.05**	0.61	2.99	0.58	2.83	0.62	2.85	0.63	5.16 **
	694		132		149		233		180		
(7) 教職員の間に，新たな課題や問題に挑戦していこうとする雰囲気がある	2.78	0.71	**3.08**	0.67	2.81	0.67	2.71	0.71	2.62	0.71	12.63 ***
	693		132		149		232		180		
(11) 校内に教職員がリラックスして話ができる時間や空間がある	2.77	0.79	**3.05**	0.78	2.99	0.75	2.54	0.76	2.67	0.74	18.49 ***
	693		133		149		232		179		
(8) 教職員の間に，互いに授業を見せ合い，建設的に批判し合う雰囲気がある	2.75	0.74	**3.02**	0.70	2.72	0.70	2.73	0.76	2.61	0.73	8.44 ***
	694		133		149		232		180		
(12) 教職員のメンタルヘルスが良好である	2.72	0.67	**2.93**	0.71	2.83	0.63	2.58	0.67	2.64	0.62	10.05 ***
	692		133		149		230		180		

注1：選択肢は，「1. 全くそう思わない　2. そう思わない　3. そう思う　4. とてもそう思う」である。
注2：各項目とも，全体において，平均値の高い順に並べ，最も平均値の高い校種を**太字**で示している。

質問紙　項目

校長用調査票（小学校・中学校・特別支援学校）

スクールリーダーの職務環境と職務状況に関するアンケート調査

【ご回答にあたってのお願い】

1．質問への回答をもって調査協力に同意をいただいたものと致します。
2．全ての質問にご回答ください。ただし，回答したくない項目がありましたら回答いただかなくとも結構です。

Q１　校長先生ご自身や現任校に関する基本的な情報をお聞かせください。以下の各項目について，該当する番号を○で囲んだり，数値等をご記入ください。

1．校長先生ご自身のこと

（1）教諭(主幹教諭・指導教諭を含む)の通算経験　　1．(　　　)年　　2．教諭経験なし

（2）副校長・教頭の通算経験　　1．(　　　)校・(　　　)年　　2．経験なし

（3）校長の通算経験　　(　　　)校目・(　　　)年目

（4）現任校の在職年数　　(　　　)年目

（5）学校以外の職歴　※該当するもの（全て）の番号を○で囲んでください。

1．管理主事　2．指導主事　3．社会教育主事　4．一般公務員　5．民間企業
6．その他(　　　　　　　)

（6）現在の学校種に教諭として勤めた経験　　1．ある　　2．ない
例：現在の学校種は小学校だが，小学校に教諭として勤めた経験がない場合は，「2．ない」を選択。

（7）性別　　1．男性　　2．女性

（8）最終学歴　　1．短期大学　　2．４年制大学　　3．大学院修士課程
4．教職大学院　　5．大学院博士課程　　6．その他(　　　　　)

2．現任校のこと：平成31年1月15日時点

（1）所在自治体（市区町村）の人口規模
① 1万未満　② 1万～5万未満　③ 5万～10万未満　④ 10万～20万未満
⑤ 20万～50万未満　⑥ 50万以上

（2）学校種　1．小学校　2．中学校　3．特別支援学校

（3）学級数　通常学級（　　）学級　特別支援学級（　　）学級
※特別支援学校の場合は，「通常学級」数をご記入ください。

（4）児童生徒数　（　　）名

（5）教員の数（校長・副校長・教頭を含む。常勤・非常勤を含む）　（　　）名

（6）職員の数（学校の中で仕事をしている教員以外の職員。常勤・非常勤を含む）
（　　）名

（7）管理職等の配置　1．副校長（　　）名　2．教頭　（　　）名
3．主幹教諭（　　）名　4．指導教諭（　　）名

（8）平成30年度全国学力学習状況調査の結果　※各教科の点数を踏まえたおおよその結果

1．全国平均より低い　2．全国平均なみ　3．全国平均より高い

Q2　現任校の課題状況について，校長先生のお考えをお聞きします。以下の各項目について，それぞれの選択肢の中から該当する番号を選んで○で囲んでください。

1：課題は多い　2：どちらかといえば課題は多い
3：どちらかといえば課題は少ない　4：課題は少ない

（1）児童生徒の学習意欲	1 － 2 － 3 － 4
（2）児童生徒の基本的な生活習慣	1 － 2 － 3 － 4
（3）教職員に対する児童生徒の信頼感	1 － 2 － 3 － 4
（4）児童生徒同士で助け合い，協力し合う関係	1 － 2 － 3 － 4
（5）教職員に対する保護者の信頼感	1 － 2 － 3 － 4
（6）学校に対する保護者の協力意識	1 － 2 － 3 － 4
（7）学校の実態や実情に対する保護者の理解	1 － 2 － 3 － 4

(8) 保護者同士で助け合い，協力し合う関係	1 − 2 − 3 − 4
(9) 教職員に対する地域（学区）の住民の信頼感	1 − 2 − 3 − 4
(10) 学校に対する地域（学区）の住民の協力意識	1 − 2 − 3 − 4
(11) 学校の実態や実情に対する地域（学区）の住民の理解	1 − 2 − 3 − 4
(12) 地域（学区）の住民同士で助け合い，協力し合う関係	1 − 2 − 3 − 4
(13) 個別的な対応が必要な児童生徒に対する支援体制	1 − 2 − 3 − 4
(14) 新学習指導要領への対応	1 − 2 − 3 − 4
(15) 教職員の危機管理体制	1 − 2 − 3 − 4
(16) その他（　　　　　　　　　　　　）	1 − 2 − 3 − 4

Q３　現任校の地域等に関係する組織は，学校にとって有益なものになっていると思われますか。校長先生ご自身のお考えをお聞かせください。以下の各項目について，それぞれの選択肢の中から該当する番号を選んで○で囲んでください。

0：設置されていない　1：全くそう思わない　2：そう思わない
3：そう思う　4：とてもそう思う

(1) 学校運営協議会	0−1−2−3−4
(2) 地域学校協働本部	0−1−2−3−4
(3) 学校支援地域本部	0−1−2−3−4
(4) PTA	0−1−2−3−4
(5) 同窓会	0−1−2−3−4
(6) 地域（学区）の自治会	0−1−2−3−4
(7) その他（　　　　　　　　　　）	0−1−2−3−4

Q４　現任校の状態や状況を踏まえて，現任校の校長として，①実行したいと考えていることと，②実際に実行できていることについてお聞かせください。以下の各項目について，それぞれの選択肢の中から該当する番号を選んで○で囲んでください。

選択肢：
①実行したい　とても実行したいと思う／実行したいと思う／あまり実行したいと思わない／実行できていない
②実行できている　とても実行できている／実行できている／あまり実行できていない／実行できていない

	①実行したい		②実行できている
(1) 児童生徒に関する様々な情報に基づいて，目指す学校像を描く。	1－2－3－4		1－2－3－4
(2) 自分自身の経験や教育理念に基づいて，目指す学校像を描く。	1－2－3－4		1－2－3－4
(3) 教職員の意見を聞きながら，目指す学校像を描く。	1－2－3－4		1－2－3－4
(4) 保護者，地域住民の意見を聞きながら，目指す学校像を描く。	1－2－3－4		1－2－3－4
(5) 児童生徒の実態，特徴を踏まえた教育課程編成を行う。	1－2－3－4		1－2－3－4
(6) 児童生徒の課題について教職員が意見交換をする時間を作る。	1－2－3－4		1－2－3－4
(7) 新たな教育方法や教材を用いた授業を奨励することで学校全体の授業改善を促す。	1－2－3－4		1－2－3－4
(8) 各学級の児童生徒の様子を絶えず把握し，必要に応じて担任教師を支援する。	1－2－3－4		1－2－3－4
(9) 学校の教育課題を踏まえて，校内研修体制を整備する。	1－2－3－4		1－2－3－4
(10) 教職員一人ひとりの力量や成長課題を把握し，必要に応じて指導・助言する。	1－2－3－4		1－2－3－4
(11) 教職員がお互いに授業を見せ合うことを奨励する。	1－2－3－4		1－2－3－4
(12) 教職員一人ひとりの心身の状況や私的な事情に配慮して必要な支援を行う。	1－2－3－4		1－2－3－4
(13) 目指す学校像を実現するために，外部の人材や情報などを活用する。	1－2－3－4		1－2－3－4
(14) 目指す学校像を実現するために，予算獲得や施設・設備の改善について教育委員会や外部機関などに働きかける。	1－2－3－4		1－2－3－4
(15) 教職員や児童生徒が安心して教育・学習活動に取り組める物的環境を整える。	1－2－3－4		1－2－3－4

(16) 学校の安全確保について教職員を意識づける働きかけを日常的に行う。	1－2－3－4		1－2－3－4
(17) 校長自ら率先して保護者・地域住民との関係構築に取り組む。	1－2－3－4		1－2－3－4
(18) 教職員が保護者・地域住民と連携しやすくするための支援や工夫を行う。	1－2－3－4		1－2－3－4
(19) 保護者・地域社会の多様な関係者に対して敬意をもって誠実に関わる。	1－2－3－4		1－2－3－4
(20) 教職員の模範として，自身の言動やふるまいに問題がないか多様な視点から振り返る。	1－2－3－4		1－2－3－4
(21) 教育の使命や倫理に背くような教職員の行為に対して，毅然として対応する。	1－2－3－4		1－2－3－4
(22) 法令遵守の研修やチェック体制などを学校全体で機能させる。	1－2－3－4		1－2－3－4
(23) 多様な立場や価値観を尊重するような雰囲気を校内に作る。	1－2－3－4		1－2－3－4
(24) 最新の教育関係法規を理解し，その精神と意図を汲み取る。	1－2－3－4		1－2－3－4
(25) 社会の関心を集める教育問題の情報や動向をつかみ，深く理解する。	1－2－3－4		1－2－3－4
(26) 教育に近接する他領域（医療・福祉・文化等）の情報や動向をつかみ，理解する。	1－2－3－4		1－2－3－4
(27) 自校が所在する地方自治体の教育課題や教育施策の動向について深く理解する。	1－2－3－4		1－2－3－4

Q５　現任校で校長として様々なことを考え，判断し，行動する際に，どのようなことがあなたご自身の支えになると思いますか。以下の各項目について，①現在，支えになっていること（現状）と，②今後，支えになってほしいと期待していること（期待）をお聞かせください。それぞれの選択肢の中から該当する番号を選んで○で囲んでください。

	①支えになっている（現状） とても支えになっている－支えになっていない－あまり支えになっていない－支えになっていない		②支えになってほしいと期待している（期待） とても期待している－期待している－あまり期待していない－期待していない
(1) 文部科学省の通知や方針	1－2－3－4		1－2－3－4

(2) 教育委員会の通知や方針	1－2－3－4		1－2－3－4
(3) 教育委員会の研修で得た知識・情報	1－2－3－4		1－2－3－4
(4) 校長会主催の研修で得た知識・情報	1－2－3－4		1－2－3－4
(5) 校長会での協議等に基づく公式的な知識・情報	1－2－3－4		1－2－3－4
(6) 文部科学省や教職員支援機構（旧教員研修センター）の研修で得た知識	0－1－2－3－4		1－2－3－4
(7) 大学・大学院の長期研修で得た知識・情報	0－1－2－3－4		1－2－3－4
(8) 親しい校長どうしの間での非公式な情報・意見交流	0－1－2－3－4		1－2－3－4
(9) 先輩の元校長からの助言・支援	0－1－2－3－4		1－2－3－4
(10) 学術団体・学会主催の研究会で得た知識・情報	0－1－2－3－4		1－2－3－4
(11) 親しい研究者との情報・意見交流	0－1－2－3－4		1－2－3－4
(12) 校長どうしの自主的な勉強会等で得た知識・情報	0－1－2－3－4		1－2－3－4
(13) 教育界以外の知人との情報・意見交流	0－1－2－3－4		1－2－3－4
(14) 雑誌・図書等から得られる知識・情報	0－1－2－3－4		1－2－3－4
(15) インターネットやSNS等から得られる知識・情報	0－1－2－3－4		1－2－3－4
(16) その他（　　　　　　　　　　）	0－1－2－3－4		1－2－3－4

Q６　現任校の教職員の様子等についてお聞かせください。以下の各項目について，それぞれの選択肢の中から該当する番号を選んで○で囲んでください。

1：全くそう思わない　2：そう思わない　3：そう思う　4：とてもそう思う

(1) 副校長・教頭は，校長との意思疎通を大切にして行動している。	1－2－3－4
(2) 主幹教諭・主任等は，校長との意思疎通を大切にして行動している。	1－2－3－4
(3) 主幹教諭・主任等は，教諭のよきリーダーとしての役割を果たしている。	1－2－3－4
(4) 教職員は，校長の意図をよく理解して行動している。	1－2－3－4
(5) 教職員の間で教育活動の改善につながる会話がよく交わされる。	1－2－3－4
(6) 教職員の間に，新しいアイディアや創造的な取り組みを認め合う雰囲気がある。	1－2－3－4
(7) 教職員の間に，新たな課題や問題に挑戦していこうとする雰囲気がある。	1－2－3－4
(8) 教職員の間に，互いに授業を見せ合い，建設的に批判し合う雰囲気がある。	1－2－3－4
(9) 教職員の間に，同僚の失敗を受け入れる寛容な雰囲気がある。	1－2－3－4
(10) 教職員の間に，困ったときに気軽に支援を求められる雰囲気がある。	1－2－3－4
(11) 校内に教職員がリラックスして話ができる時間や空間がある。	1－2－3－4
(12) 教職員のメンタルヘルスが良好である。	1－2－3－4

Ｑ７　現任校の状態や状況のもとで，校長として教育活動の改善のために様々なことを判断し，実践を行う上で，支えになっていることは何でしょうか。詳しくお聞かせください。

ご協力，誠にありがとうございました。心よりお礼申しあげます。
お手数ですが，記入漏れがないかご確認いただけましたら幸いです。
貴重なご回答（データ）を大切に使わせて頂きます。
時節柄，くれぐれもご自愛ください。

※１　副校長・教頭，ミドル教員対象の質問紙では，「先生ご自身のお考えをお聞きします。」との設問文とした。なお，Ｑ５の支えの現状と期待に関する質問項目は設定しなかった。
※２　高等学校の校長，副校長・教頭，ミドル教員対象の質問紙では，現任校に関する質問で高等学校の独自性を踏まえた項目（課程，学科，進路先等）を設定した。
　詳しくは，資料編「回答者及び現任校の基本属性（度数分布）」を参照されたい。

あとがき

本書は,「校長のリーダーシップ発揮を促進する制度的・組織的条件の解明と日本の改革デザイン」という研究主題のもと,日本学術振興会科学研究費助成事業(基盤研究A,課題番号:18H03654,研究代表者:浜田博文,2018年度~2022年度)の助成を受けて実施した共同研究の成果をまとめたものである。本書は,以下の論考が基となっているが,適宜,加筆修正がなされている。なお,佐古秀一(鳴門教育大学)と安藤知子(上越教育大学)の両氏は調査票の作成やその結果分析等に重要な貢献をしていただいたが,諸般の事情により本書の執筆者に加わっていただくことが叶わなかった。そのため巻末の「共同研究者一覧」には両氏のお名前を挙げさせていただいた。

＊浜田博文他(2020)「校長のリーダーシップ発揮を促進する制度的・組織的条件の解明と日本の改革デザイン(1)—スクールリーダーの職務環境・職務状況に関する基礎的分析—」『筑波大学教育学系論集』第45巻第1号,43-68頁。
＊浜田博文他(2021)「校長のリーダーシップ発揮を促進する制度的・組織的条件の解明と日本の改革デザイン(3)—初任期小学校校長インタビュー調査の分析—」『筑波大学教育学系論集』第45巻第2号,1-20頁。
＊朝倉雅史他(2021)「校長のリーダーシップ発揮を促進する制度的・組織的条件の解明と日本の改革デザイン(2)—校長のリーダーシップ実践とその関連要因に関する基礎的分析—」『筑波大学教育学系論集』第46巻第1号,17-34頁。
＊朝倉雅史他(2023)「学校経営の分権化・自律化における校長のリーダーシップ発揮の実態とその支援条件—校長の課題認識の差異に着目して—」『日本教育経営学会紀要』第65号,53-71頁。
＊加藤崇英他(2023)「校長のリーダーシップ発揮を支えるネットワーク環境としての校長会の機能と役割—都道府県小学校長会に関するインタビュー調査を通して—」『茨城大学教育学部紀要(教育科学)』72号,487-509頁。

本共同研究組織は,国内調査班と海外調査班に分かれており,本書は,諏訪が班長を務めた国内調査班の研究成果である。とはいえ,研究会では班を超えた白熱の議論がなされ,海外調査班の研究成果からも多くの示唆を得たことから，本書は，全メンバーによる成果と言っても過言ではない。

著者全員が学校経営研究者であり，国及び自治体の校長研修講師を務めるなど，「校長とは？」「校長のリーダーシップとは？」について自身の考えを持ち，様々な場で多くの校長に接している。2018年夏に初開催された研究会では，それまでの校長・学校経営に関する政策や研究を総括しつつ，本書の中核をなす校長のリーダーシップ概念とその内容について多角的な議論を行った。その結果，よりリアルな校長の実態を反映させた調査票案が完成した。それについて30名超の現・元校長から意見聴取をしたが，修正意見はほぼなかった。2019年2月，全国の公立学校（4校種）の校長，副校長・教頭，ミドルリーダー教員7,200名を対象に質問紙調査を実施し，6月に学会発表を行った。そして，2019年8月～2020年1月に，全国7都道府県の小学校長会元会長と初任期校長にインタビュー調査を実施した。今思い返すと，新型コロナウイルス感染症の流行前に本書の基となるほぼすべての調査データを収集できたことは幸運だった。それも，本書をこうして世に問う必然性があったからではないかと感慨深い。

本書は，校長という「職」及びそのリーダーシップに対して，「システムアプローチ」という視座から探究し，多くの知見を得ることができた。総じて言うならば，校長という「職」は，学校内外の環境・条件との相互作用の中で成立するとともに，校長は，現任校の課題状況等に応じた状況適応的なリーダーシップを発揮していることが明らかになった。そして，リーダーシップ発揮を支え，促すリソースに対する期待と実際を浮き彫りにすることができた。校長には，そのようなリソースを受動的に受け取るのではなく，能動的に獲得する主体的・自律的な思考と行動が求められることも示唆された。例えば，解決の困難な課題状況に対峙した時，その状況を読み解き，最適解を得るために，多様な人的・情報的ネットワーク（「学問的交流」「情報メディア」など）からリソースを獲得・利活用することなどである。一方，本書は，校長職に就く前と後に校長が構築してきた（している）社会ネットワークや「社会的埋め込み」の実態及びその性質と機能の解明には至らなかった。この点については，「校長のリーダーシップ発揮を促進する校長の社会ネットワークの構造とその構築」（日本学術振興会科学研究費助成事業（基盤研究 A，課題番号：22H00075，研究代表者：浜田博文，2022 年度～ 2026 年度）を主題として，その解明に着手している。2023 年 9 月～ 12 月には，全国 9 都道府県・政令市の小中学校長を対象に校長の社会ネットワークと「社会的埋め込み」に関する質問紙調査を実施した。さらに，同年 11 月から 2024 年 1 月にかけて，ジェンダー的視座に関する項目を組み込んだ 18 都道府県の女性校長（小中学校）を対象とする質問紙調査を実施している。今後実施予定の質的調査と合わせて，より多角的分析により，校長の社会ネットワークと「社会的埋め込み」における自治体間の異同及びジェンダーの影響等を明らかにする予定である。

本書の刊行は，2023（令和 5）年度科学研究費補助金・研究成果公開促進費（課題番号：23HP5158）の交付を受けて実現した。何よりも，本書は，質問紙調査とインタビュー調査に協力してくださった全国の皆様のご協力によって成り立っている。深くお礼申し上げたい。そして，出版状況の厳しい中，本書の意義を認め出版を受けてくださった学文社の田中千津子社長，編集の労をとってくださった落合絵理さんに深く感謝したい。著者の一人でありながら，校正の取りまとめ等に特に尽力していただいた髙野貴大氏にも謝意を述べたい。

読者の皆様にはご批正を賜ることができれば幸いである。

2023 年 12 月

諏訪　英広

索　引

あ 行

か 行

さ 行

た 行

な 行

は 行

ま 行

ら 行

共同研究者一覧

（50音順）

浜田 博文 【序章，終章第１節～第５節】編者
諏訪 英広 【第２章，第５章第３節１・3】編者

朝倉 雅史 筑波大学人間系 助教 【執筆：第３章，第４章，第５章第３節】
筑波大学大学院人間総合科学研究科博士後期課程体育科学専攻単位取得退学。博士（体育科学）。早稲田大学グローバルエデュケーションセンター講師（任期付），筑波大学人間系特任助教を経て，2022年４月より現職。専門は教師教育学。主な著作・論文：「学校経営の分権化・自律化における校長のリーダーシップ発揮の実態とその支援条件：校長の課題認識の差異に着目して」（共著，『日本教育経営学会紀要』第65号，2023年），『探求 保健体育教師の今と未来20講』（共編著，大修館書店，2023年），『体育教師の学びと成長―信念と経験の相互影響関係に関する実証研究』（単著，学文社，2016年）ほか。

安藤 知子 上越教育大学大学院教育学研究科 教授 【調査票作成とインタビュー調査参画】
筑波大学大学院博士課程教育学研究科単位取得退学。博士（教育学）。筑波大学教育学系準研究員，上越教育大学助手，同助教授，准教授を経て2014年10月より現職。専門は学校経営学，教師教育学。主な著作・論文：『教師の葛藤対処様式に関する研究』（単著，多賀出版，2005年），『学級の社会学―これからの組織経営のために』（共編著，ナカニシヤ出版，2013年），『学校ガバナンス改革と危機に立つ「教職の専門性」』（共著，学文社，2020年）ほか。

織田 泰幸 三重大学大学院教育学研究科 教授 【執筆：第５章第３節】
広島大学大学院単位取得退学。岡山学院大学講師，三重大学准教授を経て，2022年４月より現職。専門は教育経営学。主な著作・論文：『学校経営』（共著，ミネルヴァ書房，2019年），『現代の教育課題と教育経営』（共著，学文社，2018年），『教育経営論』（共著，学文社，2017年）ほか。

加藤 崇英 茨城大学大学院教育学研究科 教授 【執筆：第５章第１節，第２節，第３節，第４節】
筑波大学大学院教育学研究科博士課程教育基礎学専攻，単位取得満期退学。修士（教育学）。山形大学地域教育文化学部助教授，国立教育政策研究所主任研究官，茨城大学教育学部准教授を経て，2019年４月より現職。専門は学校経営学。主な著作・論文：『教育の制度と学校のマネジメント』（共編著，時事通信社，2018年），「学校評価と学力保障の課題」（単著，『日本教育経営学会紀要』第53号，2011年）ほか。

川上 泰彦 兵庫教育大学 教授 【終章第６節】
東京大学大学院教育学研究科博士課程修了。博士（教育学）。東京大学大学院教育学研究科21世紀COE特任研究員，佐賀大学講師・准教授，兵庫教育大学准教授を経て，2020年４月より現職。専門は教育行政学・教育経営学。主な著作・論文：『公立学校の教員人事システム』（単著，学術出版会，2013年），『教員の職場適応と職能形成』（編著，ジアース教育新社，2021年），『地方教育行政とその空間』（共編著，学事出版，2022年）ほか。

北神 正行　国士舘大学体育学部 教授　【執筆：第1章第1節】
東京教育大学教育学部教育学科卒業，筑波大学大学院博士課程教育学研究科満期退学。筑波大学助手，岡山大学講師，助教授，教授を経て，2008年4月より現職。専門は学校経営学，教師教育論。主な著作・論文：『「つながり」で創る学校経営』（編著，ぎょうせい，2011年），『学校改善と校内研修』（共著，学文社，2010年），『学校組織マネジメントとスクールリーダー――スクールリーダー育成プログラム開発に向けて―』（共編著，学文社，2007年）ほか。

木下　　豪　独立行政法人教職員支援機構 研修特別研究員　【執筆：第3章】
筑波大学大学院人間総合科学学術院博士後期課程教育学学位プログラム在学中。修士（教育学）。日本学術振興会 特別研究員を経て，2023年4月より現職。専門は学校経営学，教育経営学。
主な著作・論文：「地方小都市における地域住民の学校参加の意義に関する一考察―教育に関わる当事者としての認識形成に着目した事例分析―」（単著，『日本教育経営学会紀要』第63号，2021年），「学校－地域連携に関する市区町村教育委員会の課題認識の実態―全国質問紙調査結果の基礎的分析を通じて―」（単著，『筑波大学教育学系論集』第49巻第1号，2023年）ほか。

佐古 秀一　鳴門教育大学学長　【調査票作成とインタビュー調査参画】
大阪大学人間科学研究科博士課程単位取得退学。鳴門教育大学教授を経て，2021年4月より鳴門教育大学学長（現在に至る）。専門は教育経営学（学校組織論，学校組織開発論）。主な著作・論文：『管理職のための学校経営 R-PDCA』（単著，明治図書，2019年），『教育経営における研究と実践』（共編著，学文社，2018年），「学校組織マネジメントを支援するコンサルテーションの実践と成果」（共著，『鳴門教育大学研究紀要』第30巻，2015年）ほか。

髙谷 哲也　鹿児島大学教育学部 准教授　【執筆：第6章】
大阪市立大学大学院文学研究科後期博士課程人間行動学専攻修了。博士（文学）。大阪大学非常勤講師，大阪市立大学文学部特任講師等を経て，2009年4月より現職。専門は教師論，教師教育ならびに学校経営。主な著作・論文：『教師の仕事と求められる力量』（編著，あいり出版，2011年），『学校ガバナンス改革と危機に立つ「教職の専門性」』（共著，学文社，2020年），『専門職として成長し続ける教師になるために』（共著，人言洞，2023年）ほか。

髙野 貴大　茨城大学大学院教育学研究科 助教　【執筆：第1章第2節，第3節，第5章第3節】
筑波大学大学院人間総合科学研究科博士後期課程教育基礎学専攻修了。博士（教育学）。日本学術振興会 特別研究員，独立行政法人教職員支援機構 研修特別研究員を経て，2021年4月より現職。専門は学校経営学，教師教育研究。主な著作・論文：『現代アメリカ教員養成改革における社会正義と省察』（単著，学文社，2023年），『学校ガバナンス改革と危機に立つ「教職の専門性」』（共著，学文社，2020年），「アメリカにおける『社会正義』を志向する新たな教員養成プログラム」（単著，『日本教育経営学会紀要』第60号，2018年）ほか。

【編著者紹介】

浜田 博文（はまだ　ひろふみ）

筑波大学人間系教授　博士（教育学）

筑波大学大学院単位取得退学。日本学術振興会特別研究員，鳴門教育大学，東京学芸大学で勤務後，1998 年から筑波大学に勤務。日本教育学会事務局長，日本学術会議連携会員，日本高校教育学会会長。

主な著作・論文：『学校ガバナンス改革と危機に立つ「教職の専門性」』（編著，学文社，2020 年），『アメリカにおける学校認証評価の現代的展開』（編著，東信堂，2014 年），『学校を変える新しい力―教師のエンパワーメントとスクールリーダーシップ―』（編著，小学館，2012 年），『「学校の自律性」と校長の新たな役割―アメリカの学校経営改革に学ぶ―』（単著，一藝社，2007 年），ほか多数。

諏訪 英広（すわ　ひでひろ）

川崎医療福祉大学医療技術学部教授　博士（教育学）

広島大学大学院修了。徳島文理大学短期大学部，山陽学園短期大学，川崎医療福祉大学，兵庫教育大学大学院で勤務後，2020 年から川崎医療福祉大学に勤務。日本教育経営学会理事，日本学校改善学会理事，国立教育政策研究所所外研究員。

主な著作・論文：『新版 教育制度と教育の経営』（編著，あいり出版，2021 年），『子どものために「ともに」歩む学校，「ともに」歩む教師を考える』（編著，あいり出版，2019 年），『現代の教育課題と教育経営』（共著，学文社，2018 年），『ソーシャル・キャピタルと教育』（共著，ミネルヴァ書房，2016 年），ほか多数。

校長のリーダーシップ―日本の実態と課題―

2024年 2 月28日　第一版第一刷発行

編著者　浜田　博文
諏訪　英広

発行者　田中　千津子
発行所　株式会社　学文社

〒153-0064　東京都目黒区下目黒3-6-1
電話　03（3715）1501 ㈹
FAX　03（3715）2012
https://www.gakubunsha.com

印刷　新灯印刷㈱

ISBN 978-4-7620-3299-8